Tom Nichols
湯姆・尼可斯 —— 著
譯 —— 鄭煥昇

THE DEATH OF EXPERTISE

The Campaign Against Established Knowledge and Why it Matters

專業之死

為何反知識會成為社會主流，
我們又該如何應對由此而生的危機？

臉譜

臉譜書房 FS0094X

專業之死

為何反知識會成為社會主流，我們又該如何應對由此而生的危機？

The Death of Expertise: The Campaign Against Established Knowledge and Why it Matters

作　　者　湯姆・尼可斯（Tom Nichols）
譯　　者　鄭煥昇
責任編輯　謝至平（一版）；許舒涵（二版）
行　　銷　陳彩玉、林詩玟
業　　務　李再星、李振東、林佩瑜
封面設計　井十二設計研究室
副總編輯　陳雨柔
編輯總監　劉麗真
事業群總經理　謝至平
發 行 人　何飛鵬
出　　版　臉譜出版
台北市南港區昆陽街16號4樓
電話：886-2-2500-0888　傳真：886-2-2500-1951
發　　行　英屬蓋曼群島商家庭傳媒股份有限公司城邦分公司
台北市南港區昆陽街16號8樓
客服專線：02-25007718；02-25007719
24小時傳真專線：02-25001990；02-25001991
服務時間：週一至週五上午09:30-12:00；下午13:30-17:00
劃撥帳號：19863813　戶名：書虫股份有限公司
讀者服務信箱：service@readingclub.com.tw
城邦網址：http://www.cite.com.tw
香港發行所　城邦（香港）出版集團有限公司
香港九龍土瓜灣土瓜灣道86號順聯工業大廈6樓A室
電話：852-25086231　傳真：852-25789337
電子信箱：hkcite@biznetvigator.com
新馬發行所　城邦（馬新）出版集團
Cite（M）Sdn. Bhd.（458372U）
41, Jalan Radin Anum, Bandar Baru Seri Petaling,
57000 Kuala Lumpur, Malaysia.
電話：+6(03)-90563833　傳真：+6(03)-90576622
電子信箱：services@cite.my

二版一刷　2024年6月

ISBN　978-626-315-262-5（紙本書）
EISBN　978-626-315-263-2（EPUB）

定價：NT$420
（本書如有缺頁、破損、倒裝，請寄回更換）

謹以本書獻給

琳恩．瑪莉．尼可斯（Lynn Marie Nichols）

與

霍普．維吉尼亞．尼可斯（Hope Virginia Nichols）

我的專業老婆與超強女兒

目次

序言

「專業之死」這話聽著很聳動，讓人感覺大言不慚。很多人搞不好還沒把書翻開，就已經「氣噗噗」覺得這書很討人厭了，這書名根本是激著人在書裡找碴，省得作者以為自己的屁比較香。這種想把作者拉下來一點的心情，我懂，因為我也會很不爽聽到有人不分青紅皂白地大放厥詞。我們身處的文化與語言環境中已經有太多東西被提前宣判死刑。**羞恥心**、**基本常識**、**男子氣概**、**女人味**、**童年**、**品味**、**把字說對寫對的能力**、**使用標點符號的能力**，都在還有氣息的情況下被送進墓地。在這樣的狀況下，我們實在沒必要把「專業」這樣明明就還沒有死透的東西拿出來標新立異。

話說回來，專業固然一息尚存，但這寶貝確實也危在旦夕。我們可以說，專業所處的環境出了很嚴重的問題。對自身無知的崇拜，像一門宗教似地席捲了當今的美國。美國人對於科學、政治、地理所知不多。也罷，這是老問題了。而且老實說，不懂某些事情也算不上什麼天大的問題，各行各業分工的目的就是讓社會得以運作下去，這種系統的設計就是要讓我們不用什麼都學，什麼都懂，這樣大家都比較輕鬆。開飛機有機師，打官司有律師，開處方有醫師。我們犯不著人人都是達文西，白天畫蒙娜麗莎，晚上還得熬夜設計直升機。如此甚好。

不，真正的問題不在無知，而在我們**以無知為榮**。美國人已經墮落到無知儼然是一種美德的地步，公共政策尤其沾不得。對專家的建議說不，就像個體在宣示主權，美國人藉此得以把自己愈來愈薄的玻璃心與真相隔絕開來，大小事都不准誰說他們錯了。這是新的《美國獨立宣言》：我們不再只認為**人人生而平等**是不證自明的真理，我們認為**萬事萬物**都是不證自明的真理，就連根本是錯的事情也被我們加以肯定。我們覺得世上沒有自己不知道的事情，也沒有誰的意見比誰更了不起。

美國本來就有看讀書人與「萬事通」不順眼的傳統，但這跟本書想說的東西是兩碼子事。我本身在大學教書，所以我不會不懂：教授顧人怨。快三十年前，還只是個菜鳥教授的時候，我任教的學校離我老家不遠，所以我會時不時回個家去打聲招呼，順便上上我親兄弟開的小酒館。有天晚上在我離開之後，一名顧客轉頭對跟我同一個老媽的老闆說：「聽說，他在大學當教授？嗯，不過他人感覺還不錯啦。」身為大學教授，這樣的評語我已經見怪不怪。

但我寫這本書，不是為了這點心理的不舒服。被覺得「百無一用是書生」的人嗆一下就氣噗噗，這樣的「高知識分子」我建議你還是趁早轉行。說到轉行，我職涯一路上當過老師、政治幕僚、公私部門的主題內容專家（subject-matter expert），以及在各種媒體上發言的評論員，為此我已經很習慣別人跟我意見不同，事實上那正是我所追求的，我鼓勵別人提出與我相左的看法。奠基在原則與事實之上的論辯，代表美國的智識發展走向很健康，也代表我們的民主制度運作得蓬勃順暢。

所以說我寫這本書並不是自尊心作祟，而是因為我擔心。現在的美國已經看不到這些奠基在原則與事實上的論辯了。一般美國民眾的常識之匱乏，可以說已經衝破了基本知識的樓地板，進入到「無知」的領域，途經「誤解」的中繼站，如今則一路朝「認賊作父」的下限逼近。現代人不僅是相信蠢事情而已，他們是會緊抱著錯誤的觀念而抗拒學習。我沒辦法「穿越」回中世紀，所以我不敢說這樣的狀況史無前例，但在我活到這個歲數的記憶裡，目前的情形絕對是首開先例。

但話說回來，我絕非直到今日才第一次思考這個問題。早在一九八〇年代末期，我人還在華府服務的時候，我就發現別人動不動就會在閒談中對我的專業指指點點，他們會高談闊論起各方面的問題該如何處理，包括我所專長的武器管制與外交政策領域——而且幾無例外，這些人的口氣往往是「他們」發表意見天經地義，一副捨我其誰的氣場。我當時固然一身「菜味」，但十足的門外漢竟能自信滿滿地對如何讓美蘇談和一事「品頭論足」，還要我照著去做，我還是覺得一整個不可思議。

某個程度上，這是可理解的。政治本來就是「很好聊」的東西，尤其當時又適逢冷戰時期，賭桌上的籌碼可是整個人類世界的存亡，所以大家會覺得滿腔意見不吐不快。也罷，我接受這是我投身公共政策職場所必須要付出的代價。但隨著物換星移，潮來潮往，我慢慢發現其他各領域的政策專家也有了同樣的體驗，他們也同樣被稅務、預算編列、移民、環保等事務的門外漢用不知道哪兒聽來的歪理給訓了一頓。只要跟我一樣是政策專家，你就躲不掉這頓罵。

而時間再往後，我開始聽到連醫生也抱怨有同樣的遭遇，律師有同樣的遭遇，老師也有同樣的遭遇。搞了半天，所有專業意見理應不太容易遭到反駁的專家，現在都失去了可以自外於非難的光環。這些苦主的描述讓我覺得難以置信：因為他們所訴說的不是病患或顧客向他們提出合理的疑問，而是病患與客戶主動「糾正」這群專家的錯誤。「專家就是懂得比你多才會叫做專家」，這個明顯事實隨手就被這群人拋到九霄雲外。

這還不是最糟的。我發現可怕的不是現代人如何不把專業當回事，真正可怕的是他們這麼做的頻率之高，範圍之廣，還有斥責時的**怒氣之盛**。當然，專業遭到踐踏會變成一個普遍的現象，也可能是因為網路的無遠弗屆、社群媒體上的口無遮攔，乃至於新聞台得二十四小時運轉。但話說回來，你可以在這種對專業知識的新興排斥裡嗅到一股自詡的正義跟熊熊燃燒的怒氣。我不知道別人怎麼想，但至少我覺得那種激情在表達的不光是對專業的不信任，不光是質疑，也不僅僅是對替代意見的追尋：那是自戀中摻雜著對專業的鄙夷，那是某些人「自我實現」的一種練習。

這樣的大環境，讓專家很難據理力爭，也很難硬起來要大家醒醒。今天不論爭辯的主題是什麼，討論的方向都會偏離正軌而淪為意氣之爭，最終專家不僅說服不了誰，而且還可能於公賠上人脈，於私跟朋友老死不相往來。相對於出言反駁，今日專家受到的期待是要逆來順受，因為人家不過是是坦蕩蕩地與你意見不同。我們應該要有「一個議題，各自表述」的風度與雅量，而這就是現代人琅琅上口的「沒有共識，也是我們的一種共識」。但這個流行語已經被濫用到只剩下對話時用來滅火或「打圓場」的功能。而如果我們認同不是所有事情都可以「盍各言爾志」，如果我們認同有些事情就是有標準答案，不是對，就是錯，那……那就難怪我們會那麼討人厭了。

我在想，也許我真的已經跟這個世界產生代溝了吧。我成長在一九六〇與一九七〇年代，那是個我們對專家或許稍微太過畢恭畢敬的年代。那是段令人飄飄然的日子，因為美國不僅僅在科學發展上走在最前排，就連在國際政治上也是大哥級的存在。我的父母親什麼都懂但學歷不高，他們跟大部分美國人一樣都認定專家既然能讓人登陸月球，那其他大事他們說的應該也都不會錯。我成長的時空環境並不迷信權威，但整體而言，我們家就跟萬千燈火的尋常百姓一樣，我們都相信從腳病怎麼醫到政治怎麼管，專家之所以是專家都不會是沒有原因的。

但批判專家的人也說對了一件事情，那就是當年我們信任的政府專家固然把阿姆斯壯送上寧靜海，但他們也空降了很多沒沒無名的美國子弟到像溪生（Khe Sanh）與德浪河谷（Drang Valley）等越戰戰場。公眾的信任在某些專家跟政治領袖身上不僅遭到辜負，甚至遭到濫用。

但我們現在又跑到了另外一個極端。我們對專家的質疑不是出於一種健康的心理，我們是出於恨意在追殺專家，包括不少人認定專家就等於錯誤。我們一方面用連天的噓聲伺候專家，用「蛋頭學者」這個重新流行起來的詞語來醜化他們，一方面會在他們面前直接嗆。面對醫生，我們會當他們的面說自己需要開哪種藥；面對教育工作者，我們會堅持孩子考卷上的答案沒錯（才怪）。我們誰都不服誰，因為我們都覺得自己是有史以來最聰明的那位。

這種想法當然比扯鈴還扯。

這本書能完成，我得感謝一路上提供協助的許多貴人。但我同時也得替更多人開脫，我必須說本書提及的任何觀點與結論，都不代表這些好朋友的意見。

最一開始，我是在自個兒取名叫「作戰調度室」（The War Room）的部落格上貼了一篇標題為〈專業之死〉（The Death of Expertise）的文章，那年是二〇一三。首先注意到那篇貼文的是網路報《聯邦主義者》（*The Federalist*）的尚恩・戴維斯（Sean Davis），他跟我聯絡上，提議要我把貼文改寫成一篇正式的文章。我很感激尚恩的賞識，也很感激《聯邦主義者》給了那篇文章一個家，在《聯邦主義者》上登了出來後，那篇文章在全球累積了破百萬的閱讀人次。牛津大學出版社的大衛・麥可布萊德（David McBride）也於此時看到了這篇文章。換到大衛連絡我的時候，他的提案是把這篇文章的主題寫成一本書。要不是他以編輯專業提出導引與建議，我的論點終將無法茁壯成一本書的篇幅，為此我很感謝他與牛津大學出版社，也很感謝許多人經手、審閱過這項出書計畫，雖然我與你們素昧平生，但你們確實與大衛、牛津大學出版社一起成就了這本書。

我很幸運可以在美國海軍戰爭學院（US Naval War College）服務，那兒的大衛・伯巴克（David Burbach）、大衛・庫柏（David Cooper）、史蒂夫・諾特（Steve Knott）、戴瑞克・瑞沃朗（Derek Reveron）與保羅・史密斯（Paul Smith）等眾多同僚都適時提供了寶貴的建議與材料。但無論如何，這本書裡的意見與結論都是我一個人的：這本書不代表任何其他機構或美國任何政府部門的立場。

不同領域的好朋友都很熱心地當面或透過「鴻雁往來」協助了我。他們有人給我意見，有人替我試讀章節，也有人解答了我專業以外形形色色的疑惑。這當中包括安德魯・法齊尼（Andrew Facini）、隆恩・葛瑞尼芮（Ron Granieri）、湯姆・韓格維爾德（Tom Hengeveld）、丹・卡斯齊塔（Dan Kaszeta）、凱文・克魯斯（Kevin Kruse）、勞勃・米奇（Rob

Mickey）、琳達・尼可斯（Linda Nichols）、布蘭登・尼翰（Brendan Nyhan）、威爾・賽勒坦（Will Saletan）、賴瑞・賽恩格（Larry Sanger）、約翰・辛德勒（John Schindler）、喬許・希翰（Josh Sheehan）、勞勃・楚比希（Robert Trobich）、麥可・懷斯（Michael Weiss）、賽琳娜・齊托（Salena Zito），還有要特別一提的丹・莫菲（Dan Murphy）與裘・安格爾（Joel Engel）。我另外要特別感謝大衛・貝克（David Becker）、尼可・格沃斯達夫（Nick Gvosdev）與保羅・米杜拉（Paul Midura），他們倆過目並指教了我好幾份初稿。

我非常感謝哈佛推廣教育學院（Harvard Extension School）不僅給了我任教的機會，同時也讓每位老師擁有陣容堅強的學生研究助理群。如凱特・藹琳（Kate Arline）就是我在撰寫本書過程中的得力助手：她就像棒球場上超強的游擊手，球如何不規則彈跳都能快速起身、沉著接殺（好奇美國自一九五九年以來有多少速食店開幕嗎？凱特會替你破案）。不過本書裡如果被各位讀者挑到事實或觀念的錯誤，責任完全在我，凱特是無辜的。

對作者來說，寫書的過程會讓人非常投入，因為這當中充滿了驚奇與吸引力，但對於作者身邊的人就不是這麼回事情了。我太太琳恩（Lynn）跟女兒霍普（Hope）對寫書的我展現了她們正字標記的耐心，我欠她們一份情，我知道她們所受的委屈。由此我要把這本書獻給她們母女，希望她們感受到我的愛意。

最後我必須感謝協助我完成本書的許多無名英雄，我能體會他們想要或需要匿名保持低調的立場或心情。我要感激眾多的醫療專業人員、新聞從業人員、律師、教育工作者與政策分析師、科學家、學者、軍事專家，乃至於其他分享經驗或提供故事給本書參考的個人。沒有他們就不會有這本書。

我希望不論什麼原因，上述與其他各界的專家都可以因為本書而覺得受益。但話說到底，所有專業人員所服務的都是與他們共同身為社會一分子的普羅大眾，所以我格外希望這本書可以幫助到公民社會裡的每一個人，我希望大家可以更認識何謂專家，也能更加懂得如何讓專家來幫助我們，畢竟想活下去，沒有人不需要專家。我對這本書最大的期望，就是其能夠弭平專家與百姓間的嫌隙，搭建起專業與素人間的橋梁，因為對廣大的美國民眾而言，長遠來看，專家與民眾間的認知斷點會對我們的福祉造成威脅，也會危及我們仍持續在進行的這場民主實驗。

引言
專業之死

無知在美國是一門邪教，而且源遠流長。反智像一道綿延不絕的線，蜿蜒貫穿著我們生活中的政治與文化面，至於滋養著這條線的謬誤觀念，則是：民主就等於「我再無知，也可以跟博學的你平起平坐」。

——艾西莫夫（Isaac Asimov）

一九九〇年代初期，昧於愛滋病疫情氾濫的一小撮人，包含加州大學教授彼得・杜埃斯伯格（Peter Duesberg），選擇站在了幾乎整個主流醫療界的對立面。這群人主張全名為「後天免疫缺乏症候群」的愛滋病成因並非人類免疫缺乏病毒（ＨＩＶ）。這種反直覺的挑戰可以是科學的養分，問題是杜埃斯伯格的信念並沒有任何證據，而事後也被證明是無的放矢。事實是在ＨＩＶ被研究發現之後，醫師與公衛官員才知道要透過各種措施避免病毒感染，而這也成功拯救了無數條寶貴的性命。

杜埃斯伯格的這場鬧劇原本可以乖乖地被科學研究收服，畢竟歷史上的科學發展原本就不乏這類兩步路就會踢到鐵板的妖言惑眾。惟以此例而言，這則胡說八道被一名國家領導人給注意到了，結果災難一發不可收拾。當年貴為南非總統的塔博・姆貝基（Thabo Mbeki）聽到這種說法像撿到寶一樣，他把雞毛當令箭地跟著喊愛滋病的起因不是病毒，而是營養不良或身體不夠強壯等其他因素，由此對於外國提供藥品或各種形式的協助要遏止盛行於南非的HIV病毒疫情，這位總統都一概敬謝不敏。到了二〇〇五年前後，塔博主政下的南非政府雖然終於把姿態放軟，但傷害已經造成。按照哈佛公衛學院裡的醫師群估計，塔博執迷不悟的代價是超過三十萬條人命逝去，外加約三萬五千名愛滋寶寶的降生，尤其後者完全是一場莫須有的悲劇。[1]可怕的是塔博直到今日，都還覺得自己是個先知。

聽到這個案例，很多美國人可能對其無知的程度嗤之以鼻，但他們其實也不應該對自己的能力太有自信。二〇一四年，《華盛頓郵報》（*The Washington Post*）一份民意調查的題目是美國應不應該在同年俄羅斯入侵烏克蘭後啟動軍事干預。話說美蘇兩強是冷戰時期的宿敵，雙方都有百千枚長程核武護體，由此若這兩國真在歐洲核心地帶的俄羅斯邊境上擦槍走火（烏克蘭左邊就是波蘭，波蘭左邊就是德國），那恐怕世人就得開始擔心**第三次世界大戰不是夢了**。而且以今日軍武的殺傷力來講，這一打下去必然是生命財產與人類文明的浩劫一場。但即便輸贏這麼大，受訪者還是每六人才有一人——大學生的話則是每四個人平均不到一人——在地圖上找得到烏克蘭。烏克蘭可是全境都在歐洲的國家裡最大的一個，而受訪者答覆烏克蘭所在地的中位數誤差是大約一千八百英里（將近兩千九百公里）。

地圖測驗答錯也就算了，地理本來就不簡單，但可怕的是即便完全不知道烏克蘭在哪裡，受訪者還是很樂於對這個非常敏感的問題大放厥詞。事實上，說大放厥詞還是客氣了：美國民眾不僅表達了強硬的觀點，而且許多受訪者還興致勃勃地覺得美國應該出兵。基本上他們對烏克蘭問題有多麼無知，對揮軍一事就有多麼熱情，**這兩者完全是呈正比的關係**。換句話說，最支持美國出兵烏克蘭的那些傢伙不是以為烏克蘭在拉丁美洲，就是以為這國家在南半球的澳洲。[2]

這讓人不禁要為這個時代感到憂心忡忡。我們處在人類歷史上最大量知識唾手可得的時代，但也是所有人最什麼都不想好好去學習的時代。在以美國為首的許多已開發國家裡，照理講都算得上知識分子的民眾竟對各種學識成就反唇相譏，面對專家的建言也往往是冷眼以對。不僅愈來愈多的素人欠缺基本常識，而且他們連基本的證據法則也不願相信，如何按邏輯去進行推論也不肯學習。在這樣的過程中，他們所冒的風險是讓人類辛苦累積了數個世紀的知識付諸東流，而讓我們得以發展出新知識的作法與習慣也難保不會被破壞殆盡。

這絕不僅是我們面對專家時自然而然會產生的健康質疑。相反地，我擔心我們正眼睜睜看著**「專業」這種崇高概念的死期來臨**，我擔心谷歌、維基百科，還有部落格正一棒棒將專業與素人、教師與學子、真貨與假貨間的種種分野敲碎——換句話說，在專業上有所造詣跟一無所成者的界線，正在面臨崩潰。

專業知識體系所遭受的攻擊，乃至於後續普羅大眾像出疹子一樣呈現的知識貧乏，有時候還滿有「笑果」的，甚而時不時會令人捧腹大笑。深夜脫口秀的主持人已經把這種無知當成笑料的提款機了，他們會發問來凸顯人對於成見的執拗，對於跟風的忠誠，以及對時事的欠缺掌握。比方說有民眾會強調自己絕對不吃麩質在前，又講自己不知道麩質是什麼，不過這種無知算比較無傷大雅就是了。說真的，像深夜秀主持人吉米・基墨（Jimmy Kimmel）那樣在「每日一亂問」（confusing question of the day）的企畫中進行街訪，然後看著路人一臉正經地對「柴契爾夫人缺席加州科切拉音樂節是否有利於北韓終止發射核武的決定？」這種莫名其妙的問題高談闊論，真的是用都用不爛的老哽。

不過如今天遇到生死交關的問題，那我們可能就會笑不出來了。有人耍寶般地舉著反疫苗的大旗，耍出一堆猴戲，比說像金・凱瑞（Jim Carrey）或珍妮・麥卡錫（Jenny McCarthy）這些好萊塢的喜劇演員，他們的所作所為確實會讓電視新聞更有可看性，或者茶餘飯後開推特讀一讀也很有趣。但當他們跟一些不懂裝懂的名人或公眾人物抓著某些迷思或謠傳不放，開始宣傳疫苗之危險性的同時，數以百萬計的美國人要付出的代價可能是再度陷入麻疹與百日咳等傳染病的魔掌，而這些完全都是可以避免的。

在號稱資訊時代的此時，這類「堅持無知」的蔓延與擴散不能簡單用無可救藥的愚蠢去解釋。很多人在動作頻頻與知識體系勢不兩立的同時，其在自個兒的小天地裡也是凡事得心應手的成功人士。就某個角度而言，這種狀況比純粹的無知更糟糕，因為這得被歸類成沒有根據的、莫須有的傲慢，這是一種一天天更自戀的社會文化在發洩怒火，這是不分青紅皂白、不明就裡地對任何一丁點不平等所展現出的不耐。

我說「專業之死」，意思並不是專業能力的消亡，那些讓有些人是專家、有些人是素人的專業知識依舊健在於各個領域。不論時代如何變遷，社會上永遠會需要有人是外交官與醫師、律師與工程師，乃至於在各個圈子擔任專業人士。人類社會的日常運作，少不了活躍於各個領域裡的他們。要是摔了個骨折或是犯了法被警察抓，我們得召喚醫師或律師的幫忙。要是得飄洋過海，我們絕不會懷疑機師駕馭鐵鳥的能力。要是在異鄉發生危難，我們也會第一個想到母國在當地的領事館，我們會相信裡頭都是能做出專業判斷的外交官。

不過這一類對於專家的依賴，是比較技術層面的。這代表我們把專家當成某種技師，而不代表我們跟個別專家或專家的族群之間能建構起對話。這只代表我們把專家的知識當成架上的工具，召之即來，揮之即去。因此面對醫生，有些人的態度是你就幫我在腿上縫幾針，但不要跟我說一堆三餐要怎麼吃才健康的大道理（超過三分之二的美國人過胖）。幫我把稅算清楚，但不要跟我說什麼要立遺囑的事情（近半有孩子的美國人都嫌立遺囑麻煩）。幫我把國家守護好，但不要用國防預算的計算煩我（美國大多數公民都不知道自己國家每年花多少錢養武器跟美軍）。

小至個人的飲食均衡，大到舉國的軍事預算，這種種判斷都需要有公民與專家之間的對話走在前頭。眼下的趨勢是，公民們愈來愈抗拒這樣的對話。對百姓們而言，他們寧可相信自己已經掌握了足夠的資訊來做出各種判斷——我說的是他們有在乎到想要做出決斷的事情，不在乎的事情他們根本理都懶得理。

同一時間的許多專家，尤其是學術界的專家，都已經放棄了讓大眾產生參與感的職責。他們已經撤守到專業術語的防線之後，接受了自己不受重視的結果。他們覺得跟圈內人交流比較輕鬆。至於卡在老百姓跟學術界之間，努力想要允執厥中那群人——也就是我自詡也是其中一員的所謂「公共知識分子」，則落得挫折感與日俱增，甚至有人會隨波逐流，變得跟普羅大眾一樣偏激，一樣憤世嫉俗。

專業之死，不只是對於現存知識體系的排斥。基本上這是一種對於科學與理性思考的排斥，但沒有科學與理性打底，何來現代文明？這是一個徵兆，而一如藝術評論家勞勃·休斯（Robert Hughes）對二十世紀末美國的描述，這個國家已經成為「一個盲從心理治療而對政府政治充滿不信任感的政體」，美國人染上了「質疑權威」的慢性病，成為了「任由迷信宰割」的一群。我們繞了一大圈，又走回了前現代的老路。我們好不容易才從老祖宗的智慧可以填補大小知識缺口的蒙昧年代，踏上了高度仰賴領域分工與專業掛帥的快速發展之路，而如今我們卻又在後工業時代面臨到一個資訊導向的世界，一個所有公民都自認為什麼都懂的世界。

素人覺得自己也是專家，真正的專家跳出來發表意見時反而被轟得滿頭包。有一群美國人會怒氣攻心，氣急敗壞地給專家們安上一堆罪名，專家在這些人口中「錯誤連篇」，是在「訴諸權威」，代表著令人膽顫心驚的「菁英主義」，更是明目張膽地想要以漂亮的學經歷來捻熄「正牌」民主社會所不可或缺的對話過程。美國人現今的觀念是政治上票票等值，就代表著任何人關乎任何議題的任何意見也該在價值上無差別。這當然是一種謬論，但確實有不少人對此深信不疑。這是一種空泛蒼白的主張，一種對實質平等的錯誤信仰，這樣的想法顯然欠缺邏輯，動輒令人發噱，時不時還會造成危險。所以說我的這本書，會圍繞著專業二字來談。或者更準確地說，會圍繞著專家與公民在民主社會中的關係來談。我想討論的是專家與公民間的關係何以崩解，而我們每一個人，不論是專家或公民，又應該如何應對來將此危機化解。

大多數人一聽到專業已死的質疑，反射性的回應就是怪罪網路。遇到自以為聰明的「奧客」，專業人士尤其容易點名網路是罪魁禍首。其實這樣的想法並不完全錯誤，這點我們後面會再講到，但這麼想有一個問題，那就是過度簡化。知識體系成為眾矢之的，早就不是一天兩天的事情，而網路只不過是為其所用的最新工具。在沒有網路或網路尚未普及之前，一樣有人濫用電視、廣播、平面媒體與其他各式發明來發動攻擊。

那有人會問說：既然這是個老問題了，我們現在大驚小怪有何意義？究竟是發生了什麼事情，我要這樣大費周章地寫一本書，然後各位又得騰出時間來加以閱讀？我們目睹的究竟是「專業之死」，抑或只是知識分子邊緣人的正常能量發揮？讀書人不就老愛覺得自己受到冷落，所以每隔一段時間就要自封為社會菁英，然後出來給都不聽他們說話的人一點教訓嗎？或許是每一回社會或科技變遷的周期告一段落，專業人士都會把內心的焦慮投射給普羅大眾；又或許這真的就是有些人書讀過頭，每隔一段時間就會惱羞成怒然後過高的自尊心發作，就像我這個自認是菁英的教授。

確實，專業之死有可能真的代表著社會在進步。受過高等教育的專家不再能獨斷獨行地把持知識，生命的奧祕不再隱藏在大理石建成的學術高塔之後，包括那些大多數人不得其門而入，但連有資格進入的少數人也會被震懾住的世界級圖書館。從前因為知識不普及，所以專家跟素人間的摩擦壓力不大，但那只是因為在知識的競技場裡，平民面對專家明顯手無寸鐵，所以戰意也提不起來。另外就是在大眾傳播尚未興起的年代，社會上也不太多這樣的公共場域讓有膽識的平民來挑戰專家。

直到二十世紀初，政治、知識與科學事務的參與都是門檻很高、很小眾的事情。當時不論是科學、哲學與公共政策的辯論，都是僅限於一小群男性高知識分子的專利，而且這些人還得具備一定的文筆。那段日子並不值得懷念，也不是距今真的有多麼久的美好時代。那個高中沒念完非常正常、大學生鳳毛麟角、真正成為「三師」或專業人士的人口更是少之又少的時代，其實還在很多美國人的追憶射程之內。

近半世紀的社會變遷，終究打破了種族、階級、性別的隔閡，這不只發生在一般美國人之間，特別是在教育程度有落差的公民與受了高等教育的專家之間。愈來愈多人加入議題的辯論，代表著眾人的知識水準可以拉高，但這也代表社會間的摩擦會加劇。義務教育變得普及、女性與少數民族獲得賦權、中產階級的興起，乃至於持續加速的社會流動性，都讓處於少數的專家與位居多數的公民之間在暌違近兩百年井水不犯河水之後，第一次產生了直接的接觸。

只不過接觸的結果，並沒有讓雙方增加對彼此的敬意，反倒是讓美國人更不理性地認為沒有誰比誰更聰明。這種結果可以說是反教育的宗旨而行，因為教育的目的應該是要人謙虛，讓人知道自己不論得到了什麼樣的成就與高度，都永遠會有不懂的事情，正所謂「活到老，學到老」，學無止境，學海無涯是也，而我們如今身處的社會卻完全不是這回事。現代人學習可以說是淺嚐即止，而且不要說半瓶水，搞不好才一滴水就覺得自己滿到杯緣。這世界上有一種危險，就叫作「一知半解」。

本書要告訴你什麼

在後方的章節裡，我會介紹這個問題的幾種病灶，其中有些扎根於人性，有些是美國人特有的毛病，更有些是現代人、特別是有錢人免不了的文明病。

在第一章裡，我會討論「專家」的定義，還有就是專家與素人間的衝突是否真的是種新奇的玩意兒。到底怎樣才叫作專家？遇到自身背景或經驗值以外的困難決定，你會去找誰給建議呢？（萬一你覺得自己從來不需要任何人的意見，那恭喜你，就是你這種人讓我覺得這本書非寫不可）。

在第二章，我會探討的是在美國，專家與公民間的對話，乃至於任何兩者之間的對話，何以會變得如此貧乏？大家不要自己騙自己，任何人只要一說起自己看重的事情，特別是講到自身深信不疑的信念與價值，我們都會輕則討人厭，重則讓人生氣到完全不想賞臉。社會上不少專家與客戶間的合作關係會出現阻礙與問題，經常都是因為基本的人性弱點在作祟，而在第二章裡，我們會首先來思考一下有哪些「天險」會妨礙雙向的溝通與理解。這樣思考過之後，我們便能仔細地去觀察二十一世紀許多特別的問題。

比方說，我們都吃過一種問題的苦頭，那就是「確認偏誤」（confirmation bias），這種偏誤指的是人只會接受與自己成見相同，也就是能「確認」自己成見的資訊。每個人都有自己的一套生活經驗、成見、恐懼，甚至於是精神病，而這些包袱都會阻礙我們接納專家的建議。有人認為特定的號碼很吉利，任憑你是諾貝爾獎等級的數學家也沒辦法改變他的迷信；有人覺得搭飛機很危險，太空人或戰鬥機飛行員再怎麼拍胸脯保證也沒辦法安撫他的恐懼。而雖然這麼說不太客氣，我們當中還有些人就是資質不夠好，所以連自己錯了也不知道。這跟你是好人壞人沒關係，五音不全或畫畫是小學程度的人可多了。而就跟是有人是音痴，有人畫畫超醜一樣，很多人的能力斷點在於他們感覺不到自己的學識落於人後，他們沒意會到自己的邏輯有多說不通。

教育原本的功能就是要讓我們體認到「確認偏誤」的存在，讓我們知道自身的學識有不足之處，進而能成為一個更有品質、更理性的公民。很不幸地我們現在有一個很大的問題，那就是大學生跟家長都把大學當成一種差異性不大、讀哪間都一樣的商品。所以在第三章，我會討論何以高教普及會很弔詭地讓很多人以為自己變聰明了，但其實從學店裡買到的只是難稱有用的學位，外加由虛名撐起的一個幻象，那就是很多人大學畢業就覺得自己是知識分子了。學生的立場不再是求學者，而成了被教育產業追捧的消費者。由此他們學到的頂多是皮毛，但自信卻高漲得不得了。更糟糕的是他們沒有培養出批判性思考能力。少了思考能力，他們自然也就無法繼續學習，也無法評估各種複雜的議題來擔任一位合格的選民。

在科技與通訊管道日新月異的現代，人類知識的進步與傳播可以說突飛猛進，但這也有個壞處是讓人類的劣根性被放大展現出來。專業之死，固然不能全部怪到網路的頭上，但網路是罪魁禍首也是不爭的事實，至少在二十一世紀是如此。在第四章，我會檢視網路這個自古騰堡發明西方活字印刷以來，人類最大的知識來源。我會討論這個網路如何從一個捍衛知識體系的平台，變成了一個讓知識體系遭到炮轟的殺戮戰場。網路絕對是人類知識的寶庫，但偽知識的擴散與流竄也是網路所造成。網路不僅讓人變笨，還讓我們變壞：獨自一人在鍵盤前面，人就會戰，就會酸，沒有人要理性討論，也沒有誰願意聽誰說話。

在自由開放的社會裡，記者理應是無知與學習衝撞時的公正裁判，但現下的媒體已經不再是屬於新聞界，而是變成了「藝能界」。畢竟有需求就有供給，大家要娛樂，主播與記者就給你娛樂。沒有人想針對嚴肅的議題認真討論，那大家就來胡扯，就來鬼混。但這樣會造成什麼樣的後果呢？關於這個令人冷汗直流的疑問，我們會在第五章加以討論。

曾經我們對媒體的期望是給我們以真相，以新知，讓我們得以辨別真偽。我們曾期望媒體能深入淺出地讓我們掌握重要議題，畢竟大家平常為了生活，並沒有那麼多時間與精力去追蹤天下事。但如今進入到資訊時代，專業的記者也面臨了全新的挑戰。比起五十年前，記者不僅有二十四小時的播放時間要填，有永遠塞不滿的報章版面要塞，同時消費者還期望你要馬不停蹄地一直更新，一直更新。

在這個腥風血雨、高度競爭的媒體環境裡，編輯與製作人已經沒有耐心或本錢讓記者去培養專業，或是長期累積對一個議題的深入了解。同時我們也看不到有證據顯示多數閱聽人想知道那麼多細節。專家因此常被斷章取義，只被擷取一些精采或聳動的發言，甚至於除非必要，媒體根本懶得去訪問專家。任何人只要跟新聞界有一丁點淵源，都會知道報導一定要拍觀眾的馬屁，一定要夠甜膩或夠有娛樂性，否則陰晴不定的閱聽人隨時可以滑鼠點一點，遙控器按一下，多的是不需要大腦思考的內容在網頁或別的頻道上等他們大駕光臨。

專家不是不會錯，甚至於他們有時候還會非常錯，事實上他們時不時會錯得離譜，然後把事情弄得難以收拾。想捍衛專業在二十一世紀美國的地位，我們就得有迎來這一狗票爛攤子的心理準備：沙利竇邁（thalidomide）從害喜藥變成害人生出畸形兒的毒藥、讓無敵美軍深陷泥淖的越戰、在眾目睽睽下爆炸的太空梭挑戰者號，乃至於有專家警告過說吃蛋會完蛋（等下書放下你完全可以去吃茶葉蛋啦，雞蛋已經從誤傳的不健康食物清單上除名了）。專家會說我們不能因噎廢食，就像我們不能只記得一次空難，而忘記了難以計數且平安起降的飛行時數。專家會這麼說，我完全可以理解，而且他們說的基本上也沒有錯，問題是再多次的平安起降，也不能抹滅空難會發生的事實，而且很多空難之所以發生，就是因為專家出了差錯。

所以在第六章，我要探討的便是專家為什麼會出錯，以及專家是怎麼出的錯。專家有很多種錯可以出。有些專家是存心惡意詐騙，有些專家是沒有惡意的過度自信，更有些專家是吃燒餅掉芝麻而已，畢竟專家也是人，而是人就會出包。但我們之所以必須了解專家犯錯的過程與原因，其理由有兩個方面。首先是了解專家為何犯錯跟如何犯錯，身為公民的我們才知道該如何消化並運用專家的建議；再者，知道專家犯錯的前因後果，大眾才好評估專家提出的自律措施，並合理地放心讓專家去做事。少了這一層了解，專家的失誤就只會引發隔空放話輿論的混戰，到時候專家會動輒得咎而感到受辱，而一般民眾卻只能擔心害怕如入五里霧中。

最後在結論的部分，我會揭露專業之死對我來說最大的威脅：專業地位的崩潰會危及美國民主的根基。美國是一個民主共和國，共和國裡我們會選出代表來替眾人做決定。問題是，民意代表不可能什麼都懂，所以他們必須仰賴專業人士來擔任他們的幕僚。很多人可能不知道，但專家跟決策者常常不是同一批人。把這兩種人混為一談，那就是在耗損專家、公民與政治領袖間的三方互信，而很不幸地美國人就老是在做這種事情。

專家的職責就是提供專業意見，而民意代表或官員的工作就是決斷。想判斷專家給的意見優不優，想判斷民代或官員的決策好不好，民眾必須對特定議題有相當的了解。這當然不代表美國人人都得去當政策專家，但要是大家對切身議題連基本的了解都沒有，那就等於是自斷手腳，在自身權益的維護上自毀長城。選民要是對重要政策完全沒有追蹤掌握的能力，那就會讓自己暴露在兩種風險之下。要嘛民主制度會被無知的民粹政客綁架，要嘛溫水煮青蛙，民主會慢慢地、悄悄地變質成威權政體，控制在技術官僚的手裡。

在民主社會裡，專家也有很重要的責任得負，但這幾十年來他們都一直逃避著這項責任。曾經，公共知識分子會（經常與記者一道）努力讓重要的議題為大眾所了解，而如今，受過高等教育的菁英只會在小圈圈裡相濡以沫。這當然也多少得怪公民的態度不夠好，畢竟**發問**與**質問**還是有差別的，但公民的態度不好，不代表專家可以丟盔卸甲，把自己的職責丟在一旁，他們依舊有責任服務社會，把同為社會一員的公民們視為要服務的對象，而不是一群幼稚鬼。

換句話說，專家有責任提供教育，選民有責任學習。話說到底，不論專業人士能給多少建議，真正能決定國家大政走向的仍是廣大的群眾。只有選民可以在從各種會對他們家庭與國家產生影響的選項中挑出一個，也只有他們可以為這些選擇的最終後果負起責任。

但專家的義務就是要善加輔助大眾做成決定，而這也就是我寫這本書的原因。

第一章
專家與公民

考量多年來的發言被誤解、被扭曲，乃至於直接被無視，累積了大量的挫折感，美國各領域最頂尖的專家於周一集體提出了辭呈。——華府報導

《洋蔥報》（*The Onion*）*

好為人師的國度

我們對這群人都不陌生。他們是我們的工作夥伴、我們的朋友、我們的家族成員。他們老的老，小的小，窮的窮，富的富，有些人讀過書，有些人只有筆記型電腦或借書證可以倚靠。但他們有一個共通點，那就是他們都深信自己是長了腳的知識寶庫。他們覺得自己比專家們的資訊更豐富，比大學的教授更博學，比好騙的尋常百姓更加有見解。好為人師，指的

*美國諷刺新聞媒體，以嚴肅筆調杜撰虛構諷刺新聞聞名。（本書注解皆為中文版譯注及編按。）

就是這群人。他們活著的動力就是教育我們其他所有人，上知天文下通地理的他們會從帝國主義的歷史一路講到注射疫苗的風險。

我們接受這群人，乃至於忍受這群人，有一個原因是因為我們內心深處知道他們沒有惡意，甚至於是一片好意。我們甚至會覺得這群人有他們的可愛之處。比方說，一九八〇年代的電視上有一個情境喜劇叫做《歡樂酒店》（*Cheers*），戲裡頭有一個很經典的角色叫做克里夫・克拉文（Cliff Clavin），他是波士頓的一名郵差，也是個老泡在酒吧裡高談闊論的自封萬事通。跟電視裡的角色一樣，真實世界裡的「克里夫們」也會一開口就是「研究顯示……」或「大家都知道……」。觀眾們對克里夫很買單，是因為大家身邊都有一兩個這樣的熟人：家庭聚餐上的一個怪叔叔、第一次放假回家的大一新鮮人。

我們會覺得這群人很可愛，是因為在這大體上算是非常尊重並倚重專家看法的國家裡，他們是一群異數，一群例外。但過去幾十年來，事態變了。公共空間日益遭到被這群一知半解的烏合之眾給搶占了位置。這群人多為自學，「無師自通」的他們既鄙視正規教育，也不把實務經驗放在眼裡。「如果要有經驗才能當總統，」漫畫家兼作家史考特・亞當斯（Scott Adams）曾在二〇一六年美國大選期間於推特上發文說：「那請你隨便挑一個執政課題，我都能請頂尖的專家在一小時內幫我惡補到會。」他這麼說，感覺就好像跟自己跟專家就像兩台電腦，而資訊可以拷貝來拷貝去似的。有種知識上的「葛萊興法則」（Gresham's Law）正在慢慢崛起，曾經這法則說的是劣幣驅逐良幣，而「世說新解」的意思變成迷思把知識擠到邊緣。

這是非常惡劣的一種局面。現代社會的運作有賴於社會分工與專家、專業人士與知識分子的存在（現階段這三者在本書裡是同義詞）。沒有人能樣樣皆通。不論我們有多大的壯志豪情，都還是會被時間與聰明才智的限制給拉回現實。我們之所以能走到今天這一步，靠的是各有所長的每個人截長補短，也是因為社會發展出成文不成文的各項規定來把彼此託付在各自的專業裡頭。

在一九七〇年代初期，科幻小說大師海萊因（Robert Heinlein）曾有一句流傳至今、許多人仍琅琅上口的名言。他說的是：「分工，是昆蟲才會做的事情。」真正有能力的人類，他寫道，應該要從換尿布到指揮軍艦都無所不能。對人類的適應能力與韌性有這般崇高的信念，令人感佩，只可惜這種想法很難讓人說對。確實在歷史上有段時間，家家戶戶都自個兒劈柴，自個兒起厝，但這麼做不僅欠缺效率，而且房子會非常非常陽春，僅能遮風避雨而談不上任何舒適性。

所以說我們現在不自己劈柴蓋房，是有其原因的。不論是蓋紐約世貿大樓還是台北一〇一，我們都不會期待冶煉鋼筋的、設計建築量體的，跟安裝窗櫺的是同一個人。若非如此，我們哪來的膽子坐電梯到幾百公尺高的地方享受鳥瞰的快感：專家之間固然會有知識重疊的地方，但尊重彼此的專業，專注在自己的領域上，是不分男女，所有專業人士都懂得的行規與道理。就是這份信任與合作的精神，讓眾人的作品達到了非一人之力可以觸及的高度。

不爭的事實是，我們一定要承認自己的能力有限，也一定要信任別人的專業，否則這個社會就運作不下去。對於這種推翻不了的結論，我們有時候會產生一種叛逆的心情，主要是這種想法會危及我們珍愛的獨立性與自主性。我們都希望自己可以呼風喚雨，可以無所不能，誰敢說我們的不是，或是想當我們的老師，都會被視為一種挑釁。這是一種自然的人性反應，但這一旦成為整個社會的主流想法，就會相當危險。

這種危機，新嗎？

比起五十年前，甚至一百年前，現在的知識體系更加岌岌可危嗎？對話與討論有更加難以理性進行嗎？知識分子永遠的抱怨是其他公民太笨，而素人則永遠沒有信任蛋頭學者與專家的一天。像這種僵局，是現在才有的新問題嗎？我們擔心得有沒有道理呢？

公共場域中的這種衝突，有一部分是陳年舊案，沒什麼好稀罕。我們會覺得事情嚴重，只不過是因為網路跟社群媒體產生了放大的效果。網路會集結似是而非的消息跟半吊子的意見，把錯誤訊息與禁不起考驗的邏輯散播出去，而且是整個電子世界都難以倖免（想想要是回到一九二〇年代，然後不分大城小鎮，每個怪咖跟奧客都有自己的廣播電台，那會是怎樣的一份亂勁兒）。或許比起百年前，現代人並沒有比較笨，也沒有比較不願意聽專家發表意見，或許事情的癥結就在於專家的意見如今人人都聽得到。

除此之外，瞎了摸象也是人與人產生摩擦的另外一項原因。你知道的事情的一部分，我知道事情的另外一部分，這樣意見會不合也就難免了。早在人類以採集狩獵度日的年代，我們可能就會吵晚餐要吃什麼了。隨著人類發展的各個領域變成專家的舞台，圈內圈外的意見衝突只會多不會少，而且事態只會一天比一天緊張。同時隨著專家與公民的距離感日增，兩者在社會上共處時的鴻溝與猜忌也會日漸加深。任何一個社會，不論發展得多麼先進，都會有對知識菁英的反動在底下暗潮洶湧，也都會有其割捨不了的傳統智慧、都市傳說，乃至於其他面對現代生活之糾結與困惑時一些不理性但又很正常的人性反應。

民主制度，伴隨其眾聲喧嘩的公眾領域，始終很容易面臨到各方對於其知識體系的挑戰。事實上，民主國家中的**任何體制**，都很容易成為被挑戰的對象：民主就是這麼回事情，沒有挑戰就沒有民主。即便是在古時候，民主政體也都很執著於改變與進步。比方說修昔底德（Thucydides）就曾形容西元前五世紀的雅典是一群人在躁動之餘還「對創新上癮」，而數百年後，基督教的聖保羅（St. Paul）則覺得雅典人「花太多時間在聊新鮮事，有人講，也有人聽」。這種不安於室、什麼正統都能質疑的心情，正是民主文化要追捧、要保護的東西。

美國做為以自由主義立國的國家，比起世界各國又更加崇尚這種對於權威的反抗。而要討論「美國人的想法」，當然不能不致敬一下托克維爾（Alexis de Tocqueville）這名法國觀察家在一八三五年提過的：對於專家的聰明才智，美國老百姓並不特別買帳。「在心靈的運作中，」他寫道，「一個個美國人都大抵只訴諸自身的理解力。」托克維爾的理論認為這種對於知識權威的不信任，根深柢固在美國民主的本質裡層。「公民只要被放在平等的立足點上，則彼此都會仔細地相互檢視，」他寫道，「他們會不斷重返一項初衷，那就是自身理性才是最唾手可得的真理來源。由此不僅是對特定個人的信心遭到摧毀，甚至是美國人從秉性上就變得對權威毫無信任可言。」

托克維爾的觀察，其實並不只適用在早年的美國。早從蘇格拉底遭視為異端而被迫服毒自盡以來，就不斷有教師、專家、專業人員與各類「知情者」對所屬社會不信任他們這一點大表不滿。以比較近代來說，西班牙哲學家荷西．奧德嘉．賈塞特（José Ortega y Gasset）曾於一九三〇年譴責過「普羅大眾的反動」，他如下形容了這類沒來由的知識傲慢：

> 由此，在這本質上需要特定資格、也必須以特定資格為出發點的知識活動裡，我們開始注意到偽知識分子的步步進逼，這些偽知識分子沒有相關資格，無從認定其資格，或者應該說其心智狀態的質地就已經使其失去資格。

不知道是不是我誤會了，但現今的作家提筆書寫已經深入研究過的主題，仍需要顧慮同樣關心這些議題的一般讀者是否同意。這些可從來都沒有研究過一天這個議題的讀者之所以想要閱讀專業文章，並不是抱著一種想要學習的心情，而是想要如判官之姿看看文章的內容是否符合他這個素人腦子裡想當然耳的看法。[1]

翻譯成現在人比較聽得懂的說法，我們可以說賈塞特認為群眾會在崛起的過程中愈來愈強大，但也愈來愈無知傲慢，可以歸咎到不止一個原因上，這當中包括物質上的富裕、商業繁榮，以及科學發展的進步。

托克維爾口中所說美國人對於自身聰明才智的依賴，延續了將近一世紀，才開始受到內外交迫的一系列攻擊。科技發展、義務中等教育的普及、專業技術的擴散，加上美國於二十世紀中期興起成為世界強權，在在都讓「一切靠自己」的想法遭到重擊，這種想法更精確地說是一種迷思：美國隨便一個人都有能力齊家，也有能力治國平天下。

超過半世紀前，政治學者李察・霍夫斯塔特（Richard Hofstadter）寫道：「現代生活的繁複程度，已經持續地削弱了一般民眾能自給自足的智力與能力。」

在原始的「美國夢」裡，無所不能的一般人是最不可或缺的「基本鍋底」。世人普遍的想法是他可以不靠太多特別的準備，就從事某種職業或出任官員。

但到了今天，他已經知道自己連早餐都沒辦法自己做，因為他欠缺專門的工具與設備，也沒有能操作這些工具設備的相關知識。等到他坐下來吃買來的早餐，看今天的報紙時，他又會發現老實說，自己根本沒有能力判斷報紙中所講到的大部分議題是對是錯，畢竟他沒有相關的專業背景。[2]

霍夫斯塔特說這話時可還是一九六三年，但他已經認為生活上翻天覆地的複雜程度，讓公民之間產生了一種無力感與一股怒氣。民眾們開始意會到自己愈來愈得聽聰明的菁英們指揮。「曾經民眾對知識分子跟正規訓練的揶揄只是茶餘飯後的閒言閒語，如今卻已經變質成帶著恨意的攻訐，」霍夫斯塔特話說得很重。「曾經百姓們嘲弄知識分子，只是覺得這些人多餘，但如今百姓們開始攻擊知識分子，卻是因為他們沒有這些知識分子就活不下去。」

時間拉到五十年後的現在，法學教授伊利亞・索旻（Ilya Somin）入木三分地形容了這個完全沒有改善的問題。就跟前輩霍夫斯塔特一樣，索旻在二〇一五年寫道：「政府的規模與複雜程度（已造成）知識不足的選民無力監督或評價政府在許多活動上的表現好壞。在如此產生出來的政體當中，民眾將無法負責任且有效率地實踐自身的民權。」更令人擔心的是美國人在這五十年之間，也沒有太怎麼去弭平自身知識水準與必修民主素養之間的鴻溝。「美國選民在政治常識上的低落，」索旻直指，「仍舊是社會科學中極其確定的一項發現。」[3]

所以這狀況早就有了，那這是個問題嗎？

專家都有一個「通病」，那就是不論在哪個領域裡，他們都會覺得自己研究的是全世界最有趣的東西，沒有人會不感到興味盎然。但老實說，誰想知道得那麼清楚啊？就算是非洲事務的國際專家，看到亞洲地圖恐怕也是一頭霧水，所以一般人不知道哈薩克在那兒，是會怎樣呢？天會塌下來嗎？畢竟就連盧安達在一九九四年歷經種族清洗浩劫的時候，後來當上國務卿的華倫・克里斯多福（Warren Christopher）也得別人指給他看盧安達在地圖上的哪裡。連專業的外交官也不過如此，我們一般人有什麼理由要逼自己當個地理小老師呢？

資訊多到一個程度，任誰也不可能通通記住。正常人當然能記的就記，記不住的就查，反正現在各種資源這麼發達。我記得我隨口問過高中化學老師（當時我覺得老師無所不知）一種元素的原子序號碼，我一方面是想挑戰一下老師，給老師「考試」，一方面是我懶得查。結果老師皺起了眉頭說他不知道。他用手指了指牆上掛的週期表，然後對我說：「湯姆啊，表就是給人查的，科學家也一樣！」

專家對於素人的抱怨，有些確實是無的放矢。再怎麼樣關心孩子的爸媽，再怎麼功課做足的消費者，再怎麼有公民素養的選民，也不可能把從兒童營養、食品安全到對外貿易的資訊通通吃乾抹淨。要是阿貓阿狗也可以把這些東西通通放進腦子裡，那一開始就不會有所謂的專家了。

但歷史上平民的資訊量不足是一碼子事，專業之死又是另外一個問題。現在有問題的不是大家對於知識體系冷感，而是大家對於知識體系抱持敵意。這是美國的一種新文化，這代表專家意見或知識體系的地位下降，取而代之的是許多人堅信不論討論什麼，每個人的意見都是等值的。這在美國的社會輿論或公共論述中，是不容小覷的大事件。

這種改變不僅前所未見，而且極其凶險。對於專家的不信任，乃至於其延伸出的大範圍反智，理應是健全社會中不斷減少而能持續改善的問題，但在美國，我們看到的卻是這個問題持續惡化。聽到索旻教授等人說大眾的無知不比半世紀前嚴重，我們不該高興，我們應該擔心，甚至應該焦慮。維持平盤沒什麼好高興的，而且老實說，我們真以為自己有堅守住底線嗎？實情是在現在那些自以為懂得很多的半瓶水當中，專業之死已經儼然要推翻他們年復一年才累積來的一丁點知識，而這對民主制度中的物質與公民社會成就，都是潛在的浩劫一場。

大眾對於知識體系的不信任，很容易被簡化為疑心病重跟沒讀過書的鄉巴佬對大城市裡陌生蛋頭學者的抗拒，但真相可能比我們所想還要更加令人惶惶不安：對於知識體系的攻許，其帶頭者往往是理論上應該曉得不該這麼做的人。

就以疫苗的例子來談，兒少參與接種計畫的比率低下，其實很少在鄉下小鎮低教育程度的母親之中發生。地方上的母親沒有選擇，她們必須讓孩子接受疫苗接種，否則就沒有資格進入公立學校就讀。搞了半天那些抗拒疫苗接種的父母，比較常見於中高學歷的舊金山都會型郊區，比方說加州的馬林郡（Marin County）。這些父母固然不是醫師，但其所受的教育也足以讓他們有自信去挑戰既定的醫學專業。由此弔詭的事情發生了，那就是比起書讀得不多的爸媽，受過高教的父母親反而更在做決定時昧於事實，而且還順便把所有人孩子都拖下水，讓大家一起暴露在染病的風險之中。

確實，無知已經蔚為一種流行，由此美國開始有人把對專家意見的抗拒當成一種勳章穿在身上，好像這就代表他們比較有文化跟深度一樣。就以喝生乳運動為例，其誕生是因為有部分美食主義者主張攝取未經處理的乳製品是他們的權利。二〇一二年，《紐約客》（*The New Yorker*）雜誌報導了這個趨勢，文中提及「生乳莫名撩起了美食愛好者中的享樂主義心態」。

因為沒有經過加熱或均質化，而且經常來自草原放養的動物身上，因此生乳喝來感覺往往更濃郁、更香甜，而且有時還會保留一絲農場的氣味——一種讓人稍微覺得不舒服，鑑賞家稱之為「牛屁屁」的風味。「巴式低溫消毒會剝奪掉牛乳中滋味與香氣的層次感。」說這話的是丹尼爾・派特森（Daniel Patterson）。做為一名廚師，派特森在舊金山開了家米其林兩星的餐廳叫COI，餐廳裡就供應過用生乳製成的卡士達跟無蛋冰淇淋。[4]

派特森主廚是製備食物的專家，我們無力也無意與其爭論他個人或任何人的品味，但提到巴式消毒我不得不為其叫屈。就算消毒不利於牛乳的風味，也不能改變一項事實，那就是這過程殺死了病菌，而你不殺病菌，病菌就可能殺你。

生乳運動並非由少數異端廚師所硬生生帶出來的風向。生乳主義者不僅認為未經處理的乳製品比較美味，他們甚至認為生乳更加健康而有益人體。畢竟生菜不就對人好嗎？那生乳有什麼道理對人不好呢？我們有什麼理由不按大自然的設計去攝取食物，有什麼理由不想回到以往那個手工純樸的時代呢？

嗯，古早時代純不純樸見仁見智，但可以確定的是不少人吃一吃東西就死了，而經由食物傳染的疾病就是罪魁禍首。當然，美國是個自由的國度，若資訊取得無虞的成年老饕願意賭上進醫院的風險，也要用牛屁屁的體味去跟早餐的咖啡配，其他人也只能乖乖閉嘴。事實上我自己也不太有資格說別人，畢竟我自己也抗拒不了貝類的生魚片跟法式韃靼生牛肉。每次在菜單上看到放在這些菜色旁邊的警語，我都會覺得自己是走私什麼見不得人的東西似的。但話說又回來，生肉或生魚片固然有風險，但沒有人會餐餐這麼吃，畢竟這些東西不是主食，而且這些屬大人的食物，小孩也不太會去吃。但牛奶就不一樣了，很多孩子可是把牛奶當水喝。

對於喝生乳的歪風，美國疾病管制與預防中心（CDC）的醫師群二話不說著手介入，但效果並不好。二〇一二年，該中心在相關報告中指出未經處理的與經過巴氏低溫消毒的乳製品比較起來，前者引發食物傳染病的風險比後者高一百五十倍。美國食品暨藥物管理局（FDA）說得更不客氣，他們局裡的專家直指喝生乳就像用拿手槍在玩俄羅斯輪盤一樣，只不過殺人的子彈被換成了牛奶。只不過話都說到這個份上了，生乳的愛好者還是執迷不悟，而且自己喝就算了，他們還堅持把這危險的東西塞給沒有選擇權或發言權的另一群消費者：那就是他們的小孩。

喝個生牛奶，還要被醫生囉嗦喔？他們搞烏龍的事情多了。就拿其他食物來說，美國人幾十年來都被教育說雞蛋跟某些脂肪都不能吃多。政府專家還跟人說要少吃紅肉，多吃五穀雜糧，也就是一種基本上好吃的東西都不健康的概念（好吧我承認最後這個結論是我自己舉一反三出來的）。沒想到這些年過去，雞蛋不僅被發現對人體無害，甚至還可能多多益善，原本被捧高高的人造奶油比奶油更要命，人每天小酌兩三杯紅酒則或許比滴酒不沾還活得久。

所以事實擺在眼前：醫生也是人，醫生也會錯。但這就代表我們可以培根起司堡吃爽爽，馬丁尼一杯接一杯嗎？

那倒也不是。一方面雞蛋的爭議其實還沒完，一方面放大雞蛋的爭議只是模糊了焦點。醫生也許錯怪了雞蛋一兩件事，但垃圾食物傷身並沒有錯，醫生勸人別把速食配含糖飲料或啤酒當正餐，也沒有錯。有些人發覺雞蛋的爭議（繼之前巧克力是健康零食的烏龍）出現後便見獵心喜，他們拿這件事大作文章，藉此貶低醫生的話，同時也把自己的口腹之慾給合理化。但試想如果想健康長壽，你覺得醫生跟肥宅誰比較能信？

這一切的癥結，就在於素人們無法了解專家偶爾且局部的誤判，並不等於專家必然且全面的失敗。不爭的事實是專家對的時候比錯的時候多，特別是重要的事實上。但社會大眾卻總是醉心於雞蛋裡挑骨頭去挖掘專家之中的漏洞，然後抓著雞毛當令箭地去全盤推翻專家的意見。

這在某個程度上是人性使然——何以見得我們後面會說，但總之人心裡都住著一位奧客。不過話又說回來，專家固然少錯，但專家一錯就容易產生災難性的後果，這也是無可辯駁之事。就拿醫療疏失來說好了，你身邊一定會有人什麼也不解釋，就拿「沙利竇邁」四個字當罪名把醫生給鍘了。沙利竇邁問世是數十年前之事了，想當初這寶貝可是被認為非常安全，於是便專門開給孕婦當鎮定劑。但眾人始料未及的是沙利竇邁竟然存在駭人的副作用，明確地說就是會引發新生兒的缺陷。寶寶缺手缺腳或四肢畸形的照片成了社會大眾長年的夢魘。直至今日，沙利竇邁四個字已成了專家出包的代名詞。但說真的，沒有人說專家就不會錯（這也是本書要討論的一項主題），重點在專家判斷事情就是有高於一般人的勝率。即便是那些抓著沙利竇邁這個萬年哽在猛酸專家的傢伙，還不是天天拿阿斯匹靈跟抗組織胺往肚子裡灌，而他們之所以這麼敢，還不是因為在一望無際的藥海當中，他們吃的藥經數十年來的專家測試顯示對人體健康無礙。質疑者可曾想過在萬中無一的判斷錯誤背後，專家曾有多少準確的決斷讓人延年益壽。

有的時候，對專業人士多疑會變成一種興趣而令人沉迷，而其結果會時不時釀成悲劇。二〇一五年，麻州一名會計師史蒂芬．帕斯切里（Stephen Pasceri）與他七十八歲的老母親天人永隔，罪魁禍首是心血管宿疾。帕斯切里女士長年疾病纏身，包括她有肺氣腫的病史，而她於二〇一五年辭世的憾事，是發生在修復心臟瓣膜的手術完後。惟帕斯切利先生深信母親之所以與世長辭，是母親的一名醫生麥可．大衛森（Michael Davidson）疏忽了警語而誤開了某種藥給母親。話說麥可．大衛森醫生不是普通人，他除了是波士頓一流醫院的心血管腔內手術主任，也是哈佛醫學院的教授級人物。專業之死在此例中釀成了貨真價實的「專業人士」之死，因為很不幸地，失去理智的帕斯切里現身在醫院，然後一槍擊斃了他認為害死母親的凶手，也就是大衛森醫生。犯下暴行的他隨即飲彈自盡，之後警方在他住處搜出了一個隨身碟，裡頭盡是他關於藥品的「研究資料」。

確實，這是一個極端的案例，也確實，喪母之痛讓帕斯切里錯亂了理智，但你花幾分鐘去跟各行各業裡的專業人士聊聊，我相信雖沒鬧出人命但性質大同小異的案例一定所在多有。為了開什麼藥，醫生跟病人針鋒相對是家常便飯；律師們都認識幾個不聽勸而敗訴得賠錢或坐監的客戶；教師都遇過家長堅持自己孩子的答案是對的，明明詳解放在眼前也視而不見；房仲檔案裡都有講不聽的買方要逆勢接刀，結果害得自己被錢坑般的物件套牢。

生活在美國的任何一角，專業之死都會讓你想躲也躲不掉。民眾在科學與數學能力上的每況愈下，讓美國成了從肥胖到兒童健康不良等多重公衛危機的溫床。在此同時，於政治與公共政策這兩個多少得要對歷史、公民教育與地理有一點常識才適於參與，才能在理性基礎上論辯的範疇中，知識體系遭受到的狂轟猛炸可以說到了令人心驚的程度。

沒做功課的選民「崛起」

政治上的論辯與公共政策的擬定，並不同於非黑即白的科技。這兩件事情的本質即是衝突。雖然說偶爾會有「揖讓而升，下而飲」的君子之爭，但更常見到的局面會有如裁判放假去的冰上曲棍球場，而且瘋狂的觀眾還隨時都會跳進場內參戰，大亂鬥一觸即發。在現今的美國，政策辯論的內容聽著愈來愈像是兩群沒做功課的笨蛋在比爛，兩邊固然看法不同，但結論一樣都是錯的。政治領袖即便比民眾看得透徹（他們是現今政壇的稀有動物），也得賭上政治生命才敢淌這趟混水去指正選民。

政治觀察家與分析師說得很客氣，他們稱這類大混戰是「低資訊量選民」之間的肉搏戰。但不論是關乎科學上的真偽，還是政治上的是非，不變的可怕之處在於其中一種自我中心而目空一切、而且很容易就惱羞成怒的堅持：意見沒有高低之分的齊頭式平等。對美國人而言，說他錯等於說他笨，告訴他「你錯了」，就等於罵他說「你是個笨蛋」。你不准跟我意見不同，否則你就是不尊重我。換句話說，糾正就是一種侮辱。他們認為任何意見不論是不著邊際還是頗有見地，都應該被好好地咀嚼一番，以示公平，做不到這樣，你就是心胸狹窄，你就是剛愎。

公共政策辯論中的無知是一種病，而且這種病會真真切切地衝擊到美國每個人的生活品質與幸福安逸。回顧二〇〇九年，在《平價醫療法案》（*Affordable Care Act*），也就是「歐巴馬健保」（Obamacare）的政策辯論中，過半數的美國民眾相信曾代表共和黨擔任副總統候選人的莎拉・裴琳（Sarah Palin）所說。那裴琳說了什麼呢？她說歐巴馬健保法裡藏著所謂的「判死委員會」，還說這個委員會裡的成員會很官僚地判定病人有沒有價值活下去（事隔四年，還有接近三分之一的外科醫師對此深信不疑）。[5] 此外還有近半數的美國人覺得歐巴馬健保是「拿一件不分尺寸的衣服要給所有人穿」。你可以贊成，也可以反對歐巴馬健保法，但你不能把明明人家沒幹的事情栽贓到人家頭上。話說這法案都通過了兩年之後，還有至少四成美國人不清楚這法案有沒有繼續執行。

立法不是件簡單的事情，連身為民意代表的國會議員都不見得瞭若指掌，所以要求美國民眾對法案知之甚詳，好像也有點強人所難。二〇一一年，時任眾議院議長的南西・派洛西（Nancy Pelosi）曾在一連串合理問題的炮轟下顯得招架無力。對於民主黨自家的歐巴馬法案，這位議長女士顯然談不上胸有成竹。甚至她有一句失言引起了軒然大波，她說國會得先通過這個法案，才能知道究竟葫蘆裡賣的是什麼藥。複雜的法案絕不僅有歐巴馬健保這一件，類似的迷糊仗也不是只這一場。

想觀察公眾的無知如何影響國家政策的辯論，稅務是另外一例。沒有人喜歡繳稅，沒有人不抱怨稅重。每年春天，複雜到惡名昭彰的美國稅法都會讓無意逃稅的好公民膽戰心驚，他們頂多只能盡量誠實納稅，但金額正不正確也只能抱著一種猜謎的心情。

但乖乖納了稅，令人難過的現實是美國人普遍不清楚自己的血汗錢被花到哪裡去。一個又一個的民意調查顯示美國人一方面覺得政府亂花錢，覺得稅金負擔太重，一方面又常搞不清楚誰在繳稅、繳了多少，以及錢被花到哪裡去了。但其實美國政府的預算資料是公開的，你只要索取，公部門就會把資料傳送給你，這比起預算書像磚頭一般超難寄的年代，其方便性與可及性真是不可同日而語。

或者我們可以看看美國對外提供國際援助的事宜。在許多美國人心中，這是一個一捅就中的馬蜂窩，主要是他們覺得「美援」是一種浪費，是在把錢扔進水裡。美國人普遍以為慷納稅人之慨的外援占美國國家總預算超過兩成五，簡直就是在「大撒錢」。但這與實情相去甚遠，遠到讓人不知道該從何處吐槽起：美援僅占美國政府歲出的百分之一不到，精確一點說是連百分之一的四分之三都不到。

知道這真相的美國人，只有百分之五。而同時間每十個美國人，就有一個人認為美國**過半數**的預算（沒錯，就是好幾兆美元）被年復一年地送給別國花用。[6]不論每個人心目中的數字是多少，大多數美國人都以為美援是以等同於現金的即期支票給出去。這也是一個迷思。事實上，外援的種類很有彈性。外援不一定呆呆地給錢，事實上外援也算得上是一種有利於美國民眾的扶助就業方案，因為很多外援給的是實物，是產品。美國政府會向民間廠商採購從食物到軍機等各式各樣的產品，然後送到要援助的國家去，而這中間就會創造出美國國內更多的就業機會。

有人會說美援是浪費錢，我可以理解，這是一種說得過去的政治立場。包含我在內的某些專家會覺得一竿子打翻一船人不好，美援並非全然都是浪費，但至少反對美援的立場是出於一種信念、一種原則，而不是出於錯誤的認知。反之要是因為誤以為美援占預算比重太高而反對，那就沒什麼好討論的了。

事實上這種程度的無知，會讓美國人省小錢，花大錢。比方說美國人普遍支持以核導彈為目標的飛彈防禦系統，但這有一部分原因是不少人以為美國人已經有了（這是個美國社會上已經「好幾十歲」了的誤解。部署在阿拉斯加的少量攔截飛彈在服役中，但早在這之前，美國人就以為美國有「神功護體」很久很久了）。這些飛彈防禦系統究竟管不管用，興建得有沒有道理，這些問題現在都沒有人關心了。這個上世紀八〇年代與蘇聯冷戰時期的飛彈防禦計畫，如今已被大眾的想像列為神主牌，共和與民主兩黨都支持花數十億美元起跳的預算去蓋。

這裡的整個問題，不在於真正擔心疫苗副作用的人之中，也不在於糾結是否該蓋飛彈系統的人之中。理性的質疑不僅存在於科學的核心，也是牽涉到民主的真諦。相形之下，「專業之死」就像是美國全國在鬧彆扭、耍大小姐脾氣，也像青少年面對各種權威產生了叛逆的心情。這種強烈的情緒，讓美國人堅信只要主觀的意見夠強，就能模糊其與客觀事實之間的界線。

這時候專家理應跳出來，讓是非得以沉澱釐清，或至少讓眾人在行於混沌之中時有所依循。問題是誰有資格被稱為「專家」？在進一步討論知識體系的敵人是從何處集結而來之前，以及美國怎麼會在理應民智大開的資訊時代與人民當家的民主時代把自己搞得這麼狼狽之前，我們應該先思考一個問題，那就是頂著「專家」或「知識分子」頭銜的那些人，跟一般人之間應該如何區隔？

不諱言，「專家」是個遭到濫用的標籤，畢竟外頭看得到的公司行號都說自己是「庭院設計專門」、「義大利麵達人」、「地毯清理專家」。我並不是全然否定園藝、廚藝與清潔的專業，但他們畢竟跟外科醫生不屬於同一類的專家。話說比起從前，「知識分子」與「學術」在美國愈來愈是一種明褒暗貶的說法。所以說在我們繼續探討主線之前，就先針對這點來抽絲剝繭一下吧。

專家與公民

所以誰是專家？專業的「成分」又是哪些？

很多人對外自稱是專家或知識分子，其中有些人說得有道理，有些人是無聊當有趣。真要說起來，自認是專家，問題不只是會誤導人而已，很多自命的專家就像自稱吻功一流的人，都不太有自知之明。

想知道專家是圓是扁，你別妄想只靠查字典。大部分的字典都會以一種繞圈圈、或者說鬼打牆的方式在定義專家。比方說有字典會寫說：知識「淵博」、立場「權威」的人，就是專家。但就等於是換個方式在形容人對某個主題的了解，足以讓他提供真實而可信的資訊給他人（問題是，我們既然不是專家，又怎麼能知道某位「專家」提供的訊息信不信得過呢？難道說就憑對方名片上印著專家兩字嗎？）正如曾任美國大法官的波特・史都華（Potter Stewart）在某次講到色情圖資、也就是A片時所言，專業是那種只能意會不能言傳的東西，但只要見著了我們通常都能心裡有數。

就全世界而言，專家不是什麼稀罕的東西。有些專家很好認，甚至可以說是一目了然：醫生、工程師、航空機師等都是當然的專家，另外像電影導演、巡迴演奏的鋼琴家等亦然。更進一步說，運動員與他們的教練也是專家，然後就是大家熟悉的管線工、抓漏、警員、木工等等。繼續往下挖，我們會發現每天固定在你家附近送信的郵務士也是專家，至少他找地址找人很行。你要是需要人解讀驗血的結果，自然得找醫護人員，但你若是想知道巴西朋友的來信是怎樣能寄到你在密西根州的門口，經驗豐富的郵差肯定比誰都懂。

各行各業除了有各自的辛酸，也會內建有各自的專門知識，所以在此我會交替使用「專業人士」、「知識分子」跟「專家」這三個詞，因為廣義而言，他們都是掌握了特定的技術或知識體系，並且以此執業來做為主要的謀生方式。按照各個標準，我們就有辦法區別誰是「專業的機師」與假日的飛航玩家，我們會知道誰是「專業的賭徒」，誰又只是喜歡偶爾送錢去給賭場花。

換句話說，稱得上專家，代表這個人對某樣事情知之甚詳，且非一般人所能望其項背，也代表我們針對某個知識領域需要建議、教育跟解答的時候，我們會想到的就是這些人。請注意這並不代表專家對特定領域的事情無所不知。正確的理解是專家既然稱為專家，就代表他們是這個領域中的少數，而他們的意見比多數人都更「權威」，更正確，也更準確。

除了一般的專家以外，我們還有專家中的專家。領有醫師執照的專業人員，自然比任何普通人都有能力診斷或治療疾病，但要是遇到疑難雜症，普通科的醫生也會去尋求專科醫師的協助。執業律師跟最高法院的法官都考過律師，但前者會比較擅長處理街頭巷尾的遺囑跟離婚等事務，而在華府穿黑袍的後者則會更懂憲法解釋案等國家大事。當然，經驗也還是用得上的。二〇〇九年，全美航空一架班機在紐約起飛爬升時遭到雁群撞擊，兩具引擎都失去動力，這時駕駛艙中有兩位駕駛，但其中較專業較強、飛行時數也豐富許多的機長說了句「我來」，然後就順利導引飛機迫降在哈德遜河面上，史稱「哈德遜河奇蹟」，畢竟最後機上所有機組與乘客都安然無恙。

在民主制度下，專家會與百姓或專業會與民意產生摩擦的一個原因，便是專業必然是少數且相對封閉的。投身某個領域的研究或鑽研某個行當，有兩層意義，一層是我們放棄了對於其他工作或主題的興趣，另一層是我們信任社群中其他領域的成員會把他們的專業顧好，就像我們會把自己的事情做好一樣。引擎著火了，有人會想去駕駛艙給正副機長一些建議，但想歸想，我們最終還是會（不得不）信任他們比我們更加知道如何臨機應變。要是不這麼想，我們高度進化的社會就會崩潰成一座座孤島而各自為政，我們會回到那個各自摸索、不知所措，只有自己能夠倚靠的時代。

所以我們如何區別誰是素人誰是專家，又如何能將專家給認出來呢？真正的專業，真正值得人信任與倚賴的知識積累，是一種摸不到但感覺得到的東西，是學習、天分、經驗與同儕確認的集合體。學習、天分、經驗與同儕確認這四樣東西分開來，都各自是專業的印記，但多數人都能正確地做出綜合判斷，以整體呈現出的狀態來確認誰的話能信，誰的話要考慮。

正式的訓練或教育，是專家地位最顯眼的招牌，但這並不是說學歷好就一切搞定。在很多職業別裡，證書只是入行的基本條件，如教師、護理師、水電技術人員等都需要專業證書才能執教或執業，因為證書代表他們的技藝已經經過同儕的檢定而達到基本的純熟水準。雖然總是有人堅持看衰專業知識，笑話這些證書或資格的存在是一種文憑主義，但學位與執照畢竟是具體可見的「信物」，我們需要這些信物來標示出誰是真正的專家，誰又是玩票的或詐騙集團。

持平而論，這些證書當中不乏人為的新產物，也有些證書不是那麼事關緊要。以某些案例來說，證書是由國家或特定機構設計出來牟利的把戲，也有些證書只能證明某人在某次考試中得到了及格的分數，僅此而已。現在想在美國當律師，你必須拿到法學院的學位，但早年有些年輕人只消自己把六法全書找來「讀一讀」，然後通過州辦的律師考試即可。這種比較不正式的制度，雖然也同樣從中誕生了偉大的林肯總統，但一方面林肯總統確實也不是個多厲害的律師，一方面這種制度也確實「培養」出了像亨利・畢林斯利・布朗（Henry Billings Brown）之流的最高法院法官。能在「普萊西控告弗格森法官」（Plessy vs. Ferguson）＊一案中做成「隔離但平等」的多數決意見書，也只能說他是個奇葩（布朗在哈佛跟耶魯都念過書，但也都沒有畢業）。

不過話說回來，有證書總比沒證書好。證書代表當事人獲得了機構的肯定，也是品質的一種保證，就像有品牌的商家多半會想要強調並確保自家產品的品質，也就是一種商譽的概念。手邊若有大學的畢業證書，你不妨留意一下上頭多半會印著類似的字樣或說法：持本證書者已經本校師資認可修業合格，故發給此學位證書，而本學位又已經獲得區域內高教委員會或特定職業團體的承認。這些大學的師資，或者是核發證書的機構，實質上就等於是在為畢業生或結業學員的專業知識背書。由此（至少剛出社會時）要接受檢驗的不僅是拿這些證書的人，就連發證的學校或機構都賭上了各自的名銜。

不可否認地，所謂的名校也出過很多一點常識都沒有的校友，而差一點的學校也誕生過不世出的天才。但就像龜兔賽跑烏龜有時贏，但你不可能因此就不把錢賭在兔子的身上。麻

＊一八九六年，有八分之一黑人血統的普萊西坐上了白人專屬的火車車廂，遭弗格森法官判罰二十五美元。普萊西向最高法院反控弗格森法官，但布朗法官不僅維持原判，而且還做出了為禍美國半個多世紀的這個荒謬判決。「隔離但平等」代表南部各州可以在公共場所將黑白隔離，但卻不違反法律之前人人平等的原則。

省理工學院與喬治亞理工學院的天才產量，肯定是要顯著贏過排名較低的學校，更不用說自學的發明家屬鳳毛麟角。當然，麻省理工的畢業生裡也有拮据度日者，也有鶩腳的工程師，所以我們想問的是：專家——尤其是執領域牛耳的顯赫專家——跟同樣學歷的普通人有何不同呢？

第一個不同點就是天生的性向，也就是資質。天資是專家的必備條件（海明威曾在談寫作時說道：「寫作第一不可少的是認真，第二很不幸地，就是天分。」）在大學裡鑽研喬叟的人，會在英國文學的造詣上比多數人高，至少在人事時地物的強記上不輸給誰，但是真正對中世紀文學有天分的人不僅僅對細節更加瞭若指掌，而且還可以將事情的前因後果融會貫通外加娓娓道來，尤有甚者還能承先啟後、開疆闢土地挖掘出關乎中世紀文學的新知。

有些人可以對專業領域有神一般的掌握與直覺，不論那種感覺叫做靈感、音感，還是語感，有些人則只能把答案通通填對然後拿到證書，這當中有一條線，那條線就叫做才華，就叫做天分。每個領域都有這樣的人，他們很擅長於解題，但搞了半天他們其實並不算是自身工作的箇中好手。法學院裡會有學生冰雪聰明，但他們會一面對到陪審團就整個人僵住。有些人在警專考試裡分數很高，但卻完全不知道該如何在街頭巡邏，教都沒辦法教。頂尖大學每年都會有新科的博士誕生，但有一定數量的人再也寫不出值得看的東西，博士論文會是他們的研究生涯的高峰。這些人或許都是衝鋒陷陣，經過一番血戰，才在現在的職業中卡到一個位置，但他們真的不是所謂的強者。他們的專業發展將永遠受限於自身的能力天花板。

想要從有證書的一群人中把濫竽充數的給剔除掉，我們可以思考一下「經驗」這個東西，畢竟真金不怕火煉，時間自會證明一切。有的時候，市場本身就會以才華跟技術為標準把偽專家汰除。在股市裡，領有證照的營業員雖然也會犯錯，但大部分人還是可以混口飯吃沒有問題。真正基本賺不到錢的，是那些每天殺進殺出的業餘當沖客。在華爾街當過分析師的亨利・布拉傑（Henry Blodgett）是網媒《商業內幕》（*Business Insider*）執行長，他說過辭職在家做當沖是「最蠢的工作，沒有之一」。他說非專業的人做當沖，「還不如去漢堡王打工，後者賺得應該還比較多」。[7] 到了最後，老本虧光會是這些業餘人士的宿命。同樣的道理，不會教的老師口碑會變壞，官司打不贏的律師會留不住客戶，而沒有才能的運動員會進不了決賽，拿不到金牌。

剛剛說真金不怕火煉，事實上三百六十五行，行行都會被這把火燒到，而禁不起考驗的就會變成砲灰。所以說能在一個行業裡待多久，累積多少資歷，確實是專業造詣一個說得過去的指標。問一個人有哪些「經驗」，就等於在問一個十分經典的問題：「你**最近**都在幹嘛？」專家會持續經營自己的領域，不斷在技術上精益求精，從錯誤中學習，並一路上留下可受公評的紀錄。在專業生涯中，專家會不斷在技術上自我提升或至少在一個高水平上盤整，並且從歲月中收穫（肉眼依舊看不見的）智慧。

經驗對專業的貢獻，可以在很多地方看見。經驗老到的執法人員能憑直覺洞燭機先，而他們的年輕後輩就無法在對犯罪的嗅覺上望其項背。你問他們這是什麼「妖術」，老鳥們也說不清楚，反正有些情境就是會讓他們覺得有哪裡「不對勁」。「身經百戰」而得以從手術室或三萬英尺的高空「歷劫歸來」的醫生或機師，會比年輕的同僚更做得到處變不驚。「老」老師比較不會被叛逆或難搞的學生挑釁成功。登台講笑話的喜劇演員若是長年巡迴，便比較知道遇鬧場該如何應對，道行更高的甚至可以即興拿現場的情況當材料來開玩笑。

這些經驗累積出的技術不見得能量化。再來我舉我自身的求學與研究領域為例來說明。

大學畢業後，我進入了哥倫比亞大學的哈里曼研究所（Harriman Institute）深造，研究的主題是蘇聯政局。我承認這有一點是我在「洗學歷」：有朝一日我想從事蘇聯政治的研究與教學工作，而哥大正是當時在這個領域中的佼佼者。話說當時的所長馬歇爾・舒曼（Marshall Shuman）教授是美國知名的蘇聯學者，也是卡特總統時代的白宮蘇聯事務幕僚。

就跟任何一位蘇聯專家一樣，舒曼會緊追蘇聯媒體中的蛛絲馬跡來判讀克里姆林宮的政策立場。這樣一種過程，幾乎可以看作是文本分析版的大海撈針，你可以想像拿根針從猶太聖典《塔木德》經的某一頁的某一個字上刺下去，然後要人告訴你對面的那個字是什麼。這不是鑽牛角尖，什麼才是鑽牛角尖？我們這些沒經驗的人都覺得這簡直是魔術。身為舒曼教授的學生，我們會問他：老師，正經八百的蘇聯報紙，你如何能從中看出個端倪？從不知所云的官樣文章裡，你是如何「觀落陰」出意義的？明明是同志們在集體農場中勉力開墾的樣板故事，你如何從中看穿世界級鐵幕的真面目？舒曼聳了聳肩說：「我也不會說，我就是把《真理報》拿來讀，然後當鼻頭抽動，我就知道事有蹊蹺了。」

在當時，我覺得這種回答蠢斃了。我甚至開始懷疑自己是不是進錯了研究所，甚至不該讀研究所。但舒曼教授的意思其實是他年復一年地閱讀蘇聯的刊物，讀到最後他已經能與俄國記者在紙上心靈相通。凡有任何不尋常的措辭，都逃不過他的受過專業訓練的老練雙眼。

雖然半信半疑，但我在研究生階段與初出茅廬的職涯早期都效法恩師的作法。我幾乎不間斷地天天閱讀蘇聯出刊的書面資料，並嘗試抓出當中有沒有不按牌理出牌的行文模式。經年累月下來，我終於體會到老師當年的回答是什麼意思。我的鼻頭不會抽動，耳朵也不會，但我了解到一點是用原文讀外國資料是一種專業，而且還是一種沒辦法標準化成一門課程或一種測驗的技能。這種技能無法速成，想要的人只能投入時間，只能反覆練習，只能遵照前輩的經驗與建議去累積實力。

真正的專家還有一個特徵，那就是他們願意接受其他專家的評價或指教。任何職業團體或專家社群，都一定設有監理的協會或認證的機制，其功能有二，其一是要確保其成員能夠在能力上符合專業的標準，其二則是避免坊間有門外漢在提供這門專業的技術。

這種自律，是專業做為一種概念的核心，也是一種我們可以用來指認出專家的特性。

所有的專業團體都會設下入行的門檻。這類門檻有些順理成章，有些則可能略嫌浮誇，但基本上標準的存在都是要確保不會有劣質或詐騙的表現砸了行業的招牌，進而讓專業的價值遭貶。我可以揪一些同事，在家門口立個「扛棒」，然後就說這裡是「湯姆・尼可斯高能物理研究中心」，但事實上我對高能物理一竅不通，而真正的物理學家也絕對不會認可我這個有名無實、虛有其表的研究中心。事實上，我可以期待物理學家們會一擁而上指摘我偽造學經歷，並且以「保護物理學家名聲」之大義圍剿我到關門大吉。

專家社群靠由同儕組成的職業機構來維繫業內水準，以昭社會公信。像同儕互評、機構認證、專業協會，乃至於某些外部的組織或職業，都有助於保護專業的品質，而品質顧好了，社會——也就是各種專業的客層——就能放心地相信專家說自己夠專業。在台北一〇一坐超高速的電梯，電梯牆上貼的證書不會寫著「祝你好運能順利到達屋頂」，上面會寫說「民間某個電梯產業協會根據老師跟同學都是工程師，本身也受到老師與同學認可的工程師看過之後，這個纜繩拉的箱子應該沒問題，或至少沒有連專家都預期不到的問題，所以你就放心坐吧」。

經驗與業內的認可很重要，但中國有句老話是在警告人要提防說自己有二十年經驗的工匠，其實可能只是把第一年的經驗重複二十遍罷了。我必須說這樣的警語也很有其道理。有牙醫是第一年拔牙拔很差，然後到屆退時也沒什麼長進。有老師第一天上課就把學生無聊到變成活屍，然後榮退前的最後一堂課也仍在為學生治療惱人的失眠。不過關於專家，包括表現不算很出色的專家，都有兩件事是我們得謹記在心的。

首先，手忙腳亂的牙醫或許不是你家這一帶的拔牙聖手，但讓他或她拔總是比你自個兒來好得多。如果只是裝個牙套或補顆蛀牙，我們無須大費周章去找牙醫系的系主任來操刀。你或許曾一兩次用某些「雜技」硬拔過牙，但那只能算是你運氣好，說到底拔牙ＤＩＹ的風險還是太高，畢竟你既沒有相關的背景，也沒有足夠的經驗。我這麼說好了，大部分人連頭髮都不敢自己剪了。（而這也是對的，那麼多染燙的藥劑或剪髮的利器，還是讓受過訓練、通過考試的美容師來弄比較令人放心。）事實上不論是自己的還是親愛家人的牙齒，大部分人也不敢冒險自己在家拔。

再者，延續第一點講到的相對風險問題，我必須說專家不是不會犯錯，但他們犯錯的機率肯定比素人低。專家跟一般人一個很大的不同，就在於專家比誰都清楚自身職業中存在的陷阱。正如知名物理學者維爾納・海森堡（Werner Heisenberg）說過的，「誰知道哪些錯誤最好不能犯，誰知道如何避免掉這些這些錯誤」，誰就是專家。（海森堡有個物理學家同僚是大名鼎鼎的尼爾斯・波耳〔Niels Bohr〕，而波耳對於專家解釋的版本稍有不同，他說「誰把在一個領域裡能犯的錯誤通通集滿了，誰就是那個領域的專家」。）

不論是海森堡或是波耳的看法，都有助於我們理解「只要有心，人人都可以是專家」是多麼危險的一種有毒想法。確實在某個程度上，任何人略通某門技術，都可以進一步發展出特定的心得，進而在大多數場合中讓眾人以他的意見為準，但正所謂「半瓶水，響叮噹」，一旦有人懂得些皮毛就自我膨脹，把專業想簡單了，那禍害就會隨之而來。把《詹氏防衛周刊》（*Jane's Fighting Ships*）出版的海軍年鑑翻得滾瓜爛熟，對二次元的船隻如數家珍是一回事，真正對各國現役船艦的特色與性能知之甚詳又是另一回事，看雜誌的那叫軍事迷，看得懂設計圖的才是武器專家。這當中的界線或許細微，但還沒有細到你可以對其視而不見。

知其然，不等於知其所以然。能夠理解也不代表你有能力分析。專業並不是知道個大概就可以在茶餘飯後玩的餘興遊戲。

自學成功的專家不是沒有，但他們既非常態也不是例外，他們是例外中的例外。真正多如過江之鯽的是汲汲營營想要快速入門的普通人，他們不知道的是相對於複雜專業的裡裡外外，自己的付出有多麼難堪，自己的收穫又是多麼慘澹。他們就像是歌迷在KTV包廂裡唱得有模有樣，然後就覺得自己有機會上「XX好聲音」感動那英跟庾澄慶，讓他們把冠軍頒給你。又或者有些人高爾夫球能達到不用差點，十八洞可以低於標準桿大約七十二桿，就不知哪兒來的信心覺得自己可以轉行了。一件事你自己做得還算拿手，不等於你可以當別人的顧問或老師(所以說即便是那些自以為可以當歌手的人，也壓根不敢妄想當別人的聲音教練)。

素人不知道自己幾斤幾兩，不知道自己的能耐到哪，常常會讓他們跟專家的互動變得尷尬異常。幾年前的事了吧，有位先生來電到海軍戰爭學院（Naval War College）中指名找我，他說他有樣東西我非看不可，還很堅持說這東西可以在海軍戰院的課程中大放異彩。這位先生會找上我，是透過另一所校院，那裡有我教過的學生在裡頭任職，而這位先生口中我非看不可的東西，是一篇以中東情勢為題的論述。我請問他這文章的作者是誰。這個嘛，他說作者就是：他本人。他本業其實是在經商，而他平時就愛「大量閱讀」。我問他有沒有受過任何相關領域的訓練，有沒有親自考察過該中東地區，或是有沒有習得過任何中東語言，結果他坦承自己什麼背景都沒有，但他還是補了一句說：「我說真的，只要能每個月都讀一本書，誰都可以變成專家，是吧？」

最，好，是。

美國文化確實有這樣一種傾向，環境讓我們容易對庶民的智慧或自學天才的毅力產生許多浪漫的幻想。這類的意象，會滋養出社會上一種自娛自樂的想像，那就是只要咬牙苦撐加上創意幾分，路人即便面對陳腐的學院派或宅宅的科學家也一樣能戰勝。

這種風行於美國的民間思想，我可以舉出不少例子，電影中尤其喜歡安排讓冰雪聰明的年輕主角智取企業、大學或甚至於政府。一九九七年，當時還是小鮮肉的班・艾弗列克（Ben Affleck）跟麥特・戴蒙（Matt Damon）就聯手寫出了《心靈捕手》（*Good Will Hunting*）的電影劇本，劇情講述的就是一名工友「鯉魚躍龍門」，成就了自身高超數學天分的過程。在堪稱經典的「名場面」中，麥特．戴蒙用低沉的波士頓勞工口音，怒「嚐」了酒吧裡一名看來像沒怎麼曬過太陽，頭髮長到綁著馬尾的長春藤名校男研究生：

你研究所一年級，你剛讀完某個馬克思歷史學者，比方說彼特．蓋瑞森（Pete Garrison）的東西吧。下個月你會讀到詹姆斯．雷蒙（James Lemon），然後蓋瑞森的東西就會被你否定。接著你會開口閉口都是早在一七四〇年，維吉尼亞州與賓州的經濟是如何地充滿創業跟資本主義的精神。

可是到了明年，你會回到這裡反芻高登．伍德（Gordon Wood）的東西，你知道的，你會高談闊論起什麼革命前的烏托邦，什麼軍事動員產生的資本形成效應……你應該是在維克斯（Vickers）的《埃塞克斯郡的勞動》（*Work in Essex County*）裡讀到這些東西的，我記得是第九十八頁吧，是吧？不用大驚小怪，那本書你能讀我也能讀。你剛剛是不是打算原封不動把整段東西給背出來，然後假裝是自己的東西？你對這些問題到底有沒有自己的想法啊？

你（髒話消音）砸十五萬美元換來的高等教育，價值跟圖書館遲還書的罰款差不多，大概一塊五毛錢。

這場戲之後，麥特・戴蒙飾演的年輕主角還跟他一頭白髮的心理治療師過了招，這次他們交鋒的主題是霍華德・津恩（Howard Zinn）＊與杭士基（Noam Chomsky）＊＊。這些橋段或許做作而弱智，但卻扎扎實實在當時的放映廳中引起了影迷的共鳴。在奧斯卡的頒獎典禮上，麥特・戴蒙跟班・艾弗列克抱回了最佳劇本的小金人。而這兩人也無疑地鼓舞了至少一部分影迷去相信閱讀萬能與上學無用論。

話說到最後，專業二字真的是不好解釋，而專家跟玩家真的也很容易被人搞混。當然誰對某個主題只是粗淺地玩玩，誰在某個領域可以深刻到他說了算，要分還是可以分得出來。沒有人可以把某個領域的知識全部打包買單，但專家的知識存量一定在一般人之上。教育、訓練、練習、經驗與同儕的認可，都多少可以讓我們粗略地區分出專家的真偽。

專家與素人會是一對永遠的冤家，其中一個很基本的原因是專家跟素人都是人。既然都是人，那他們吸收與解讀資訊的過程就都會出問題。一個人學歷再高，都有可能犯最初階的邏輯問題。至於學歷低一點的則容易高估自身的能力。專家也好，素人也罷，我們使用（或不用）大腦的情形都是很類似的：我們會專挑自己想聽的事情聽，然後對自己不想聽的意見充耳不聞。而這也是我們在下一章要探討的課題。

＊美國左翼歷史學者，代表作是《美國人民的歷史》（*A People's History of the United States*）。

＊＊美國語言學家、思想家與政治評論家。

第二章
心好累！溝通這麼難是怎樣？

時間往回推幾百年……當時一件事被證實了，人會知道，一件事證明不了，大家也會知道。而一件事情如果被證實了，大家都會真的相信。

——著有《納尼亞傳奇》的C．S．路易斯（C. S. Lewis）
出自小說《地獄來鴻》（*The Screwtape Letters*）

「是啊，嗯，你知道的，那就只是，那個，老兄，你的看法而已。」

——主角「督爺」（The Dude）的台詞
出自電影《謀殺綠腳趾》（*The Big Lebowski*）

徵人：誰想跟我辯論一下

在二十一世紀的今天，對話時不時會是件令人深感疲乏，甚至會令人發狂的事情，而且

的一種弊病，這一點是跨時代的通病。再多的教育，也無法讓漠不關心的人記住自己家鄉的國會議員是誰。

惟話雖如此，至少一部分人無來由自視甚高的問題依舊未解。我們都有困在過派對或晚宴上的經驗，我說的是那種有人在現場滔滔不絕，不疑有他地把在場所有比他聰明的人當成小學生在演講的狀況，但其實這樣的人只不過是在用連續技秀下限，提出一個又一個錯誤或以訛傳訛而渾然不覺，他們從頭到尾都以為自己聰明到令人驚艷。這不是你在幻聽或產生某種幻覺：有人就是會挑自身所知甚少的主題來高談闊論，也不知道哪兒來的自信。這是真實存在的狀況，而科學也終於對此提出了解釋。

話說這是一種被稱為「鄧寧—克魯格效應」（Dunning-Kruger Effect）的現象，其中鄧寧是指的是大衛．鄧寧（David Dunning），而克魯格指的是賈斯汀．克魯格（Justin Kruger）。這兩位康乃爾大學的心理學者在一九九九年一份劃時代的研究中確認了這種效應。簡單講，鄧寧—克魯格效應是在說愈是笨蛋，就愈有信心自己不是笨蛋。實際上，鄧寧跟克魯格沒有那麼狠，他們用的標籤不是「笨蛋」，而是比較委婉的「拙於技巧」或「能力不足」。但遣詞用字改變不了這種效應的中心思想，那就是：「這些人不僅老是下錯結論而選錯方向，而且他們還不知不覺於這代表自己的程度太差。」[2]

不要說我們在霸凌「拙於技巧」的人，因為我們每個人都有高估自己的傾向。隨便找一個人問他或她覺得自己的各項能力到什麼地方，你就會觀察到所謂的「中上效應」，意思是每個人都覺得自己的能力水準，嗯，在平均值以上。鄧寧與克魯格用冷冰冰的學術用語形容這種狀況是「與敘述統計學之邏輯衝突的結果」。惟這種情形是人性中顯而易見而且屢見不鮮的弱點，幽默作家蓋瑞森・凱勒（Garrison Keillor）甚至以此為靈感，在他的廣播節目「草原之家來作伴」（A Prairie Home Companion）上發想出一整個符合這種人性的神奇小鎮，也就是很多人知道的「烏比岡鎮」（Lake Woebegon）。在烏比岡鎮上，「每個小孩的資質都落在中上」。

按照鄧寧後來的解釋，人都會高估自己，但笨蛋的自我感覺比誰都良好：

> 我與其他人的眾多研究，都證實了對某組認知、技術或社交技巧欠缺掌握的人，往往會倒過來嚴重高估自身的能力或表現。不論是某種語言的文法、情緒控管的EQ、推理的邏輯、手槍的保養與安全維護、辯論技巧，還是財金知識，都無法自外於這種現象。大學生在考試交卷的時候會想說自己可以拿到不錯的甲或乙，但實際的分數卻是丙或丁；蹩腳的西洋棋士、橋牌選手或醫學院學生，乃至於想要更新駕照的老人家，都同樣會大幅高估自身的實力。[3]

為了考試衝刺的學子，想要維持獨立生活的銀髮族，乃至於對大好前程充滿憧憬的醫學院學生，都寧可樂觀一點而不願滅自己威風。除了在一翻兩瞪眼、實力勝於雄辯的競技運動領域裡，其他時候人都會盡量避免說自己在某件事情上差勁。

搞了半天，笨蛋反而覺得自己特聰明的真正原因，在於他們欠缺一種叫做「元認知」(metacognition)的關鍵技能。這是一種「知之為知之，不知為不知，是知也」的能力，一種退一步觀察自己，進而「認知到自己不擅長於某事，方法完全不對」的能力。好的歌手會知道自己走音，好的導演會知道自己拍壞了某場戲，好的行銷會知道某個活動的效果慘兮兮。反之差勁的歌手、導演、行銷則沒有這種自知之明，他們會飄飄然地自以為自己天縱英明。

把這種自以為是的傢伙跟專家「送入洞房」，可以預期必然是災難一場。少了元認知的制衡，惡性循環便會停不下來，身處其中的人會在不知道自己程度不夠的狀況下與專家「答嘴鼓」。這樣的兩個人一定會吵起來，但講話沒邏輯的一方會聽不出自己沒邏輯，沒多久專家就會挫折感爆棚，素人則會感覺受辱，兩人最終只能不歡而散。

更令人氣餒的是有種人會明明是半吊子，卻還自己亂編故事，這種人沒辦法教，正確的資訊他也聽不進去，你說可不可氣。鄧寧形容他在康乃爾大學做的研究是「比較不招搖、不花俏的吉米・基墨脫口秀」，而研究結果也與吉米所言英雄所見略同。雖然分處於學術界與娛樂圈，但他們都認為人就是能胡說八道，就算不學無術也不會感到一絲心虛：

在這個研究裡，我們會先問受訪者熟不熟悉某個物理學、生物學、政治學或地理學的專業概念，結果也不少人宣稱他們知道光子、向心力等真有其事的概念是什麼東西，但好玩的是同一批人也說他們知道天文學裡的視差盤、營養學中的超脂質，以及化學裡的超凝態氯等根本不存在的假術語。在另一項研究中，學者藏了九個虛構的概念，近九成的受訪者至少被其中一個騙到。

更糟的是，「受訪者愈是覺得自己的常識豐富，他們就愈會被無意義的假術語給拐到。」這就是「能力不足」者難以溝通的地方，因為相對於專家，「這些人沒有判斷好壞的眼光。」換句話說愈是草包的傢伙，就愈不可能知道自己錯，別人對。愈是沒料的人，就愈會去無中生有、穿鑿附會。最沒辦法透過學習而有所長進的，就是這種人。

對於這樣的問題，鄧寧跟克魯格提出了不只一種解釋。一般而言，人都不會想傷害彼此的感情，而在職場環境中，即便是主管都不太想糾正能力較差的朋友或同僚。有些活動，比方說寫作或口語表達，則不存在立即而直接的回饋方式。如果是打棒球，你最多連揮三次空棒，就得承認自己不是鈴木一朗了。但如果是語言，你則可以天天荼毒其文法與構句，但你根本不會知道自己的母語講得有多差，別人也不好意思跟你講。

「草包」的存在，對專家與素人間的理性討論構成了直接的障礙，但我們對這種基本人性也不太有介入的空間。不過現實中倒也不是人人皆草包，尤其天生我材必有用，少有人一無是處。那如果是聰明慧黠的人在嘗試理解複雜事物時，會犯的是哪些錯誤呢？當然專家會落入的陷阱與謬誤，尋常百姓自然也躲不過。

確認偏誤：因為你「早知道」

「確認偏誤」是最為常見，也最討人厭的一種障礙物，動不動就會妨礙具建設性的對談順利進行，而且苦主還不限於專家與素人之間的對談。所謂的確認偏誤，指的是人有一種傾向是會去留意跟我們成見相符的資訊，接納能強化我們固有看法的事實，然後忽視對我們想法構成威脅的資訊。這是每個人都會做的事情，而且我可以跟你打賭，只要你曾經跟任何人為了任何事情起過任何一點爭執，那你一定都曾經用確認偏誤讓對方氣噗噗，包括你，也包括我。

比方說，如果我們認為左撇子代表一個人很邪惡（畢竟英文裡代表邪惡與猙獰的單字之一sinister，其拉丁語的本意就是「左手邊」），那麼每個左撇子的殺人犯就都是你有先見之明的證據。我們會覺得報紙一翻開，全部都是這樣的新聞，畢竟凡有這樣的報導出現，我們絕對不會任其放水流，甚至於我們會刻意去注意每天的媒體中有沒有左撇子犯案。不論再多的右撇子被加入死刑名單，我們對左撇子的成見都不會有所更改。對我們來說，左撇子殺人都是常態，右撇子殺人都是例外。同樣地，若我們親耳聽到過波士頓的駕駛很沒禮貌，那麼未來某日二訪波士頓的時候，我們就會想起那些曾經用喇叭聲嚇過我們或開車切過我們西瓜的粗魯運將。我們會像膝反射似地忽視或遺忘那些讓路給我們或揮手謝過我們的好駕駛。（事實上這點是有紀錄可查的：二〇一四年，道路救援業者AutoVantage將休士頓評為駕駛習慣好壞的倒數第一名，反觀波士頓在全美可是第五好。）

在一九八八年《雨人》（*Rain Man*）一片中，患有自閉症的主角雷就是個或許極端了一點，但卻可以完美說明確認偏誤的例子。話說天賦異稟的雷有著一顆像是電腦般的心靈，他可以有如高階處理器一般在短時間內完成複雜的計算，並且像硬碟般儲存大量彼此無關的資料。但身為自閉症的個體，雷無法將這許多資料理出一個頭緒，他分辨不出輕重緩急。所以說每當雷的腦袋記住了一樣事情，這件事情就會變成全世界最重要的東西。

由此當雷跟他的手足兄弟因故得從俄亥俄州飛去加州時，雷便慌張了起來。美國每一家航空業者都曾經在某個點上發生過嚴重的空難，而雷牢記住了每一次空難的日期與死難人數。雷滿腦子都是那些駭人但仍算是例外的空難資料，於是他什麼飛機都不肯上。氣急敗壞的弟弟問雷能信得過哪一家航空公司，結果雷不急不徐地說出了澳洲國航的名字。「澳洲航空，」雷說，「從來沒有墜過機。」當然，澳航不會飛美國的國內線，於是雷跟弟弟只好走陸路，也就是冒險開車穿越遼闊的美國大陸原野，那說真的比坐飛機更危險不知多少倍。但因為雷的「硬碟」裡查無撞車的資料，所以他便欣然接受了長途開車的提議。

我們每個人的心中，都有一個雷。我們會專注在那些讓我們的恐懼或希望得到強化的資料之上。我們會記住那些讓我們印象深刻的悲喜，至於不夠戲劇化的事情則會被我們拋諸腦後。而當在跟人爭吵的時候，或是去徵求專家意見的時候，我們也會明知自己不理性，但卻又常放不下那些記憶中的成見。

在某個程度上，這不是個智商問題，而是個關乎教育的問題。數字、風險與機率本來就會讓一般人一個頭兩個大，而專家與素人間的對話會那麼令人氣餒，最大的問題就出在數學家約翰·艾倫·保羅斯（John Allen Paulos）口中的這種「數盲」（innumeracy）。對於對坐飛機很危險深信不疑的人來說，每天二十四小時全球無以計數的平安降落，都永遠無法蓋過僅僅一次空難新聞帶來的恐懼。「把宇宙無敵大的分母跟小到幾乎看不到的『之一』放在他們面前，」保羅斯在二〇〇一年寫道，「數盲者會跳躍式地使出大絕招說：『你怎麼知道我不會是那個之一？你怎麼知道我不會是那個萬一？』然後好像解開了謎團似地點著頭，一副好像他們看出了什麼你看不出的東西似的。」[4]

說到用「萬一」來造句或爭辯事情，老往壞處想的人類可說很有創意。時間拉回一九七〇年代，我回希臘鄉下去看家族的一個叔叔。這位叔叔是個強悍的運動型硬漢，但他怕坐飛機怕得要死，而不搭飛機，他就沒辦法去倫敦治療重病。為了說服他，我父親搬出了宿命論。我爸說生死有命，而他的大限應該還沒有到。但就跟其他怕飛到無可救藥的朋友一樣，我叔叔也不是吃素的，他搬出了很受「怕飛社團」歡迎的一個理由：「也許，但你怎麼知道機師的大限沒到？」

天底下找不到百分百理性的人，而我們大部分人都害怕把命運交到別人手裡。我叔叔的書讀得不多，他生在希臘鄉下，而且幾乎是人瑞了，而我則受過高等教育，活在二十一世紀，同時對統計學跟歷史也有一定的造詣。但即便是我，也好幾回在飛回普羅維登斯（Providence）＊時遇到過在夜裡飛機進場時顛簸不已，當下被安全帶綁在座位上的我也談不上多麼冷靜。此時為了降低自己的緊張，我會去想全世界有多少飛機都在同時進場，我倒楣「中獎」的機率低到如何難以想像。但這麼想的效果也通常是低到不能再低：這時候不論有多少班次的飛機從溫哥華平安飛抵約翰尼斯堡，感覺也跟我毫無關係，我能做的只是緊抓著座椅，感覺著飛機的機腹從羅德島的民宅屋頂劃過去。

＊羅德島州的首府。

一九八〇年代初期，也就是愛滋病疫情的開端，已故的科幻小說作家麥可・克萊頓（Michael Crichton）醫師曾用過一個例子來說明人有多容易相信倒楣的會是自己。愛滋病在當時還是一個謎，而克萊頓醫生有個女性友人為了求取安心，打了通電話給他。但沒想到電話講到最後，這位女士反而更不開心，而惹她生氣的是克萊頓醫師對邏輯信念之堅定：

> 我試著向她解釋風險的概念。主要是最近我發現太多人不了解自己所面對的風險。我看很多人家裡擺著槍、開車不繫安全帶、吃飯都不怕自己會血管阻塞，抽菸也抽得舒爽自在，然後這些人說自己擔心愛滋病，實在是沒什麼說服力，甚至我覺得這些人不知道是哪根筋不對勁。
>
> 「艾倫，妳擔心死於車禍嗎？」
>
> 「不會耶，我沒這麼想過。」
>
> 「妳擔心出門被人砍嗎？」
>
> 「還好耶。」
>
> 「既然妳不擔心被車撞、不擔心被殺，那愛滋病妳真的沒什麼好害怕的。」
>
> 「多謝，」艾倫嘴上說，但聲音聽來不怎麼開心。但她還是擠出了一句：「我打給你打對了，麥可，你的話讓我放心多了。」[5]

這話十年之後，愛滋病是怎麼回事比較為人所知了，歇斯底里的人也少了，但新的風險如伊波拉病毒、SARS等流行病又引發了全新的不理性。而且緊張兮兮的那一大群，又全都是那些開車打手機還酒駕的美國天兵。

還有一點值得注意，那就是這種偏誤幾乎都是單行道。我們只會堅信自己是地獄倒楣鬼，不會幻想自己是萬中無一的幸運兒。買了威力彩，我們會照例做幾秒中獎的白日夢，然後就把彩券放進口袋裡，開始算起何時領薪。沒有人會彩券買完就直奔保時捷經銷商或豪宅房仲。

能把我們制住的，只有不理性的恐懼，至於不理性的樂觀則對我們無甚影響力。這是因為確認偏誤對於人類，可說是一種求生的機制。小幸運來來去去如過眼雲煙，但人死了可就不能復生。不論有多少人搭飛機出遊一路順風，也不管有多少人平安無事地一夜風流，你的大腦都不關心：因為那些人是那些人，你是你。他們的命是他們的，你的命是你的。你的心智在有限或錯誤的資訊引導下，只能盡責地努力降低你死翹翹的風險，即便那風險只是一點點點點……。與確認偏誤唱反調的同時，我們是想要去校正人心的一個基本功能——這功能算不上「漏洞」（bug），但它確實是人心的一個特徵。

不論今天引發它的是會危及性命的風險，還是一些令人為難的日常之事，確認偏誤的存在都是因為人活著不能不倚靠我們「早知道」的東西。我們不能每遇到一個問題就把大腦的思緒像黑板上的粉筆字一樣擦掉。記憶不是這麼搞的，要是每天起床後的每件事情都得從小學一年級重新學起，這日子怎麼過得下去。

科學家與學者天天在與確認偏誤角力，對做研究的人而言，確認偏誤是一種職業傷害。學者也是人，他們也得假設一堆事情來設計實驗或解開謎團，而既然有假設，就代表學者已經帶了一些「行李」到研究計畫中。有些事情他們必須猜，有些東西他們得憑直覺，就跟我們一般人一樣，畢竟如果每個新研究都得從「今天之前沒有人知道任何事情，也沒有發生過任何事情」的基礎上做起，也太辛苦了吧。[6]如何做到「行而後知」或「以行求知」，是任何研究計畫在設計時的共同難題：畢竟我們一定是已經知道了研究的對象存在，否則我們怎麼會知道自己在找什麼？[7]

在學術訓練或生涯之初，學者們即會認識到這種兩難，而且他們挑戰這種兩難並沒有十足的勝算。確認偏誤一出，再老練的專家都有可能被誤導而判斷錯誤。就以看病為例，醫生有時候會特別「鍾愛」某一類診斷。這類醫生會懷疑病人已經有某些症狀，然後看診時就會專門去找相關的證據，至於其他傷病的特徵，則會在過程中遭到他們的忽視，如美劇《怪醫豪斯》（*Dr. House*）的某一集裡，豪斯醫生就跟他帶的實習醫生說：「這絕對不是狼瘡。」而導演埋這樣的伏筆，自然是要讓豪斯這位目空一切的怪醫吃鱉一次。果然豪斯在這一集裡得反躬自省，才能發現這個病人好死不死，還真的得的就是狼瘡。雖然每個研究者都聽過一句話叫做「陰性的結果也是一種結果」，但自己一開始的假設被否定，任誰都不會感覺開心。

就因為如此，二〇一四年的一項研究出了大包。該項研究的主題是公眾對同性婚姻所抱持的態度，結果進行該研究的一名研究生宣稱他發現了統計上無懈可擊的證據證明反同婚者在與同性戀者交談之後，其改變想法的機率便會提高。這名研究生的發現獲得了哥倫比亞大學一名資深師資成員的背書，事實上那名教授還簽名成為了該項研究的共同作者。這項研究成果若是為真，那可真的是一項偉大的發現，因為這等於是證明了理性的個體可以被說服放棄恐同。

這個研究結果看似美好，但有一個小問題是雄心萬丈的年輕研究生竄改了資料。他在報告中用做原始資料來進行分析的對話，根本是子虛烏有，從頭到尾沒有發生過。當與研究無關的第三者檢視過報告，提出了質疑之後，哥倫比亞大學的那名教授撤下了論文，原本要在普林斯頓大學展開教職生涯、眼看著前程似錦的年輕學者，則轉瞬間成了待業的陽春博士生。

師長與審稿者理應對學生的研究過程有所掌握，何以他們會沒能在第一時間發現造假呢？其實答案很簡單，就是確認偏誤搞的鬼。根據記者瑪麗亞・康尼可娃（Maria Konnikova）後來在《紐約客》上刊出的報導，該名博士生的指導老師坦承他情感上想要相信學生拿出的東西。事實上他與其他學者都衷心希望這項研究的成果為真，所以他們質疑其研究方法的力道就弱了。「簡單講，確認偏誤讓這研究孱弱的根基躲過了糾察的眼睛，畢竟確認偏誤在社會議題上尤其有『發揮』的餘地。」康尼可娃在整起烏龍的回顧中如此寫道。[8]但到了最後，也是「這項研究所引發的熱情，導致了假資料一事紙包不住火」，主要是有不少學者想要進行後續的延伸研究，結果才在深究原始研究的細節時發現了其夢幻的結論，原來真的只是「幻夢一場」。

這就是為什麼科學家會盡可能反覆進行同一項實驗來確認無誤，並且將結果送交其他人來進行所謂的「同儕審查」（peer review）。這個同儕審查的過程在正常情況下，會由當事人專家的同僚來擔任用心良善但標準嚴格的找碴專家。這通常會在一個雙盲的條件下進行，意思是研究的作者跟進行裁判的同僚，雙方都不會知道對方的身分，其目的在於避免私人感情或機構效應影響到審查的公正性。

同儕審查是一個極具價值的過程。再怎麼坦蕩蕩與高度自律的學者或研究人員，都需要與研究成敗比較沒有利害關係的人帶著他們去與現實對質，這會是一種必要的建言（本書的提案也經過同儕審查：這並不代表審閱的學者同意書中的所有觀點，但他們會按照請求去評估書中的論述，並相應提出各種反對與改善的意見）。能擔任這種吹哨者的，通常是資深的專家，主要是找出證據來質疑、挑戰，甚至推翻假說的能力，並非一蹴可及。學者與研究者得長年投入心力，才能讓這種能力成為他們核心的技藝。

這類同儕審查與修改，素人是完全無感的，理由是這些過程都發生在成品推出到市場中之前。一般人會意識到這些過程的存在，只有在事情出了包的時候，而審查過程一旦出包，那通常都是「特大包」。原本應該要讓專家得以為品質背書的偉大事業，會轉瞬變質為造假、私相授受、尋仇、照顧自己人，乃至於其他不堪聞問的人類劣行。以上述的同婚研究為例，系統最終還是揭穿了其詐騙的本質，所以監督機制的效果還是在的，只不過時間上沒來得及阻止論文出版。

但出了學術圈，爭議之事就沒有這種外部的審查機制了。所謂的事實就像只是招之即來，揮之即去，只圖當下方便的塑膠袋，由此確認偏誤會讓想要以理服人的論辯變得寸步難行，因為確認偏誤會衍生出「無法證其為偽」的主張與理論——也就是無法推翻的主觀看法。確認偏誤的本質就是排斥或無視所有與自己意見相左的證據，由此我的證據是證據，你的證據頂多是個案，甚至是誤會。遇到這種兵，秀才自然有理說不清，兵對自己的意見有絕對的自信。

這裡有另外一個問題是，多數素人都沒有學過，或學過而忘記了「科學方法」的基本概念。科學方法的基本就是一套步驟，這套步驟會帶著人從一個大方向的問題出發，然後形成假說，開始測試，最後進行分析。不少人一天到晚掛在嘴上的「證據」二字，其實都沒有嚴謹到可以擔綱證據一職。一般人在對話中所提到的「證據」，其實只是「我覺得對的事情或東西」，至於真正意義的證據，應該要是「由公認原則測試過，真實性得到確認的事情」。

聽到我這麼說，素人們可以能會抗議說這都是學者在用術語嚇唬人。他們會說自己只是尋常百姓，誰用得到那麼許多學者等級的素養與自律？我們有常識不就夠了嗎？人活著要不要那麼累啊？

多數人在多數狀況下，確實用不上各種學術圈的機制。在日常生活中，常識確實是我們的好朋友，也確實比學術界刻意複雜的「官方說法」來得實用。像是車輛在豪雨中要達到何種速度，輪胎的抓地力才會減退到開始打滑，我們真的不需要套數學公式把答案算出來，我們只要按照常識去定期換輪胎，然後下雨天要開慢一點就好。

只不過遇到有複雜點的問題要解決之時，常識就可能不敷使用了。因果關係、證據性質、統計頻率，都不是靠常識可以越級打怪成功的東西。許多研究課題在棘手之餘，都經常在背後存有一個反直覺的答案，而既然反直覺，當然也會與常識格格不入（畢竟我們的祖先就是看了一眼天上，就覺得太陽繞著地球轉，這就是常識的結論）。常識這種很直觀、很單純的工具，有時候會扯我們後腿，讓我們被大錯小錯牽著鼻子走，而這也就是何以即便是雞毛蒜皮的事情，比方說迷信與民間智慧，專家與素人都可以各說各話、雞同鴨講。

阿嬤的偏方、迷信與陰謀論

口耳相傳於老太太之間的偏方，乃至於庶民階級的各種民俗與迷信，都算得上是確認偏誤與無證偽性觀點的經典案例。許多迷信都有人的親身體驗當作靠山。梯子下面不要走人雖說是迷信，但這麼走挺危險的也是事實。在梯子下走來走去給油漆工添亂，會不會真的帶來厄運，這點或許眾說紛紜，但沒事這麼走很瞎，這點大家應有共識。

迷信跟確認偏誤很容易你儂我儂，話說迷信之所以能夠代代相傳，就是因為常識與確認偏誤會時不時完美地互補。黑貓不吉利嗎？貓不論黑不黑，都喜歡湊到你的腳邊，但我們只會記住黑貓絆住了我們。我其實家裡就養了隻名喚卡拉的黑貓，而我可以作證她是我上下樓梯時的活動路障，對此我想迷信的朋友一定會頻頻點頭稱是。至於我家就只有卡拉一隻貓，還有其他飼主會不會被主子絆住，對迷信的朋友都是不具任何參考價值的無用資訊。

確認偏誤推到最極致，我們會看到的並不是無知者的偏方或迷信，而是流傳在知識分子或菁英之間的陰謀論。不同於迷信比較是一根腸子通到底，陰謀論會複雜到有如迷宮一般。這想想也很合理，始作俑者不夠聰明，又怎麼建構得出引人入勝的陰謀論呢？畢竟陰謀論本質上就是對於謎團或懸案一種高度糾結的解答。不論對支持或反對者而言，陰謀論都是一種極具挑戰性的心智活動。在專家的面前，迷信普遍而言都很容易站不住腳，甚至可以說是一推就倒。隨便找個會計師或統計系的人，他都能確認卡拉在我家樓梯上的殺傷力既不亞於、也不大於任何一隻其他的貓咪。其實在內心深處，我們本來就知道很多迷信是無稽之談，因此一般人也只是把迷信當成枯燥生活裡的一帖無傷大雅的調味劑。

陰謀論相形之下，就很令人挫折了。陰謀論盤根錯節，所以難以推翻。你可以嗆它，可以反駁它，但這都只會更加「充實」陰謀論的內涵，使其出落地更加有層次。陰謀論者善於操弄各種有形的證據，使證據變成其偏好結論的形狀。更可怕的是，陰謀論者會把反證付之闕如的狀況引為強大的盟友，證明自己所言不虛。畢竟一個沒辦法證明的陰謀論，才是最強大的陰謀論，不是嗎？就是因為蛛絲馬跡都被影武者抹去了，才叫作陰謀嘛，不是嗎？證據確鑿了就變成陽謀，還哪來的陰謀論？事實、不存在的事實，以及與陰謀論走向矛盾的事實，全部都被納入了陰謀論的麾下，成了陰謀論站得住腳的樁腳。只要在人的心田種下陰謀論的種子，那繪聲繪影就永遠揮之不去。

這類複雜的解釋，違反了頗負盛名的「奧坎的剃刀」（Occam's Razor，有時拼做 Ockham）概念。奧坎是中世紀的一名僧侶，他開門見山提倡了一個觀點：思考問題，我們永遠應該率先從最單純的角度切入。我們應該要從簡單出發，視需求再打蛇隨棍上，慢慢增加思考的複雜程度。這概念還有個別名是「簡約法則」（law of parsimony），意思是邏輯跳躍次數最少的解釋，或贏弱假設愈少的解釋，就愈有可能是確實為真的解釋。

舉例來說，假設我們聽到一聲怪響，接著隔壁房間有人高聲罵了句髒話。我們跑去隔壁，只見一名男子手抓著一隻腳，另外一隻腳則不停地跳啊跳，同時臉上的表情痛苦猙獰。另外旁邊有個空木箱，破損的啤酒瓶則散落一地。你覺得發生了什麼事情？

我們多數人會想當然耳地認為這男人手一滑，把木箱掉到了地上，傷到了腳，然後痛到叫出了聲髒話來。畢竟我們聽到了重物墜地聲，也看見了傷者在罵聲連連。我們已經掌握了現場看似是有人很痛的局面，而那傢伙顯然也真的有傷在身。我們不需要假設太多事情，就可以重建出一個合理的說明。這或許稱不上是一個鉅細靡遺的說明，但以「未剪輯過的毛片」來說已經算是合理，畢竟我們手上並沒有太多的證據。

但等等，也許這人是個酒鬼呢？也許他之所以口出穢言是因為箱子掉了、啤酒破了，自己沒得喝了。又或者他主張禁酒，而他之所以把啤酒砸在地上，是為了咒罵酒精帶到世間的罪惡。還或許他之所以握著一腳而用另一腳跳著，是因為他出身加拿大北極圈深處某個鮮為人知的少數民族，而那兒的文化是因為臉被禦寒連帽外套蓋得不見天日，所以想表達強烈的喜怒哀樂等情感，就只能靠單腳跳才做得到。甚至於還有一種可能性是他是個外國人，而我們聽到的髒話其實是「來人啊，我把一箱啤酒給砸到腳上了，誰來幫幫我啊？」，只是口音重到美國人聽不懂而已。

是不是覺得很亂？而這種時候，簡約法則就派得上用場了。話說那些鬼扯蛋的可能性，固然不是零，但我們一定得要是瘋了，才會切西瓜，一口氣直接跳到那些離奇的複雜劇情，畢竟我們眼前就明擺著許多一目了然而且非常有指向性的證據。我們不知道那男人是滴酒不沾或嗜酒如命，不明瞭他老家是鄰北極海還是在克里夫蘭，更無從判斷英文是否是他的母語。當然我們要是真的有心，自然可以事後去深入調查上述的事情，但在那之前，我們實在不宜現場當起編劇，因為那既違反了邏輯，也不合乎人類生活的經驗法則。

但既然陰謀論這麼糾結又如此荒誕不羈，那何以世界各國都有其一席之地，何以人的想像力會如此與其亦步亦趨？別搞錯了：陰謀論一點都不小眾，這東西可流行了，而且不同於一般的流行，陰謀論可是幾世紀以來都不曾退燒。就以當代美國為例，在一九七〇年代，小說家羅勃．陸德倫（Robert Ludlum）就是創造陰謀論的箇中好手，藉此他創作出了一系列銷路極佳的懸疑小說，包括其一本講的是小羅斯福總統被刺一案的背後，是個政治家殺手組成的小團體（等等，可是歷史上羅斯福總統沒有被刺殺啊？**是沒有啊，而且作者也知道喔**）。陸德倫賣書賣了幾百萬本，而且還一手催生出虛構的超級殺手傑森．包恩（Jason Bourne），沒錯，就是《神鬼認證》系列小說與電影的那個超吸金的包恩。再往前推到一九六〇年代，有冷戰諜報小說《諜影迷魂》（*The Manchurian Candidate*）相關的電影與電視劇，乃至於與之相差三十年的外星人影集《X檔案》，都享有百千萬的廣大粉絲鍾愛。

在當代的美國政壇，陰謀論更是前仆後繼，從來沒斷過炊，比較經典而吸睛的包括：歐巴馬其實是生於非洲的穆斯林；小布希當選總統是九一一恐攻的前置布局；英女王是毒販；美國政府用噴射機的排氣口噴灑能控制心靈的化學藥品到大氣中；猶太人控制了一切，而偶爾能控制猶太人的是沙烏地阿拉伯人或瑞士的銀行家。

陰謀論之所以是每個人的菜，有一個原因是陰謀論會撩撥人心的俠義精神與英雄主義。我們當中的某個小蝦米挾雖千萬人吾往矣的精神，單挑起大鯨魚的詭計，在極其不利的條件下對抗著黑暗勢力，這種劇情跟古代眾多英雄豪傑的傳奇故事如出一轍，而在美國文化裡，天賦異稟的業餘者（相對於專家或菁英）又顯得格外討喜，美國人就是愛看人暴虎馮河地去對抗政府或甚至更大的組織，而且最後還能占到便宜。龐德後來會對單槍匹馬對上惡貫滿盈的惡魔黨，就是因為原著作者伊恩·弗萊明（Ian Fleming）發現他得給〇〇七安排一個身影比共產黨更大更長的死敵，這樣才能讓他的小說成功跨足大螢幕，打進好萊塢。

但陰謀論之所以會跟「專業之死」扯上關係，主要還是因為對於那些懶得去或沒能力走出複雜現實迷宮的人來說，或者對事實真相有著重鹹口味的人來說，陰謀論是一個很誘人的出口。再者，陰謀論也會吸引到強烈自戀的那群人：這群人寧可相信層層疊疊的胡說八道，也不願意承認自己無力理解所處的環境，因為後者等於是在說他們不夠聰明，聽不懂很多議題，又或者是在說他們本身犯了什麼錯誤。

陰謀論所具備的另外一個功能，是讓人透過它來提供脈絡或意義，然後套在那些讓自己感到恐懼的事情上。因為無法理解慘事為何會發生在無辜的人身上，他們會逼著自己接受「好人沒好報」只是運氣欠佳，沒有道理可言，或許是天地不仁，以蒼生為芻狗，又或許是上帝冥冥之中有其安排。但我必須說這些心態相當糟糕，老這麼想，人會陷入存在主義式的那種灰暗低潮。就是那種低潮，讓十九世紀經典文學《卡拉馬助夫兄弟們》（*Brothers Karamazov*）裡的一個角色，對世上的悲劇發出了下方流傳後世的悲鳴：「若孩子們的苦難是獲得真理所必須付出的一部分代價，那我必須抗議，因為真理根本不值這個價。」

想掙脫這個困境，唯一的辦法就是想像我們在世上所有的困難與麻煩，都可以怪到有權力者的頭上，這些掌權者只要一念之間，就可以扭轉我們的苦難。若真有這樣一個世界，那我們心愛的人會染上不治之症，就不會是自然的隨機事件，而會是財團或政府的人謀不臧。名人爆出醜聞，不代表我們的偶像行為失格，那其實是有人在惡意中傷。就連支持的球隊輸了比賽，球迷也可以說是有人在打假球或操控比賽（「我真的不想看到水牛城比爾隊拿到美式足球的超級盃冠軍，」一九九六年某集《X檔案》裡的大反派如是說，「只要還有一口氣在，我就不會讓這樣的事情發生。」）不管怎麼說，就是有人錯，要是沒人錯，那難道要我們去怪上帝？怪機率？還是怪自己？

就像個人在面對哀愁或疑惑時會病急亂投醫，整個社會也一樣會在舉國一起傷痛的時候投入荒誕理論的懷中。陰謀論與其背後有瑕疵的推論，按照加拿大作家強納生・凱伊（Jonathan Kay）所說：「會對任何一個共同經歷了劇變與創傷的社會產生致命的吸引力。在重大事件發生後的苦澀之中，千百萬人會一起四處打聽那個古老的疑問，那就是為什麼壞事會發生在好人身上。」[9]這就是何以陰謀論會在一戰戰後、會在俄國革命之後、會在甘迺迪總統遇刺後、會在九一一恐怖攻擊後如雨後出筍般冒出頭來，而這還只是隨便舉幾個有名的歷史案例而已。

相對於在一九二〇與一九三〇年代，陰謀論多半是在戰後或因為快速工業化而撩起，在今時今日，陰謀論則多半是在全球化趨勢下，由經濟、社會動盪所引發的反應。今天我們既然關心專家與大眾之間的溝通與互動好壞，那陰謀論就不是一個可以等閒視之的問題：比方說有近三成的美國人相信「懷抱全球化心思的一群祕密菁英正在合謀要有朝一日統治世界」，而一成五的美國人認為媒體與政府在電視訊號中加入了「控制心靈」的黑科技（另有百分之十五的人對電視訊號一事半信半疑）。在這份調查中，近半受訪者懷疑英國的黛安娜王妃之死有可能是謀殺。「按照這樣的比例看下來，」凱伊一針見血地指出，「我們實在無法視陰謀論是『邊緣人』而對其小覷，也不能放心覺得陰謀論傷不了對公民社會跟文化價值的筋骨。」

陰謀論絕對不是人畜無害之物。運氣差一點，陰謀論會引發道德恐慌，讓無辜的人受到傷害。像在一九八〇年代初期，美國社會就曾掀起過一陣歇斯底里，主要是為人父母者認定有邪教的性愛團體滲透進兒童的日托中心。這場風暴會從無到有，偽專家們也推了一把，主要是他們把路都走不穩的小朋友的呀呀學語，都解讀為孩子們受到無端怪誕虐待的證據。兒童受虐之事從未根絕，這點自不必多言，但這宏大的陰謀論在反映了雙薪家庭家長的恐懼與內疚之餘，也進駐了美國民眾的想像力。這除了讓許多人的人生受到永久性的傷害以外，也讓真真切切但規模遠沒有那麼大的兒童受虐問題少受到了應有的應對與關注。[10]

如果說確認偏誤是種很棘手的障礙物，那麼想要與陰謀論交手而站得上風，就更可以說是不可能的任務。某人若相信石油公司在打壓新車把海藻當成能源的技術，那你就很難用Prius等各式電動車或油電車讓他或她買單（畢竟這些都是汽車大廠端出來主打低油耗的產品）。某人若相信外星人的遺體就藏在美國的第五十一區，那就算你招待他們去五十一區的基地一日遊，他們也不會因此就改變心意（外星人的屍體一定藏在地下密室裡！）。

去跟陰謀論者長篇大論，除了只是浪費唇舌，並且有時候還會相當危險，所以我並不推薦。當老師的再怎麼春風化雨，有再多的耐心，也會被鬼打牆一般的陰謀論鬼話給消耗殆盡。這類的陰謀論有如天險，能如銅牆鐵壁一般擋住專業的意見，但凡任何專家與陰謀論唱反調，都會倒過來被歸類為**陰謀的樁腳**。對此作家傑夫．朗納（Jef Rouner）的說法是：

> 你得記住一點，那就是會對陰謀論買單的那種人，本身已然驚懼著有眾多既深且廣的強大力量在心懷不軌地集結，準備要拿他們最看重的生活方式開刀。其存在愈是遭到

否定，這股威脅就愈能在不受干擾的狀況下順利演進。[11]

任何對話，都必須避免走進這個死胡同裡。

所幸失控到這等程度的不理性，尚且算是較罕見的案例。真正廣見於民間那股抗拒專家意見的心態，還得追根溯源到民眾面對高學歷的菁英時，那種民粹的懷疑態度。比起陰謀論，這種民粹的懷疑態度或許沒那麼戲劇化，但這種態度絕對是扎扎實實地存在著，而且其為禍也毫不遜色。

刻板印象與以偏概全

「你不能這樣一竿子打翻一船人！」遇到有爭議的場合，不分大小，都很有可能會冒出這句話來。以偏概全很討人厭——臭男生都是怎樣，女孩兒又都是怎樣——是人，都希望自己在這世上獨一無二，都希望自己不要被輕易定型。

但很多人在抗議別人不要「以偏概全」（generalize）的時候，其實意思的表達並不是很精準，很多時候我們真正的意思是對方不應該搬出「刻板印象」（stereotype），而這兩者其實是兩回事情。日常對話中常見的問題，就是大家把這兩樣東西混為一談，而這兩者一旦區分困難，就會使得溝通也跟著困難起來，特別如果對話的兩造是專家與素人，那理解更會變得難上加難，事倍功半（當然我知道我這麼說也有以偏概全之嫌，但我有我這麼說的道理，所以請容我說下去）。

去理解這兩者之間的不同，是有意義的。刻板印象是種社交上的惡習，但以偏概全卻是各種科學的根源。以偏概全，或者我們說「概化」，是根據可觀察事實所作出的概率陳述。但概化本身並非一種解釋——這也是概化與刻板印象間另一項重大的差別。概化可以量化，可以加以確認。有的時候，概化可以帶著我們設想出因果關係；有的時候，我們可以累積出足夠的觀察資料來創造出理論，乃至於在特定條件下恆為真的定律。

比方說，「中國人普遍比美國人矮」，就是一種概化，這個說法可能對，也可能錯。誤把這種概化當成刻板印象的人，會急忙翻出一大堆例外，然後原本跑得順順的討論就會甩尾失控，而出現這樣的一來一往：「我覺得中國人普遍比美國人矮。」「你這樣是以偏概全，美國職籃NBA看過吧，兩米二九的姚明聽過吧！」

姚明的存在自不能證明，但也不能推翻「中國人普遍比美國人矮」的說法。要真正有個定論，我們只能帶著尺或儀器親自跑一趟中美兩國，測量出一堆資料，然後看看這個假設有多常為真。即便量出來發現中國人確實整體比美國人矮，那我們也只是發現了一件「屬實次數多到不算錯，但也不會永遠正確」的事情。

前面說過概化的結果本身不是解釋，真正的解釋是後續的事情。美國人何以普遍比中國人高？這是遺傳的關係？還是飲食習慣的差別所致？這當中有環境因素的作用嗎？這一整掛問題的答案就在某個地方，但不論這些答案是什麼，我們都還是可以說「美國人普遍比中國人高」，這一點不論有多少個姚明都改變不了。

但如果我們說「中國人都矮」，那就是刻板印象了。刻板印象的核心在於其與事實如何是兩條平行線。刻板印象不會與現實有所齟齬，因為刻板印象會巧妙運用確認偏誤來讓例外全變得無關緊要（詭辯時的種族主義者極擅長此道：「羅馬尼亞人全都是賊，唯一的例外是跟我同事的小姐，但她不是一般的羅馬尼亞人。」）。刻板印象並非預言，而是結論。所以說偏見的的英文prejudice會用意味「預先」的pre-字首開頭，是有其原因的，**未審先判的意見就叫作偏見**。

一旦我們做出負面的概化，或是概化時用上了有爭議的標準做為基準點，事情就容易變成一筆糾纏不清的爛帳。沒有人會去爭論跟身高有關的概化結果，因為高度這東西一翻兩瞪眼，大家有共同的測量單位。我們也不會把任何道德或政治上的瑕疵歸咎到身高上。一九三九年的小說《大眠》（*The Big Sleep*）裡有名蛇蠍女子，她對私家偵探菲力普・馬洛（Phillip Marlowe）撂了句：「很高嘛，你這傢伙。」而馬洛回答說：「我不是故意的。」這段對話之所以生趣，就在於我們知道身高不是我們可以控制的東西，所以也沒什麼好道歉的。

相對於上述無傷大雅的玩笑話，負面的概化就會帶出比較多火藥味了，尤其如果概化的標準有爭議的話。就以「俄羅斯人比挪威人腐敗」這句話為例，這句話可以屬實，但前提是我們要對「腐敗」的定義有所共識。按照西方的標準，俄羅斯的貪腐確實嚴重，但對此完全合理的一種反駁是：在西方文化中的「貪腐」，在俄羅斯文化裡只是一種「給人方便」的作法。這就是何以概化必須極為謹慎為之，才能用做為後續研究的基礎。「俄羅斯官員比起同樣角色的挪威官員，會更願意在依法行政時破例」是一種比較具體的說法，「俄羅斯人比挪威人腐敗」是一種比較籠統的說法，這兩種說法顯然是不同的。

把話說得具體些而有可測量的資料佐證，搧風點火的風險就比較低。但話又說回來，我們並不會因此知道俄羅斯官員何以普遍較挪威「貪腐」，我們只知道若持續套用同樣的標準，長期追蹤同職位俄羅斯跟挪威公務員的同一道程序，我們就能總結出「俄羅斯官員比挪威官員腐敗」這個較多時候屬實的陳述。有一種可能性是俄羅斯的法律比較沒有與時俱進，所以窒礙難行，官員再怎麼清廉也無法完全不違法（這當然有一點強詞奪理，但也不是全然沒道理，事實上不少俄羅斯人就常以此為自己辯護）。這一塊就是研究應該要介入的地方了。透過研究，我們才能在知其然之後也知其所以然。

當然，在日常的對話中，上頭說的這一切區隔都不真的那麼重要。「俄羅斯人比挪威人貪腐」可能在某個細微而精確的定義下為真，但誰會想莫名其妙聽到這麼一句超容易引戰的話語呢？素人之間乃至於素人跟專家之間的對話之所以會產生困難，是因為這當中會牽扯到人類的情感，更別說若談話的內容涉及普遍為真但又不是百分之百的東西，那爭議就更加難免了。

所以說，身為專家一個很重要的特徵與能力，就是要能夠隨時保持冷靜，不因討論的主題尖銳而打亂心情。不論是癌症還是核子戰爭，專家在處理時都必須保持一種淡然而客觀的心情。他們與主題之間所保持的距離，將有助於公開辯論的進行與替代方案的探尋，主要是一旦拉出與主題的距離，恐懼等情緒的干擾，乃至於後續可能的偏見，都會因此獲得消弭。這自然並非易事，但若不朝此方向努力，人的溝通只會更加辛苦，更加難以平和地進行。

我好你也好，大概啦

會動搖我們溝通資訊能力的，還有一些其他的社交與心理狀態。比方說不論我們多麼擺脫不了確認偏誤的左右，也不論我們受到多麼嚴重的鄧寧—克魯格效應影響，我們都不想讓人知道自己知道或在乎他們錯了（至少不會想當面告訴對方）。同樣地，不論我們多麼享受自己對了的好心情，我們時不時還是會懶得為自己的專業辯護。整體而言，要把構成我們政治／社會信念基石的各種（正確或錯誤）資訊跟我們的自我形象／概念區分開來，對我們來說是一件很麻煩的事情。

比方說在二〇一四年，有一份國際性的研究得到了一個令人意想不到的結論：人會大費周章去相互傾聽，也會平等地權衡每個人的意見，即便大家都知道對話的參與者能力有明顯的高下之分。這項研究的諸作者（包含來自中國、伊朗與丹麥出身的學者）認為這是一種「平等偏誤」（equality bias），而人心會內建這種平等偏誤，是因為我們有被群體接納的心理需求。在任兩人持續進行討論與決策的過程中——在參與者之間建立情感聯繫是此研究的重要元素——學者們發現能力較差者比預期的更常去主張自己的看法，而能力較強者一方則會在對話中接受夥伴明顯有誤的提案。[12]

乍聽之下，你會覺得這不過是一種禮貌的展現與人想要被接納的心理在作用。雙方都想要維繫在彼此心中的地位，摧毀關係是他們所不願冒的風險。能力較差者想要獲得尊重，想要有參與感，因此他們不希望被認定看法錯誤或資訊不足；同時，能力較強者則不希望因為自己怎麼說怎麼對，而導致別人對他們產生疏離感。

這樣的各取所需，或許會讓大家相處起來有如下午茶一般的愉快，但以決策的擬定來說這樣並不健康。一如《華盛頓郵報》科學撰稿人克里斯・穆尼（Chris Mooney）所言，這種出於社交考量的互動能潤滑人際關係的齒輪，但卻會在需要實事求是時造成重大的犧牲。穆尼認為上述的研究凸顯了「我們必須更認可專家，更尊敬專家，更樂於傾聽專家。但這研究也顯示了人類社會演化在將我們強力地擰成了一束，施以了集體的行事準則之餘，也會在我們要辨識出並接受不中聽的真相時從正軌上偏離。」[13]

人為什麼就是不能接受知識分多寡與能力有高下呢？這種問法其實有點白目，因為這等於是在問：「人為什麼不能接受自己笨而別人聰明呢？」（或者反過來說，聰明的人怎麼就不能解釋一下：「何以別人就是比他們都笨呢？」）現實是，在不安全感的勒索之下，聰明人與笨人都會顯得投鼠忌器，畢竟我們都希望別人喜歡自己。

以此道理延伸出去，人也很不願意承認自己在對話中有跟不上、聽不懂的情況，特別是在大量訊息可以在網路上取得的今日。社會壓力會讓人感到喘不過氣，讓即便是聰明人也會忍不住想要假裝無所不知一下，而進入資訊時代，這股衝動更會被進一步放大。具有小說家身分的作者卡爾．塔羅．葛林菲爾德（Karl Taro Greenfeld）就曾在一篇以人何以會想「假裝是文青」的討論之中，描述過這樣的一種焦慮：

> 隨時得掌握所有訊息，對我們而言是一種鋪天蓋地而不間斷的壓力，做不到這樣我們就會被揭穿自己的文化素養不足。要不斷吸收資訊，都是為了讓自己能在電梯裡、會議上，乃至於在公司的小廚房裡或雞尾酒會上應答如流，也是為了有所見所聞或讀書／觀劇心得可供我們在ＬＩＮＥ、推特或臉書上發文、留言與討論。對於資訊多如恆

> 河沙數的現代人來說，重要的不見得是得第一手吸收資訊，而是只要知道有這東西即可——重要的是有立場，有了立場你就可以加入和這「有關」的閒聊對話。我們幾乎就快淪為演員了，而且我們演出的還是一齣劇本東抄西抄的「知識」大戲。這種東拼西湊的東西，其實就是換湯不換藥的無知而已。[14]

現代人會蜻蜓點水地掃一下報紙頭條或文章，就分享到社群媒體上，但他們根本沒閱讀報導的內容。儘管如此，惟因為人都希望在別人眼裡既聰明，消息又靈通，所以他們總是會一路裝蒜下去。

你如果覺得這樣的局面還不夠有挑戰性，別擔心，政治因素會加進來，讓事情的複雜程度提高一個檔次。素人或專家當中不同的政治信仰，其作用就跟確認偏誤一模一樣。不過比起對政治等主題的信仰，確認偏誤其實還算好對付，畢竟我們的政治觀點都深深地扎根在自我形象裡，同時這些觀點也是關於自己是誰，我們最寶貝的一組信念。

正如康尼可娃在她對同性婚姻研究醜聞的檢視中所言，確認偏誤若來自於「跟我們自我概念息息相關的議題」，則其「穩定生出虛假信念」的可能性就會更高。這些信念沒有天敵，而且為了守住這些信念，人往往會不顧理性的阻攔。對此鄧寧的說法是：

我們內心最難以撼動的誤解，並非誕生於孩童般的原始本能或粗心大意造成的分類錯誤，而是起源於定義我們行事與為人的價值與哲理。我們每個人都持有特定的基本信念——關於自身的論述、關於社會秩序與組成的觀念。因為基本，所以不容違反：這些基本信念一旦受挫，我們的自我價值就會產生動搖。由此這些基本信念需要其他意見的忠誠拱衛。

換句話說，我們的信念，很高比例上反映了我們自視是什麼樣的人。弄錯了剛剛在後院看到的是哪一種鳥類，或者是不知道誰第一個繞地球航行一圈，這我們都可以忍，但對於自己賴以在世上度過每一天的概念與事實，我們是絕對不能容忍出一點點差錯的。

就以美國家庭餐桌上常爭論的「失業原因」為例。對任何一群素人提起失業問題，那前述的各種認知弊病就會傾巢而出。刻板印象、確認偏誤、半吊子的事實，以及統計學知識的欠缺，全會一擁而上來亂了討論的進行。

假設有個人如同大多美國人一樣，都堅信失業者只是懶，而失業救濟則會鼓勵這種懶。就跟眾多的確認偏誤案例一樣，這種對於失業者的偏見可能源自於個人經驗。或許持有偏見者本身就是一輩子不想工作的人，又或許偏見者會這麼想，是因為他身邊就有這種發自內心厭惡工作的人。每一則被確認偏誤看到然後建檔的徵人啟事，都證明了失業者就是懶。一整頁的徵人啟事，或是啃老族的外甥，都讓失業是個人缺陷而不需要政府干預的想法變得鐵證如山。

現在想像一下有另一人在餐桌上主張美國經濟的本質，才是逼著人無法順利就業的禍首。此人會這麼想，可能是也是出於個人經驗：他或她可能熟識某人遠赴異地的新創公司就業，結果最後破產又回不了家，又或者他或她身邊有人遭到慣老闆惡意解僱。每一回的企業縮編、每一個有種族偏見或性別歧視的老闆、每一間以失敗收場的企業，都證明了美國的經濟體系不利於一心想找份工作的誠實國民。失業救濟金並非對懶散之人的補貼，而是失意勞工賴以不致滅頂的生命線。

以上的說法有多少比例為真，自然可以論辯，但會理性論辯這件事情的，不會是上頭這兩類被本書刻意刻畫得扭曲的極端人格，他們都完全相信自己是對的。話說失業救濟會讓部分人減少重返職場的動力，這一點毋庸置疑，而確有黑心公司有苛刻員工的不良紀錄，讓弱勢失業勞工不得不暫靠社福度日，也是不爭的事實。像這樣的拉鋸戰可以永遠來回不完，因為不論是其中覺得勞工一有機會就想偷懶的鷹派，還是覺得勞工失業都是無奈的鴿派，都可以從自身的確認偏誤中生出無數的案例來佐證自己的看法，問題是這些案例雖然並非杜撰，但爭論卻不可能因此拍板定案。

這場辯論是不會有哪一方勝出的，因為到了最後，都無人能生出令所有人都滿意的答案。素人會想要從專家那兒得到一個斬釘截鐵的結論，但這樣的結論終將無法產生，理由是環境因素有多少種變化，這個問題就會有多少種答案。失業救濟何時會鼓勵懶散？勞工多常非自願離職？待業時間又是多久？這些都是這個大問題當中的微妙之處，而一旦牽扯到人的自我形象，這些微妙之處就會造成人在判斷時的干擾。大多數人會因此無法跳脫自身的偏見，無法接受與自身成見不同的答案，進而把與自己意見不同的人給逼瘋。社會學家強納森．海德特（Jonathan Haidt）一針見血地總結說當客觀事實與主觀價值相衝突時，「人幾乎都會想出個辦法去保護主觀價值，排斥客觀證據」。[15]

事實上這種人性之強烈，不少人不論其政治傾向為何，都會為了不要聽到不中聽的訊息而忘記什麼叫做「兩軍交戰，不斬來使」。二〇一五年的一項研究測試了自由派與保守黨對於特定新聞報導的反應，結果發現「保守派固然會否定與其世界觀相衝突的科學理論，但自由派對不同意見的反應也與保守派如出一轍」。[16] 更令人不安的是這研究發現若遇到與自身觀點衝突的科學研究，雙方的反應都會是先質疑科學的的真實性，而不會懷疑自己。「光是讀到這些得選邊站的題目，」該研究的其中一名作者說，「就會使人對科學萌生負面的觀感。」

這就是何以本書認為解決政策爭端的唯一辦法，就是要把事情從研究的領域搬到政治與民主的場域，惟此點容我們稍後再細談。總之若民主要有意義，那麼專家與素人就不能不聯手來解決複雜的問題。但在那之前，他們首先必須克服兩種身分之間日益加深的鴻溝。而為了做到這一點，我們很顯然得加強教育。只可惜至少在大學這個層級，教育本身也出了很大的問題，而這正也是我們下一章要探討的主題。

第三章

高等教育：客人，永遠是對的

天賦有資質與美德的個體，便應經由開明的教育培育成人，然後由這樣的人來承擔並捍衛廣大公民的神聖資產，也就是公民的各項權利與自由。

——湯瑪斯．傑佛遜（Thomas Jefferson）

布雷達克先生（父親）：你能跟我說說大學那四年都幹了些什麼嗎？辛苦四年都圖的是什麼？

班傑明（兒子）：你這可把我給問倒了。

——電影《畢業生》（*The Graduate*）

那神奇的七年

高等教育理應要扭轉我們錯誤的觀念，讓我們知道聰明才智絕非人人平等。可惜在二十一世紀明明大學入學人數居高不下，高等教育卻沒能發揮這樣的效應，甚至於還可以說是反其道而行：為數眾多的人要嘛念過大學，要嘛與大學有些淵源，就都覺得自己是受過教育的知識分子，可以與學術成就極高的學者專家平起平坐。大學不再是專注於學業與讓身心成熟的一段期間。我們看到的，是美國年輕人一股腦地往大學裡衝，而校方則為了學費收入展開搶人大戰，這樣的「大學教育」是一次消費者導向的體驗，學生在這過程中學到最重要的一件事，就是消費者永遠是對的。

在二戰之前，大部分人連高中畢業都很難，遑論上大學者更是鳳毛麟角。在當時，「頂大」的入學幾乎僅限出身背景不凡者，惟偶爾會有年輕男性或極零星的女性能湊到學費或拿到獎學金。整體而言，進入大學校園是除了能力表現以外，極度受限於社會階級的一種經驗。但即便如此，上大學仍是學生潛力的一種指標，而從大學畢業則算得上是一種成就。大學學歷並不常見，所以用學位的有或沒有畫一條線，是可以將專家與知識的擁有者與一般社會大眾分別開來的一種方式。

到了今天，高中以上的教育機構已經是大部分人共同的生活經驗了。隨著高等教育的普及與下放，大學一詞已經不帶有什麼特殊的意義了，至少就靠大學二字來鑑別知識分子的功能，已然不存在了。今天的「大學生」三個字，有很多種解釋，但很可惜的是「一個有學習成就可資檢視的個體」，已經不總是其內建的意義了。

把大學拿來挖苦，是美國人的一種傳統，就像挖苦像我這樣的大學教授也是美國的文化一樣。關於大學，刻板印象真的是所在多有，很常見的一種是沉悶（或偏激，或邊緣）的教授站在一群無聊的年輕孩子面前口沫橫飛，殊不知孩子們來學校不是為了求學，而是因為社團有各種例會。「大學生」曾經是年長者或社會人用來噹年輕人的一支利箭，意思是讀再多書，都取代不了歲月累積的智慧與社會經驗。

但我寫這本書，不是要探討大學教育為何失敗，本書沒有那麼長的篇幅可以「歪樓」到那種程度，畢竟本書的重點是學習跟專業為何愈來愈得不到人的尊重。而在這一章，我們先要來探討的是大學何以會很弔詭地成為專業不受尊重的問題一環。

雖然嘴上這麼說，但我仍一心想捍衛美國的大學教育體系，包括現下有如過街老鼠人人喊打的人文系所。我本人算是美國在二十世紀廣設大學、促成了社會流動的受益者。這些高教機構的實績不容懷疑，畢竟美國大學在世界上，仍舊是人類智識發展的領頭羊，我對美國高教機構作育英才與發展新知的能力，依舊深具信心。

但話又說回來，擺在眼前的事實是美國有不少大學沒能把為專業打底的基本知識與技能傳授給學生。更重要的是，這些大學沒能至少把**辨認出**專業所在、並在生活中與專家通力合作的基本能力傳授給學生。話說在這些基本的能力當中，有一項至為關鍵，也是在美國大學中被批評得最慘的，就是學生的批判性思考能力。所謂批判性思考，就是能放下私人感情，不帶個人成見地以邏輯去檢視新資訊在類似主張中的高低或好壞。

這是因為讀大學或研究所，已經不再能保證人能得到「大學教育」。目前的狀況是，大專院校能提供的只是服務周到的「上大學」體驗。雖然聽起來很像，但要說二者是同一回事，實在有點牽強，也難怪現在的大學畢業生會眼高手低，實力趕不上自信。現在要是有專家敢一開口就說「嗯，我上過大學……」，一定會被嗆「誰沒上過大學」，而我不得不說這嗆得還滿有道理的。有大學學歷的美國人，會稀哩呼嚕地覺得自己是「知識分子」，但其實他們頂多只能說高中畢業後，自己繼續在某種教室的環境中泡了四年，至於薰陶出什麼造詣則因人而異，可高可低。

在此同時，各國留學生大批湧進美國的高教體系，也造成了教育商品化趨勢的日益嚴峻。在今天大部分的大專院校裡，學生獲得的都是**顧客**般的待遇，學生二字已經徒留形式。年輕人不過高中剛畢業，就被捧在手心好聲好氣，不但吃的用的都好，還有人拍馬屁。這樣的寵溺，讓學子之間那種要不得的風氣可說變本加厲，曾經是上大學必備條件的那種謙虛自律，今天的孩子們已經無從學習。透過行銷，現在的大學不再有學子與校方跟師資之間的承諾與期許，反而比較像是複數年期的夏令營。把大學的體驗當成產品，加以商品化，不僅正在摧毀大學學歷的價值，同時也在掏空美國民眾對於大學教育的認可與信心。

校園中固然時不時會有驚人之舉、潮流跟風，以及學生程度的低落引發社會側目，但這些狀況都不如高教商品化令人憂心。「耍笨」在某個程度上，本就是校園生活的「必修」學分。塔夫茲大學（Tufts University）教授丹．德雷茲納（Dan Drezner）就曾寫到過：「學生上大學的一項目的，就是用最蠢的方式把笨話大聲講出來，然後透過與同儕跟師長的互動來了解到自己蠢到何種程度。」[1] 年輕人在大學裡生活，特別是在明星大學裡生活，跟社會是隔離開的，而年輕人跟知識分子一旦隔著道牆，脫離了現實世界，那牆內就什麼新鮮事都可能發生。

這些新鮮事，也不少真的就是花大錢來犯蠢，但真要說也沒有礙到誰或傷到誰。布朗大學的家長能把孩子送進去這間名門，錢肯定沒有少砸，但他們辛辛苦苦賺錢所為何來，難道就是為了讓孩子能參與「校園裸體周」之類的活動嗎？（別笑，還真是。二〇一三年，布朗一名參與過裸體周活動的女性校友就說該活動得到的「惡評如潮」，對她進入社會後的發展有很大的幫助。好啦，我們還是祝福她。）不過說到最後，我並不會很在意學生在普羅維登斯的街上脫光光跑來跑去，因為真正讓我憂心忡忡的大學現況，以及大學如何加速專業之死等現象，跟在教室裡發生了什麼（跟沒發生什麼）比較有關。

在最理想的狀態下，大學應該要以培育有一定專業背景、樂於終生學習，且有能力成為合格公民的畢業生為己任。惟對不少人而言，若按照加州某知名學店的一名畢業生的說法，大學已經成了「高中畢業到第一份倉儲工作之間的神奇七年」。大學之路不再通往知識的累積與人格的成熟，而是已經變質成很多人不想長大、能拖就拖的擋箭牌——而且我說的不光是學生，甚至連有些老師也是在學校裡逃避社會與現實。

細究大學的問題，其中一個癥結是學生人數著實太多，而樹大有枯枝，人多就會有，嗯，很多照講沒資格的人混進大學。美國教育的新主流是人人都應該讀大學，也必須讀大學。大學的這種準義務教育化的發展，是造成專業之死的一大戰犯，理由是有需求就有供給，而隨著系所與課程的不斷增設，大學慢慢變成了文憑的印表機，學位則愈來愈成了受過「訓練」而非受過「教育」的證明。這兩個概念明明存在著很大的差異，卻在大眾心中漸有混為一談的情形。而且別忘了，這還是比較理想的狀況。更不堪的一種狀態是學位既不能代表人受過教育，也不能代表人受過訓練，而只能代表他或她點名時有在學校出現。更等而下之，這張紙只能證明學生有按時付學費。

身為一個大學老師，跟素昧平生的各位讀者說這些，實在有點斯文掃地，但大學現況就是這樣。年輕人原本可以在別的行業裡有更好的發展，但還是在大環境的推波助瀾下，不經大腦地就跑來讀大學，壓根沒想過自己要如何畢業，或者不小心畢業後要如何就業。於是乎表定的四年變成五年，五年變成六年，六年變成醫學院的七年，延畢彷彿沒有上限。原本應該是有時有刻、有始有終的課程，變成了又貴又沒重點的高教「自助餐」，學生看來天天都有出席，但吞下肚的卻都是知識界的「垃圾食物」，畢竟欠缺了成年人的監督，我們很難期待年輕學子能辨別什麼東西難讀但有營養，什麼東西好讀但言之無物。

關於這一點，具有競爭力的頂大或名校比較不用擔心，因為他們的招牌足以吸引到夠多的申請者，由此他們可以從中揀選素質整齊的學子來構成授課對象的黃金陣容。這些學生會因此獲得完整的教育，或至少雖不中但不遠矣的準完整教育，然後緊接著進入社會的上流，做起報酬頗豐的專業工作。反之，號召力不足的二三流學校，就只能去爭搶那些名門挑剩的學生了，畢竟就算進不了前幾志願，每個孩子都還是不可能不讀大學，大學學歷是一定要的啊。而為了爭取這些學生，學術地位與教學品質乏善可陳的這些學校，便會在周邊的事物上下足功夫，比方說學生餐廳會供應更接近市售的比薩，學生宿舍會略顯豪華，然後各種校園活動會被發揚光大，至於「好好念書」則彷彿變成了活動之餘順便的事情。

台下的學生太多眾所周知，但大家可知台上老師的冗員也不少？許多最頂尖的國立大學做為大學師資的傳統來源，正在卯起來生產有博士頭銜的畢業生，其速度早已不是學術圈或任何高階人才市場可以吸收。至於那些大學部說難聽一點只有高中程度，照講根本沒能力設研究所的二三流學校，也有不少還是硬開了博士班的課程來湊個熱鬧，但這些博士校友的程度之差，母校自己都不敢聘。就這樣，大批沒有正職的博士手持普通至極的畢業論文，在各種甚為冷門的領域當中當起了流浪教師，他們兼課只圖溫飽，有錢他們就教。

除了大學教師氾濫，「教授」這個頭銜也已經因為遭到濫用而開始變質。曾幾何時，教授二字在美國高教系統的口袋裡隨意便能出手，殊不知那曾經是需要千辛萬苦才能得到的一份殊榮。如今任何人只要在高中以上的層級授課，就會被冠以教授頭銜的榮寵，不論你真的是研究型大學中某個骨幹科系的系主任，或者只是在社區大學裡兼課的講師，教授二字都會對所有人一視同仁。而既然每個老師都是教授，那社區或技術學院紛紛僭稱大學也只是剛好而已。這種名不正、言不順的亂象，已經失控到了匪夷所思的地步。根本只是某個小地方專門給在地居民進修的處所，如今竟也搖身一變成了某某大學，一副他們學校自助餐廳的後面藏了台粒子對撞機的模樣。

這些山寨大學會浮出檯面，某個程度上是伴隨文憑主義下的學歷需求應運而生，而既然人人都起碼是大學生，那學歷貶值便成了一條朝地面俯衝急墜的不歸路。如果說通貨膨脹造成貨幣貶值是因為政府猛印鈔票，那學歷貶值就是因為學校狂發學位證書。曾經，你只要有高中學歷，就可以做生意或開始從基層幹起，但現在已經找不到人高中沒畢業了，包括閱讀能力接近文盲的那些人。所以說讀大學多了一層意義，那就是證明你真的有高中的程度，而碩士學位之地位則相當於以往的大學學歷。就這樣，學子們像白老鼠似地在教育體系的無敵風火輪上跑來跑去，錢花得一乾二淨，但腦子裡卻沒因此多了多少東西。[2]

美國教育要看得到未來，上述的問題都是必須要想辦法解決的障礙。二〇一六年，也就是美國總統的大選年，民主黨參選人參議員伯尼・桑德斯（Bernie Sanders）說今天的大學學歷，跟五十年前的高中學歷是同一回事情——亦即應該是人人必備。但事實上，美國會走到今天這步田地，很大一個原因就是因為我們長期把大學當成高中的補救教學。但比這更值得強調的一點，是長年放任大學生、教授、（所謂的）大學與碩博士生數量的浮濫，衍生出一個後果，那就是即便你的人確實在大學院校裡待過，也不能保證你知道自己嘴裡在說些什麼。

高教機構一路走來，其在數世紀間所經營的志業始終是知識的創造與代代相傳，而如今現代大學的諸多弊病，卻使得這項志業所守護的知識暴露在嚴峻的威脅之下。面對與追求知識時該秉持的紀律與成熟態度，早已被扔在一旁乏人聞問。文明的傳遞——包括從如何建構一個合邏輯的論辯，乃至於美利堅合眾國骨子裡的立國精神，都已經不再是大學肩負的偉大任務，把客服做好才是大學現在關心的業務。

客人！歡迎光臨！

大學理應是個「不好混」的地方。來到大學，年輕人理應放下兒時死背的學習方式，準備面對「挖掘知識」這件複雜工作會帶來的焦慮、不適與挑戰——而且最好還能順便接受求知是一輩子的事。大學學歷，不論你讀的是物理系還是哲學系，都應該要代表著你是一個真正「受過教育」的人，一個受過教育的人不僅要具備本科的專業，而且還要對本國的文化與歷史有一定的胸懷與視野。有這麼多事情要做，大學怎麼可能好待，怎麼可能「好混」？

只可惜在今日美國，教育這樣「商品」的賣方跟買方都早就不這麼看待大學了。大學已經變成一個「以客為尊」、強調客戶體驗的地方。校園中早沒有什麼青青子衿在師長的引導與薰陶下長大成人這種佳話，有的只是學校迎合年輕人的想法。現代的大學不但沒了幫助年輕人從自我中心的剛愎中脫困的功能，反而火上添油讓他們更加妄自尊大與目中無人。不少學生在畢業的時候，都懷抱著一種全世界我最聰明的心情，就算是在同儕或師長之間，他們也不覺得有誰的本事大過他們（甚至有人根本不覺得老師跟學生之間有什麼等級之分）。對他們來說，畢業領到學位證書，就跟買東西要拿發票一樣，（家裡或自己出的）大學學雜費，買的是他們幾年來能在此與人尋開心的入場券。

這並不是在說現在的學生能力不足或比較笨拙。事實上，只要是還不錯的學校，就代表裡頭的學生已大多掌握了考試、推甄、社團等相當於升學通關密碼的玩法。不幸的是，一旦他們突破了升學的迷宮，進到了大學，他們就會真的開始由你玩四年，他們會書沒念進多少，但馬屁被拍得很響亮。其實對此他們也會產生疑心，於是乎會出現一種矛盾的怪象，那就是學生會同時在心裡感覺到不安與傲慢，然後被這種矛盾的心情所毒害。這等到他們沒有了父母羽翼的呵護與校園圍牆的保護，傷害就會顯現出來。

在此同時，在程度稍差的學校裡，學生在申請階段比較沒有傷太多腦筋。一如經濟學記者班・卡索曼（Ben Casselman）在二〇一六年所指出，多數一般的大學申請者「從不曾為了進大學而寫過任何一篇作文、編過一份履歷、還是討好過任何一位推薦函的執筆者，」因為超過四分之三的美國大學生，進的都是申請錄取率五成起跳的學校。僅百分之四的人去讀了錄取率只有兩成五不到的學校，錄取率低於一成的菁英大學更是只有百分之一的申請者能有幸擠得進去。[3]一般的大學進得容易，出來卻是難事。在及格邊緣載浮載沉的那些學生，最後只有半數得以在六年之內拿到學士學位。

每年很多這些新科的大學生，照講根本就沒有資格成為大學生，而既然木已成舟，進了大學，他們在學習成就上也有很大的補強空間。這一點校方不可能不知道，事實上他們也很清楚這些學生收得很勉強，但他們還是收了。而收了之後。校方的作法是塞給學生一大票程度算是入門，但對學校而言C／P值很高的課程，然後希望學生能夠上著上著突然開竅。你會納悶大學的入學門檻已經不高了，學校為什麼非要把事做得這麼絕不可呢？很簡單，按照美國智庫曼哈頓研究所（Manhattan Institute）的詹姆斯・皮爾森（James Piereson）所說，這些大學是「見錢眼開」。擺在眼前的事實是「私校，或至少那些不特別頂尖的私校，是非常急於收學生來賺錢的，程度再差的學生他們也願意收，因為再爛的學生也要繳學費」。[4]這些學校硬收下的學生，有些能畢業，有些不能，但不論學生畢不畢得了業，學校總是能多少收個幾學期錢，而學生將來想說老子（娘）多少「上過幾天大學」，也不算是信口開河。

即便是不考慮校方在財務上的壓力，大家一股腦兒往大學擠的狀況也還有別的原因，那就是社會上充斥著一種意欲自我肯定或自我實現的風氣。因著這股風氣或文化，我們很難拿社會上優勝劣敗的現實對孩子們啟齒。一九九五年，身為藝評、作家兼電視紀錄片製作人的勞勃・休斯（Robert Hughes）曾寫道，美國有一種「孩子都被捧在手心，說不得笨」的文化。[5]事隔近二十年，馬里蘭州一名國中老師抓到了休斯此話的精髓。在二〇一四年的一篇刊出在《華盛頓郵報》上的文章裡，這名即將卸下教職的女老師說她所任職的校方給她下了兩道指令，她認為這兩道命令是「義務教育的最佳寫照」。這兩道指令的其中一道，是學生不及格是不被容許的事情。另外一道指令，則似乎預言了何以學校會變成「學店」，這道指令是：「學生的等第吃了D，或者是F，那就是為師者有什麼地方辜負了他們。」[6]

我自己就曾好幾次遇到過這樣的狀況，而且給我排頭吃的還不只是小孩或年輕的大學生。我曾經遇到過研究生跑來跟我說他們修我的課，分數一定要拿A，否則「教不嚴」那可是我這個「師之過」。我還遇到過有明明差一點就被我當掉，卻還好意思來請我、有時候甚至**喝令**我寫推薦函要申請研究所的學生。三十年前與三十年後，大學生或許沒有變笨，但他們那種理所當然的態度跟不知道哪兒來的自信，可真是比起上一代人有了不少「長進」。

家庭教育很顯然是一大原因。過度溺愛的父母，已經成了教育工作的一大阻礙。史丹佛大學一位卸任的新鮮人學務長，就曾寫過一整本書講述這種「直升機父母」是如何在耽誤我們一整個世代的樹人大計。所謂的「直升機父母」，就是那些護著孩子，慣著孩子的家長，就連到了高中或大學也不放手，甚至還會幫忙孩子做他們的功課。這位學務長說得很客氣，她只說這叫「幫忙幫過頭」。另外在學業以外，「直升機父母」也會「無役不與」，孩子生活的各個層面都見得著父母的身影。[7]而同樣是直升機父母，其雞婆的程度還是有高低之分。誇張一點的，會有做爸媽的因為小孩念大學而舉家遷居過去，或許不住在一起，但至少同城可以有個照應。做到這種程度，可以說已經不只是盤旋在身後的「直升機父母」，而是緊追不捨的「戰鬥機父母」了。

有點諷刺的另外一個問題，是「美國錢，淹腳目」。沒錯，銀行爛頭寸太多，在這眾多家庭苦於籌措大學學費的時代聽起來，你會覺得自己是不是聽錯了。但事實是美國人上大學的人數是史上最高，而且大部分人都仰賴著政府方面看似源源不絕的學貸，惟這其實是飲鴆止渴。靠著這筆政府擔保的借款，再加上靠學費過活的大學使出了三吋不爛的行銷之舌，全美各地的青少年於是不分出身背景，通通都逛起了教育市場，準備選間大學來念念，就像不少人即便喝西北風，也要貸款買輛車子來兜兜風。

這種選大學像在是血拼東西一樣的心態，說明了為什麼會出現校園參訪這種活動。而這種活動所傳遞給孩子們的訊息就是選大學要看很多地方，獨獨就是不用管學校的教育辦得怎麼樣。每年春夏，美國的公路上都有親子檔絡繹不絕於途，他們在走訪的不是孩子們已經被

你怎麼能怪這位老師這麼想？這些孩子可是從剛學會走路，就被教說對大人可以直呼其名。他們從小拿到的各種好成績，都不是要激勵他們更加上進，而是為了要提升他們的傲氣，再者他們在進到名校之前，可是先被帶看過學校的環境，一副好像今天他們不是來上大學，而是要在高爾夫球場旁邊置產似的。成年人對這些孩子的步步退讓，雖然每一步都不算大，但日積月累下來，還是從根部侵蝕了孩子們虛心學習的能力不說，同時還灌輸了孩子一種沒來由的成就感。這樣養出的孩子會過度自信於自己無所不知，然後就這麼稀哩呼嚕地長大成人。

一九八〇年代尾聲，我初來到漢諾瓦（Hanover）的達特茅斯學院之時，有人跟我說過一個故事，故事的主人翁是學校裡一位（當時還活著的）名師。這位老師的存在，具體而微地昭示了上述問題的嚴重性，也凸顯了這個問題對專家暨教育者所構成的挑戰。這位知名的天文物理學家，名叫勞勃．賈斯托（Robert Jastrow），而他有回演講的題目是雷根總統想發展的星戰計畫，也就是在太空中部署導彈防禦系統的一種想法，賈斯托教授本人是很支持這種想法。演講到了Q&A的提問階段，台下一名大學部的同學對賈斯托教授提出了挑戰，而無論從任何一個角度來觀察，賈斯托教授的風度都無可挑剔，惟他還是好聲好氣地維護著自己所支持的計畫，他表明自己認為這個計畫不但可行，而且必須。發問的二年級學生在意會到了大學名校的這名科學家是不會改變想法了之後，聳了聳肩，放棄了繼續挑戰。

「嗯，」這名大二學生說，「這反正各說各話，你的看法也不會比我強。」

聽到這位同學出言不遜，賈斯托當場打斷了他說。「不不不，」教授很堅定地說，「**我**的看法比你的看法要強，而且**強非常多**。」

時隔多年，賈斯托教授已經與世長辭。我在漢諾瓦期間也一直沒機會去跟他老人家問清楚當天演講的來龍去脈。惟儘管如此，我認為他那天是想要趁機教訓一下那些愈來愈不受教的大學生與公民，他想說的是：進大學，是學習的起點，而不是終點，而老師尊重學生的**意見**，不代表他也認同你的**學識**可以與他平起平坐。星戰計畫的利弊得失，至今仍有爭議，但可以確定的是經驗豐富的天文物理學者即便是猜，也會猜得比大學二年級的學生準不只一點。

這次的事件，並不只是常春藤盟校的小屁孩學生在教授面前沒有分寸而已。我再舉一個更常見的例子：二〇一三年，有名年輕小姐到社群網站上求網友幫忙一項課堂作業（她的住所跟學校都不得而知，但她自稱是未來的醫生）。她的功課很顯然是要研究致命的化學物質「沙林毒氣」，而根據她對推特上數千名網友的說明，她之所以需要幫忙是因為她一邊做功課，一邊要照顧小孩。發文幾分鐘之後，她的問題得到了丹．卡斯齊塔的回答。丹．卡斯齊塔除了是倫敦一家保全顧問公司的總監，還有另外一個身分是化學武器界的頂級專家。丹出手完全是出於自願想幫忙，但從丹願意幫忙開始，接下來發生的事情讓許多讀者驚呆了（加州的一名武器專家傑佛瑞．路易斯〔Jeffery Lewis〕把線上的對話加以截圖並轉貼）。「我搜尋不到沙林毒氣的化學與物理特性，有人可以幫幫我嗎？」女學生在推特上發言。卡斯齊塔主動幫忙。他糾正了女學生說沙林不一定是毒氣，而且沙林的英文應該大寫。路易斯的評論顯得相當無奈：「要不是丹熱心幫忙，我們這位同學恐怕會走投無路吧。」

路易斯會感覺無奈，是因為丹拔刀相助換來的，竟然是女學生的X聲連連（X＝必須被嗶掉的髒話）。女學生的自我意識瞬間爆棚，迅雷不及掩耳地教訓起了自願幫忙的專家：「X，沙林就是毒氣，你這個他X的白癡。沙林是一種液體，可以揮發……所以你他X的給我閉嘴。」卡斯齊塔固然嚇了一跳，但他還是嘗試換了一個說法：「妳可以去『Google』我一下，我是沙林的專家。很抱歉想幫妳，是我雞婆了。」惟即便專家已經先讓步了，女同學仍舊繼續咄咄逼人到對話結束。

一個是達特茅斯學院一個不知天高地厚的二年級生，一個是EQ欠佳的推特用戶，這兩人可能是異數而不能代表所有的學生。確實，教授跟專家遇到這兩個天兵，確實是倒楣了一點。但不論是在課堂上或在推特上，為人師者都表示有愈來愈多的學生把指導當成侮辱。未靠實力得到的讚美與空洞的成功，在學子心中推砌出傲慢的玻璃心，一點就破。任何老師或老闆要是膽敢戳破這個幻象，就會被學子以全力撲上去反擊，這是一個一旦成年就很難改善的惡習。

我可以寄email給你嗎？

把學生當成客戶來服務，並且視專業為一種產品，在今天的大學裡已經是有目共睹的怪現象。就在某些你可能覺得微不足道的地方，這種亂象也都無孔不入。比方說email的影響力，就像各種我們當著對方的面會想了又想也不敢做的事情，email裡我們會通通給他做下去。

有人會偶爾在周末喝酒狂歡完後寫了封email，然後按下那個讓人清醒後會後悔不已的「寄出」鍵，這種慘事我們就不說了，但不可諱言的是email會讓人硬闖人際關係與親疏遠近的結界，讓身為教師者失守其欲把工作做好所需要的師生分際。正如我們在下一章會討論到的，這種「沒大沒小」本就是人在電子媒體上互動時的特色，但師生溝通時的過於隨興，也確實在專家與專業知識失去應獲尊重的過程中推了一把。

電子郵件在校園裡普及起來，是一九九〇年代初期的事情。自此之後的短短十年間，教授一族就開始注意到了即時通訊所構築出的時代變遷。二〇〇六年，《紐約時報》向大學教師廣徵收到學生電郵的親身體驗，結果得到的答案裡有滿滿的挫折感。「這個年頭，」《紐約時報》的報導說道，「學生們似乎忘記了教職員也是人，也要睡覺。學生會把教職員當成便利商店店員似地二十四小時發信……而且信的內容還甚為沒規矩跟不得體。」喬治城大學一位神學教授向《紐約時報》表示：「學生在電郵裡的口氣會讓人倒抽一口冷氣。他們會說『我有現在就要馬上得到解答的問題，請立刻回信』，好像我跟他熟到他可以對我下命令似的。」[11]

電子郵件就跟社群媒體一樣，是一種強力的等化器，學生會因此覺得傳訊息給師長不是什麼需要大驚小怪的事情，畢竟各種客服窗口他們也是一天到晚聯繫。這種發展，對專業的崇高地位產生了直接的衝擊，因為發問的學生與解答的老師之間已經被抹去了那道尊卑的界線。《紐約時報》對此表示：

> 在過往，教授們會期待得到學生的敬重，但曾幾何時，他們的專業只不過是學生付錢買來的一種商品，解答也只是一種服務而已。自認為是付錢的大爺，學生自然不會對向老師開口要答案有太多顧忌。他們會懶得去考慮師長的作息，甚至不怕問出一些讓自己顯得是IQ零蛋的問題。
>
> 維吉尼亞州的凱瑟琳．E．簡金斯（Kathleen E. Jenkins）是威廉與瑪麗學院（College of William and Mary）的社會學教授，她說她甚至收到過蹺課的學生來信索取上課的筆記。

面對師長們對於學生來信的抗議，安姆赫斯特學院一名二年級的同學說：「如果我一定要去教師辦公室或撥電話才能跟老師聯絡上的話，那我就得多考慮一下事情的輕重緩急，這事有重要到值得我親自跑一趟嗎？」

聽到學生這麼說，老師可能這樣回答：**你確實應該考慮一下自己的事情重不重要**。教授不是知識版的泊車小弟，更不是二十四小時待命的筆友。他們的存在不是為了隨時隨地為學生解惑——何況加州大學戴維斯分校的一名教授說有學生會跑來問：我該用活頁夾還是筆記本好？年輕人進到大學，理應是要學會獨立自主，但如果敲幾下鍵盤就可以得到伸手牌的答案，那誰還會想要那麼辛苦？

教育的設計，應該是要讓學生改掉上述的惡習，而不是看著他們這樣還加以鼓勵。惟因為很多複雜的原因，包括不想危及工作的穩定，教授們往往會在該指正學生時有所遲疑，非終身職或僅是兼任的老師尤其不敢造次。有些老師是真的耳濡目染地覺得學生跟他們應該沒有距離，所以就不疑有他地跟孩子們打成一片，但這其實是一種錯誤，而且是一種會同時干擾老師教學與學生學習的錯誤。有些教育工作者會誤用了「教學相長」的概念，然後把一句似是而非的話掛在嘴上：「學生從我身上學到東西，我也從他們身上學到很多東西！」（我對這些同僚沒有不敬之意，但我必須說：「這話要是說得通，**那他們恐怕不是很優秀的老師**。」）

這種師生角色錯亂的解方，就是要由教師站出來重申自己的權威。但要做到這一點，大環境必須先破除教育是「服務業」的錯誤觀念。對於學費錙銖必較的校方，恐怕很難期待他們會站在老師這種改革的立場，而且不論怎麼講，學生做為客群都會很不爽。

多年以來，喬治城大學的詹姆斯．朔爾（James Schall）神父都會在政治哲學的第一堂課上給學生們震撼教育。他會拿出一篇自己手撰的論文發給大家，題目叫做《學生欠老師什麼》，下方是一部分的內容：

> 學生有要對老師盡的義務。我知道這聽起來像是某種詭異的教條，但我們姑且假設這點成立。
>
> 第一項義務，在新學期的前幾周格外需要強調，就是學生要對老師抱持一定的善意、信賴與信心，這包括學生要願意承認老師對於課程主題有豐富的經驗，而且每一條路會通到何處，老師都有學生所不具備的見解。我並不想在此處忽視意識形態作祟的風險，畢竟總有些老師會把自己認定的對錯強加在學生身上，但不論怎麼說，學生就是該在課堂上帶著一絲謙遜。
>
> 由此，學生虧欠老師的，是信任、溫順、努力與思考。[12]

一直到退休之前的許多年，這篇文章都是朔爾神父給學生的指定閱讀。現在再把這篇文章在課堂上發，大家可以想像會引發何等強烈的反彈。基本上現在大部分學校的學生，都會很難接受老師要他們用功，要他們思考自己的能力與前途，要他們相信自己的老師。今天很多老師或許內心認同朔爾神父，但他們不可能冒險與學生對槓，畢竟服務業的大家都知道一件事情，那就是天下無不是的顧客，顧客永遠都是對的。

所謂師生在學術討論上與社會地位上都應該平起平坐，學生的意見跟老師的見解沒有誰優誰劣，這類的錯誤觀念一出，吃虧受害的份絕對少不了學生，就算學生無意對老師不敬也是一樣。校方對此不但沒有想辦法去扭轉學生的偏差觀念，反而還經常倒過來提油救火，結果就是搞得很多學生的眼睛長在頭頂上。一如社會心理學者大衛．鄧寧所說：「我們傳統上認為無知就是缺少知識，所以教育就是無知的解藥。但教育即便是辦得好，也還是可能會製造出虛幻的自信。」[13]

那教育萬一辦得不好，你就知道事情會有多糟糕了。

大學的通病

小學院……噢對不起，「大學」的校方可以好好把這一章讀完，然後抗議我對他們的批評很不公平，畢竟他們本來就是在做生意，在商言商究竟有何可議之處？畢竟高等教育本來就是一個產業，辦學就像經營企業，而企業彼此競爭是天經地義。但學校等於企業的比喻會在一個狀況下解體，那就是學校沒能提供其承諾會提供的商品：也就是教育。

這場遊戲，早在學生填好入學申請表之前就已經開始。學校在推出不著重學習而強調生活環境與社團活動的學程時，他們其實也同時在設法自我膨脹，為自家品牌打造出更好的形象。我稍早評論說徒具「大學」之名的學校日益浮濫，並不是無的放矢，這是一個活生生正在發生的現象，而且其濫觴可以追溯到至少一九九〇年代初期。就像高教體系現有的許多弊病一樣，這種大學氾濫現象的背後不外乎對兩樣東西的嚮往，一樣是金錢，一樣是地位。

這些小學校會搖身一變成為大學，一個理由就是想吸引那些希望錢能花在刀口上的學子。畢竟付了錢，學生會希望自己買到的是拿得出手的學歷，畢竟校名說出來是區域級或全國性的「大學」，總是比只是間地區性的學院好聽。[14]州立或社區學院比起四年制的正規大學，在想升學的高中生眼裡地位就是矮了一截。也就因為如此，很多學校都會千方百計地讓自己重新定位為大學，藉此與沒沒無聞的小校做出區隔。

這場把學院更名為大學的文字遊戲，有另外一個更沒創意的動機是想要爭取資金，而要爭取資金，一條捷徑就是在小學院的上頭嫁接研究所。為了拉攏資金進駐，碩博士課程開始如雨後春筍般擴散，由此各種「大學」便展開了學位大放送，廣設研究所學程成了一種「軍備競賽」，蔚為高教界的奇觀。且校方增設像企管之類的專業研究所也就罷了，很多學校還會無所不用其極地在大學部就硬塞入額外的碩士課程。

面對大家有樣學樣而造成的競爭態勢，某些挺不住壓力的新大學會變本加厲地開起博士班，而因為這些規模不足的學校根本無力支撐主流科系的博士課程，於是乎許多鮮為人知的冷門跨領域學科就應運而生，因為有新的學科就有新的學位跟證書，也就是一種為了開課而開課的概念。這樣的課程，其培育出的「人才」與學識會如何搭不上博士二字，也就不令人意外了。

上述種種作法，其實都已經瀕臨學術倫理的底線了。在大學裡亂開一些連學士程度都可能達不到的碩博士班，就是同時在欺騙研究生跟大學生。小型大學根本就沒有這樣的資源去做這樣的事情，這叫小孩開大車。大學校會有的圖書館、研究設施與科系的多元性，都不是小學校會有的東西。拿油漆去把大門的標誌塗一塗可以改名換姓，卻不能讓學術發展所需的基礎建設一夕到位。讓小家碧玉型的地方學院，轉型成毫無特色的陽春大學，或許會讓校內的文具用起來更有面子，但就是這種心態與發展，讓原本有其利基與角色可以扮演的地區性學院被糟蹋成了不上不下的半吊子無用大學。

這種打腫臉充胖子，硬要一個大學名分的作法，稀釋了大學以上所有學位的價值。試問在人人都是大學生的時代，你要如何以學位去鑑別出誰有一個「大學生」該有的真才實學？美國人正在自掘墳墓，而蓋在他們身上的不是土，而是如雪片般飛來的學位、證書與各種價值不一的肯定。急於給自己臉上貼金的傢伙，會很愛把自己的碩博士學歷擺在前頭，生怕別人不把他們當一回事，覺得他們的觀點沒有看頭。知道有人拿各種假學位在外頭招搖撞騙，已經夠令人沮喪了，但知道這些騙子是真的有這些學歷，那就更打擊人的求生意志了。

讀到這裡，很多同學會抗議說他們的主修其實非常「硬」，我這樣貶低他們根本是小看了他們。也許吧，但這也要看你是主修什麼。合稱STEM的理工科系（即科學、科技、工程與數學）、稀有的外語或是扎扎實實的文史哲學科，這些領域讀起來是真的很硬，而傳播科系或視覺藝術，還有我實在很不願意承認的政治學系，念起來又是另外一回事情。每間學校都有所謂的「雨天備案」主修，畢竟總是有些學生不知道自己要主修或能主修什麼。事實上有些雨天備案主修還真的有「下台階」的作用，因為某些同學會慢慢發現自己達不了理想科系的要求。

就算被誤會我也認了，但我覺得自己必須在此澄清幾點。首先，即便是很好的大學，也都會開設有所謂的無腦營養學分，也就是只要準時出席幾星期，加上橫膈膜會起伏，會呼吸，就有辦法過關的課程。這一點對我或對任何高教界的人士，都不是什麼祕密。由教授親口承認這件事情，或許還是會讓人有點震驚，惟其實有些輕鬆愉快的課程，並不是什麼罪大惡極之事。我甚至願意站出來說有些營養學分有其必要。大學裡**總是要**有些課讓學生勇於嘗試，寓教於樂，然後還能學到點東西並拿到學分。

會出問題，是因為某些學校裡只剩下營養學分。理工科有營養學分，文科裡有營養學分，社科類的學門也有營養學分，真可謂無孔不入，而至少根據我的判斷，這些營養學分的數量只有愈來愈多，不見愈來愈少，而且無一科系得以倖免。我們掃視了全美各個學程的開課清單，再彙整一下修課者得到的分數，結論是營養學分曾經是少數不肖教授間的個案，而如今已成各系共襄盛舉的通案。

我要在此強調我並不主張要把大學縮編，然後只留下一堆理工科系跟少數陪襯的英文或歷史主修。我其實認為這類主張非常悲哀，也長期反對我眼中所見文科受到的迫害。太多時候，那些主張裁撤文科的看法，其實就等於是在倡議把大學改回職業訓練所，這不啻是在開高教發展的倒車。藝術史的主修生常被這些廉價的攻擊打得千瘡百孔，但不少人有所不知的是在藝術史的高材生當中，許多人都順利展開了身價不低的職涯。就算不提錢的事情，我也橫豎不想活在一個沒有人大學讀藝術史，沒有人讀電影研究，沒有人念哲學，也沒有人主修社會學的現代文明之中。

我們該問的問題是在這些主修當中，有多少學生實際上學到了東西，又或者社會有沒有必要讓這麼多學生在沒料的科系跟三流的學校中打滾，特別是納稅錢養的學校。不論我們怎麼說都不可能否認的一項事實是，有太多學生是在白花錢，他們以學費換得的只是高等教育的幻覺，畢竟吸引他們前往就讀的，不少是照講根本不該存在的科系或課程。這些科系與課程不需要那麼多學生，合理的作法是限制讓少數真正有志於此的學子選擇這條路，然後由他們認真苦讀。這種冒大不韙的話，原本也不該由我這個教授嘴裡講出來。畢竟在眾多恨意滿點的家長與充滿希望的學生眼裡，我這說法就是種毫無根據的菁英主義。

好吧，就算我是菁英主義好了，但這絕不是一種毫無根據的菁英主義。很多小校都曾被稱為師範學校，而師範學校顧名思義，就是在培育新一代的老師。這些學校的「成效」非常好，其校內的歷史系與英語系都完美地達成了養成歷史師資與英語師資的使命。但到了今天，這些師範學校轉型成的迷你「大學」裡有人類學系或科學哲學等系所，一副好像他們的學生畢業後要去史丹佛或芝加哥大學深造似的。這些主修科目之所以會成立，有時候是因為少數教師有教授這些科目的「需求」，有時候則是為了讓學校的課程表看起來飽滿一點，而不要在準學生的眼前感覺太過膚淺。

為了自我滿足而讀或為了爽而讀，都不是什麼罪過，但前提是你要沒有經濟壓力。小校的歷史系要是吸引你，那你盡量去讀，不用甩我在這裡廢話這麼多，搞不好人家的課上得可好了。但你在選擇主修時要是都不先考慮一下學校的排名，不考慮課程能提供哪些學術資源，也不考慮畢業時的競爭力與出路，那你就得承擔（不知何時）畢業時會眼高手低的風險。眼高手低，正是很多弄不清楚自身所受教育品質者的盲點，而要跟他們吵這些真的很沒必要。

遇到這些借殼上市的大學開出一些名字一樣、但內容跟正牌大學差很多的課程時，前者不僅是在誤導高中生的判斷，同時還會危及他們日後的學習。好壞大學之間的教育品質落差，一不小心就會引發人際間的衝突與誤會：若你跟我都是歷史系出身，何以你對於俄國革命的見解會比我的高明？你的歷史學位來自排名比我前面的學校，而我的母系則小到只有一名專任老師，這點差別為什麼需要計較？只因為我的電影研究是在鄉下的州立學院念的，而你的電影學位是在南加大拿到的，你就有資格目中無人嗎？你是歷史／電影本科，難道我就不是嗎？

這類同系不同校所衍生出的比較與爭端，很容易挑起人的情緒。名校的畢業生，會很不爽有人不經心地把他或她跟某個公立學校的同領域畢業生相提並論，他或她會覺得自己的地位被拉低了下去（要是大學讀哪間都沒有差，那本人高中念書念成那樣是在念辛酸的嗎？）。反過來說，在小校拚死拚活才好不容易拿到學位的同學，也會很不高興被暗示說他或她的努力抵不過名校的血統與光環（如果常春藤聯盟以外的學校都是垃圾，那其他學校的學位乾脆都廢掉好了）。

這些不同的論調，都有其固執之處，而這些固執往往都只不過是出於一種面子或意氣之爭。上了好學校的爛學生，依舊是爛學生。用功的學生即便出身小學校，也不會因為校名不夠響亮就變笨。但不變的事實是，在地方上的小校讀一個僅靠一名兼任教授過勞撐著的小系，其效果多半比不過在名教授領軍的大學校裡學習。我相信這種說法絕對言之成理，但把這種事情搬到檯面上講，一定很多人會聲嘶力竭地高喊我狗眼看人低，共處一室者甚至會拂袖而去。

把學校的等級拿來分個高低，一定很多人會不高興，但不這麼做，我們就沒辦法把專業與知識的掌握能力說個分明。確實，好學校也會教出一些純然的蠢蛋，但小學校想要越級打怪，不論其出發點是行銷、財務或是本身師資的自尊心，我都必須說是一種不智之舉。回過頭來，這麼做都只是苦了自己的學生，對社會也沒有幫助。在次一等的學校學習與名校一樣的內容，或許能讓兩群學生將來有共同的基礎可以討論，但並不必然雙方的程度會神奇地拉平。

大專院校讓學生產生能力幻覺的另外一個原因，是分數的灌水。把及格的標準降低，以免讓上學變成一件痛苦的事情，是校方用來讓學生開心，老師也不用為了要不要當人而感到有壓力的一種伎倆。一如彭博的麥克艾朵所寫道，這種讓大學上起來輕鬆愉快的偷雞作法，正好反映了學生實際上的顧客身分。教室裡的每個座位都是有標價的，是要拿來賣給客人的商品，不是學生需要彼此競爭、勝出者才能得到的寶物。

你看到最明顯的結果，就是校園裡會出現遊樂園裡才會出現的漂流河或攀岩場，當然宿舍本體也是愈蓋愈豪華，畢竟這些都是校方用以競逐學生的利器，但大學的改變並不僅限於與學習無關的各種方便。現下學生要求高分時的厚顏無恥，教授們可以說是開了眼界，但他們的求學態度與自我要求卻又很差，但這其實也不需要大驚小怪，他們本來就以消費者自居，他們購買的不是教育，而是一紙學歷。

又或者像《華盛頓郵報》的撰稿人凱薩琳．蘭佩爾（Catherine Rampell）所形容的，大學如今已經是一樁交易，當中「學生篤信使用者付費，他們覺得付了錢，就有資格要求更好的服務、更好的硬體，與更好的成績」[15]。比起僅僅數十年前，你能要求現代學生的事情真的不多。這包括功課不能出太多，一年變成短短的三學期或四學期制，乃至於科技的進步讓上大學變得「寓教於樂」，而且還是教少而樂多。辦學一旦變成一門生意，你叫老師們的不及格分數怎麼打得下去。

或許不是每一所大學裡都可以攀岩跟泛舟，但明眼人都看得出趨勢是分數愈來愈不值錢，而其反映學生程度的能力愈來愈低。二〇一一年，芝加哥大學的一項研究就顯示「如今想在大學裡拿到令人滿意的成績，真的不需要多麼努力」。

百分之四十五的學生表示在剛結束的學期裡，他們連一堂整學期需要寫超過二十頁報告的課程都沒有；百分之三十二的學生連一堂每周得閱讀超過四十頁資料的課程都沒有。不令人意外地，不少大學生都把時間拿去課外活動了。[16]

這些所謂的「課外活動」，並不是什麼好拿來說嘴或可以充實自己的事情。很多這些活動都是那種孩子們得背著爸媽偷偷做的事情。

至於這與專業之死的關係，我必須說課業負擔太輕跟高分拿得太容易會造成的影響，應該不難想像：學生即便以漂亮的成績畢業，也無法以此推論他的程度好（再強調一次，我沒有要一竿子打翻一船人的意思，我只是在描述美國今天大多數的學位授予狀況）。同樣撂話說「我在大學時代可是全部拿A」，在一九六〇年甚具意義，甚至於在一九八〇年也有一些意義，現在則是幾乎已經沒有意義。美國一份二〇〇九年的研究調查了兩百間大專院校，結果發現老師最常給的等第就是A，其比例較一九六〇年增加了將近三成，較一九八八年也增加了超過一成。如今A跟B合計，就占了不分科別或課程中八成以上的學生成績，而且此發展還頗有一夫當關萬夫莫敵之勢。[17]

換句話說，平均以下的成績已經絕種了。比方說二〇一二年，全A已經成了哈佛老師們最常給的成績，而在耶魯，破六成的成績就算不是A，也至少是A-。你說以前有過這樣的個案，我相信，但你說整間大學都這樣視常態分布於無物，我實在是難以置信，再怎樣優秀的孩子我也不相信。

每間大學遇到這樣的指控擺在眼前，都會把球踢給其他學校。沒有一間學校敢站出來跟成績通膨一刀兩斷，因為他們這一刀下去可能會誤傷到自家的學生：誰第一個跳出改善成績失真的狀況，誰就第一個會讓自家的學生臉上無光，因為分數一旦消風，就會給人一種自家學生不如別人能幹的感覺。這一點按照蘭佩爾的正確解讀，意味著善良師長預設的分數已經不是一九五〇年代的C，而是A。現在拿到A，意思比較像是你都有出席，作業也有交齊，但跟你表現出不出色沒有多大關係。

普林斯頓、衛斯理女子學院，以及哈佛等名校都設立過委員會來調查成績通膨的問題。其中二〇〇四年，普林斯頓曾採行過相應的政策來嘗試限制教師給A的權限，惟這個實驗性的作法實施還不到十年，就被師資群主動給打了回票。在衛斯理，人文系所嘗試把部分課程的平均成績設下B+的天花板，結果此令一出，這些課程的選課率大降五分之一，參與的系所則流失了將近三分之一的主修生。

凡是有經驗的教育工作者，都跟這個問題奮戰過多年，我也不例外。而就跟我的同僚一樣，我也還沒找出解決的方案。惟關於成績通膨，兩點最不能不知道的事實是這狀況確實存在，同時這狀況讓學生全身洋溢著不知道哪兒來的自信。這場關於成績的瞞天大謊，幾乎每一所大專院校都是共謀，而讓各校如此一錯再錯的原因有二。其一是市場壓力逼著校方得讓大學好玩，得讓學生將來找工作的時候有面子，還得讓處於弱勢的教授不用面對學生被低分點燃的怒火；其二是校方很不負責任地放大了自尊心在教育中的角色。

還請手下留情

在學生是客人的觀念上推波助瀾，以至於專業所受尊敬日減的過程中，身為幫凶的大學做了另外一件事情，那就是鼓勵學生把第一線的教師當成平輩，然後對其進行教學評鑑。由學生評鑑老師的作法起源自一九六〇年代，當是有一股浪潮在鼓吹讓學生加深對校務運作的參與感，然後這種設計就一路延續到現在。而在現今這個不分商界或教育界都很執著於數據與指標的年代，教學評鑑的使用乃至於濫用更達到空前的高峰。

對於有前提、有限度的學生評鑑，我其實願意支持。我願意在此不要臉地說一句，我的評鑑表現從教書的第一天以來，都還滿不錯的——我在海軍戰院與哈佛推廣學院都得過優秀教師獎，所以我對評鑑這件事並無私怨。同時我還當過大學裡的行政主管，看看老師們都得到學生怎樣的評語，是我的職責之一。這些年下來，我累積看過的意見也不下幾千份，各年級的同學想法我都略知一二。這些意見如果善加處理，其實可以是很有建設性的東西。只可惜實務上的教學評鑑已經有點失控，學生們品評學有專精的大學教師，就像他們在評論一部電影或是一雙新鞋。

教學評鑑常會陷入灰色地帶，意思是老師普遍會被評為表現良好，而多數學生都會喜歡大部分的課程，所以說評鑑真正要發揮效用，得觀察當中的趨勢：連續觀察幾年，你才能看出哪些老師優秀，哪些老師普通，但這還有一個前提是看評鑑的人要懂得破解評語中的弦外之音（比方說學生若說某個女老師「很無聊」，他或她心中的ＯＳ很可能是「這老師真的要我們讀完這整本書喔，她沒有要多講幾個笑話喔」。）在我自己的課上，我會利用評鑑來發掘自身教學中的優點與缺點，比方說課本要沿用還是重選，課內的講解有沒有切中要點等，還有就是我會看評鑑來確定自認一學期以來的教學表現跟學生的感受是相互重疊還是天差地遠。

當然，一個系統既然會問學生他們喜不喜歡自己受的教育，那你說這玩意兒會完全沒問題，我也不相信。大學可不是餐廳（我有時候會在評鑑裡看到「美食評論」型的描述：「統計入門課有點淡而無味，但內容有料，吃了會飽，我學伴選修了世界宗教初階介紹，上起來很刺激，像撒了胡椒）。教學評鑑會讓學生養成一個給老師打分數的習慣。等出了社會，他們也會繼續以素人之姿對專家品頭論足，全然不顧自己的專業學養明顯不足。

學生做的教學評鑑是極為敏感的一種指標，動輒就會受到雞毛蒜皮或天馬行空之事的影響，比方說教室座椅舒不舒服，上課時間會不會太早或太晚等。像這一類莫名其妙的東西就得將其濾除。話說有些學生的評語真的只能用怪誕來形容，以至於教授間會在茶餘飯後交流自己被寫過最不堪或最匪夷所思的事情。我有個同事上過一堂課是英國的海軍史，他自認說明得非常詳細，但他一名軍校學生的評語只是老師的襯衫太皺。另一位我認識的頂尖歷史學家常被嘲弄，原因是他的個子很矮。我自己是被一個大學生說過我是個好教授，但該減減肥囉（這點我其實無法反駁）。另外有個學生不喜歡我到一個程度，他（也可能是她）在評鑑上說自己會為我的靈魂禱告。

這些評語晾在這裡，你會覺得好笑，但評鑑是真的在鼓勵學生當自己是老師能力的評判者。而一旦辦學變成在討好學生客戶，大學就會遭到評鑑掣肘，沒自信或挺不住的教師就會變得像馬戲團裡的動物一樣要起猴戲，承歡於學生膝下或至少設法別被討厭，否則萬一太有原則，不好看的評鑑會讓自己明年連課都開不成（甚至還得擔心續聘的問題）。教師奉承討好、學生成績膨脹的惡性循環，於焉成形。

學生確實應該主動參與自身的教育，不應該以當個旁觀者或資訊的接受者為滿足。廣納意見與多元想法是大學的生命線，教授們的觀點或教學能力也確實不是批評不得，但是工商業架構下的教育體系，已經將大學貶抑成一筆買賣，學生養成的觀念是要要求物有所值，而不是來這裡訓練批判精神。就這樣，各種專業遭到了池魚之殃，知識體系則成了眾矢之的，大學的意義與精神蕩然無存。

大學才不是什麼「安全空間」

看多了主流媒體與流行文化中所塑造的形象，我們常誤以為年輕男女就都是沒有擔當、不負責任的草莓族。我們會看著好萊塢電影裡的校園喜劇，然後一邊懷念起自己學生時代幹過的蠢事，一邊轉頭訓斥孩子別學我們。學生的主張若是讓大人喜歡，我們便會鼓勵他們「作亂」；學生的訴求要是令大人覺得荒誕，我們就會對其加以責難。對於接續自己的下一代，大人永遠都看不慣。

但這一切的一切，都不是大學可以放任校園變成遊樂園的藉口。美國人的反智文化入侵校園，或許無可避免，但大學也沒有可以豎白旗投降的特權。而且請不要心存僥倖：美國的大學是真真切切、日復一日地在將智識權威拱手讓給不只是年幼的孩子，甚至對於那些侵門踏戶來打擊自由風氣與問學傳統的有心人士，守土有責的學術社群也是無計可施。

對於校園自由之風所遭受到的不公待遇，我內心充滿了激憤之情，但這部分我在此且按下不表。不知凡幾的專論與文獻都能告訴你大學已經如何成為了政治正確的天堂，師生原可共享的學術自由已經在意識形態的魔爪下窒息。有興趣的人可以去找相關的書籍與文章，我確信你會收穫滿滿。我若在此重複他人的高見，想必也只是贅言。

但回到專業已死的討論上，我們不能不知道現今的校園裡有哪些盛行的觀念，包括大學應該是所謂的可以犯錯的「安全空間」，或是在大學裡發言有要遵守的分際，因為這些觀念確實在阻礙大學培育出能進行批判思考的人才（別忘了，「批判性思考」並不等於「無的放矢」或「血口噴人」）。在把大學當成水果在挑揀的過程中，年輕人忘記了上大學的初衷是學習而不是放鬆；同樣的道理，我們對於某些「覺醒青年」的過度寬容，也是在灌輸孩子們一個錯誤的念頭：是大學生應該讓教授們別再守舊，而不是教授要來教大學生什麼。

像這種本末倒置的案例實在不勝枚舉，所以我不論點名哪一所大學的哪一筆政策或爭議，都可能有失公允。說到底，這已經是美國大學之間的通病，每隔一個時期就會以不同的強度復發一遍，最早可以回溯到一九六〇年代之初。今天比較不一樣，同時也嚴重威脅到公民知識分子之養成的一點，是社會對大學生過於保護，造成學生有幼稚化的傾向，而學生一幼稚，就無力去進行兼具邏輯與背景知識的論證。一旦感性壓過了理性與事實而占得上風，教育大業就會變成一條不可能成功的死胡同。感性一出，誰與爭鋒，專業在感覺的面前根本一點勝算也沒有，那條由怒火跟憤恨所鋪成的鴻溝，會讓知識與理性瞬間沒頂。而學生一旦發現訴諸感情比什麼都有用，他們就會一用再用到人生的盡頭。

大學理應是一個理性與冷靜的環境，分屬兩性的知識分子會在其中一邊判別世事的真偽，一邊學習放諸四海皆準的學術研究範式。但實情是不少大學已經淪落為被學生挾持的人質，學生就像綁匪一樣憑感覺行事，任何其他的考量都得在他們的好惡下俯首稱臣。他們篤信自己有權利如此要求別人，因為他們的人生一路走來，從來什麼願望都是開口就有，予取予求。他們從來沒有離開過自己那個療癒至極的環境，他們從來沒有話不敢說，也從沒有過感覺遭到某人否決或打臉。

當然，校園中有學生活動，也是很正常的事情。熱情是年輕人的特色，十七八到二十出頭的人就**應該**老想著衝鋒陷陣。就算我老派吧，我就覺得讀書人應該在民主制度裡擔任普羅大眾間的意見領袖，所以我絕對樂見未來的意見領袖在校園裡練習理性討論與以理服人。

但很不幸地，新一代的學生運動比起半世紀前的前輩們，怎麼感覺像在開倒車，因為我彷彿看到了許多陰魂的復辟：排除異己的狹隘心態、意識形態教條，甚至是言語恐嚇或肢體暴力都紛紛出籠。很諷刺（也很悲哀）的是學生動員了偏激的語言與極端的訴求，所為竟只是雞毛蒜皮的小事。嬰兒潮世代曾於一九六七年把美國校園弄了個天翻地覆，而他們會說自己是在訴求反戰與和平。說真的這個講法還算能讓人聽得進去，畢竟對於眼看著要被徵召去亞洲叢林裡作戰的年輕人來說，可以想像他們會對反戰議題感同身受。少數族裔的成員直到一九六〇年代初期之前，都在法律上不算是完整的公民，所以暴力行為固然不足取，但他們會感覺非上街示威不足以傳達其訴求，其情可憫。

而到了今天，學生們群情激憤的原因盡是些自己想像出來的見解。這些自以為是的想法，跟為國參戰或民權運動完全不是一個檔次。現在的學生會講白了，就是在小題大作。後院的小山丘，都能被他們炒作成聖母峰。然後一些簡直是惡作劇或唬爛的議題，也能讓他們陶醉到歇斯底里。長此以往，學生了解到一件事情，那就是發言比的是激情與音量，而不是理性與證據。他們於是拿激情與狂言，建構了老師、專家或知識分子都將永世難以突破的天險，然後就這樣進入社會。

二〇一五年的萬聖節，耶魯一名舍監老師的夫人要少數族裔的學生們面對那些歧視性的裝扮時當作沒看到就好了。沒想到她這樣的作法在校園中引發了軒然大波，抗議的學生甚至為此朝教授叫囂。「你身為舍監，」一名學生當面對老師大小聲，「你的責任是為同學們打造一個舒適的地方、一個家……你到底有沒有在狀況內啊？」

被嗆的教授靜靜地答道，「不，我不同意你這說法。」沒想到老師才淡淡地回這一句，學生就崩潰了：

「那你他X的當什麼舍監呢？你他X是誰聘的？下台！你要是以為舍監是這麼當的，你就別幹了！**當舍監不是要你搞一個公民道德的教室在這裡！不是！懂嗎？當舍監是要弄一個家給我們住**。而你根本就不知道在忙什麼！」[18]

事情鬧大後，耶魯的校方並未懲戒出言不遜而明顯違反校規的學生，反而向氣噗噗的學生低頭道歉。教授最終辭去舍監一職並搬離宿舍；變成一名單純的教職員，而師母更是連教職都辭得一乾二淨。

這件事讓全美的老師都看在眼裡，他們懂得了一件事情：頂大的校園，不是一個探索智識的地方，而是豪門學生一租四到六年，每次停留九個月的奢華行宮，並且在這些彷彿殖民地的宅邸中，學生只要覺得下人們笨手笨腳的服務不周，想罵就可以罵。

耶魯那場騷動過去一個月後，密蘇里大學也爆發了學生抗議，原因是有學生幼稚不堪地拿糞便在廁所牆上作畫，而且畫的還是代表納粹的萬字符號。密蘇里大學做為密蘇里州的公立大學龍頭，究竟除了洗牆壁外還應該做什麼，沒有人知道，但可以確定是校園內還是炸開了一鍋粥。「你懂得什麼叫系統性的壓迫嗎？」一名女大生吼著困窘的密蘇里大學體系的董事長說，「不懂就去Google！」學生記者遭到了騷擾與威脅，其中一名騷擾者很諷刺地，還是新聞系的榮譽教授。這場鬧劇在歹戲拖棚了幾天之後，密大體系的董事長宣布辭職（拒絕在抗議後停課的校長與一名教授也在數日後與校董同進退）。

但密蘇里大學畢竟不是金字招牌的耶魯，市場對密大的需求彈性比對耶魯大得多。於是乎在一連串學生抗議與幹部辭職的風波影響下，密大收到的申請件數與捐款金額都遭受重創。[19] 幾個月後，與學生硬碰硬的兼任教授也遭到新聞系解聘。經此一鬧，密大折損了教授、行政人才、潛在的新生，以及白花花的美鈔。跌這麼大一跤，都只是因為一群學生在更小一群教師的慫恿下，混淆了公立大學龍頭裡教育者與受教者之間的角色關係。

有趣的是，這種議題往往可以把自由派跟保守派的人團結起來。英國學者理查・道金斯（Richard Dawkins）是個因為宗教觀而讓保守派很頭痛的傢伙，而他對「安全空間」這一整個概念都非常不解。「安全空間」在美國學生的口中，指的是所有「引戰」的政治語言都得被擋在門外，大家可以喘一口氣的地點。對此道金斯在推特發文中說得直白：「大學不是什麼『安全空間』。」「需要『安全空間』的人，請你離開，請你回家，家裡有泰迪熊讓你抱，等你在家奶嘴吸夠了，再來上大學。」

同樣地，在歷經耶魯、密大的事件後，一名《亞特蘭大月刊》（*Atlantic Monthly*）的撰稿者康諾．弗雷德多夫（Conor Friedersdorf）也表示「發生在耶魯的事情，不會只是耶魯的事情」。他說美國下一代菁英正在內化的價值不是包容開放的言論自由，而是非黑即白的唯我獨尊。「這些學生令人同情，」弗雷德多夫稍後寫道。（我是不太同情這些學生啦，我沒弗雷德多夫那麼善解人意。）「但若光是一封關於萬聖節裝扮的電郵就可以讓耶魯的學生蹺課去崩潰成這樣，那要嘛他們是病了要看醫生，要嘛就是他們誤上了賊船，被某種意識形態耍得團團轉而疲累不堪。」[20]

在此同時，葛連．雷諾茲（Glenn Reynolds）是一名自由派的專欄作家暨田納西大學的法律系教授，而他提出了一個更為激進的解決之道：

> 要當個稱職的選民，屬於成年人的討論我們得有能力參與。我們必須要有能力傾聽與自己相左的意見，同時——就像我正在這專欄中做的事情一樣——我們得根據新的證

據來改變自己的想法。

所以或許我們應該把投票年齡上修到二十五歲，我殷切期盼到了這個年齡，人能多少稍微成熟一點。得把大學生當成小朋友來教，已然夠悽慘了。但要是哪天得由這些被慣壞的小孩來統治我們，那可真的會讓人受不了。連個萬聖節都沒辦法冷靜下來理性討論的人，究竟有什麼資格治理這個偉大的國度？[21]

我想我可以賭上身家地說，美國不會有人去修憲來回應雷諾茲教授的建議，但他的評論跟其他的觀察家一樣，都指出了一個詭異的矛盾之處，那就是大學生一方面疾呼要學生治校，但一方面卻又堅持大家要把他們當成小孩看待。

我要重申，我也不知道要怎麼解決這個問題，尤其不知道如何在大學的範圍外解決這個問題。就跟大多數教授一樣，我也希望自己有把很明確的標準放在學生面前。我期待他們能學會如何架構自己的觀點，並且以冷靜理性且符合邏輯的方式去申辯。評分時我會根據他們對測驗中問題的回答狀況，也會考量他們平日書面報告的文筆好壞，至於政治傾向則不會影響他們的成績。我要求同學之間要學會尊重，要把別人的主張與想法當回事情，同時私人情緒與人身攻擊在我面前都是大忌。

但令我擔心的是出了教室，他們身邊就沒有人這麼提點著了，而這個念頭讓我冷汗直流。但事實就是不可能永遠有人盯著他們，要他們不准對人失禮，不准對事實視而不見，不准對別人好意的建議惡言相向，也不准要求讓自己的感受凌駕在事實之上。一個人如果大學四年都學不會尊重老師、尊重學校，你覺得他出了校門會懂得尊重公民社會的其他成員嗎？而如果連大學生都不能令人期待成為講道理的意見領袖，也不能辨別什麼是客觀事實、什麼是主觀感受的話，那美國人就真的有大麻煩了，而且還是連專家都只能兩手一攤的那種麻煩。

第四章
我幫你Google一下——何以知識量多到掀鍋，人類反而愈來愈多蠢貨

網路如今散播的是什麼資訊，我內心期待接受的也就是什麼樣的資訊：一條無數知識分子在其中淌流的湍急水體。曾經我會揹著氧氣筒，潛入字海中，如今我像騎著水上摩托車，在水面上呼嘯而過。

——美國作家，尼可拉斯．卡爾（Nicholas Carr）

網路一方面有機會讓大家一起變聰明，但一方面也讓不少人變笨，主要是網路對好奇寶寶來說是一塊磁鐵，對容易落入陷阱的笨蛋則是個天坑。網路就像召之即來的專家，你有Ph.D.？我有Google Search！

——美國專欄作家，法蘭克．布魯尼（Frank Bruni）

網路上讀到的東西不要盡信，特別是引用自名人的句子。

——亞伯拉罕．林肯（Abraham Lincoln）若還活著會這樣說

史特金定律的回歸

隨便找個專業人士或專家問問他們對「專業已死」的看法，多數人會立刻把矛頭指向同一個禍首：網際網路。過去有事得去問專科醫生的人，現在只要把關鍵字輸入瀏覽器，然後須臾之間就能得到答案。既然自己就能搜出解答了，何必再去依靠那些書讀得比你多、經驗比你豐富的醫生呢？學會查網路，你連跟醫生約門診時間的力氣都能一併省了。

胸悶？去問電腦吧。「為什麼會胸悶？」的問題給他打下去，網路會在僅僅零點五二秒內產生出超過一千一百萬條搜尋結果（至少在我用的搜尋引擎上是這樣）。湧泉一般的資訊會「水漫」你的螢幕，當中會有美國國家衛生研究院（National Institutes of Health）等權威機構的有用建議，也會有其他知名度較低，意圖也比較令人不放心的奇怪網站與資訊。這些名不見經傳的網站，甚至會一步步領著螢幕前面的病患得到診斷的結論。你的醫生可能有不同的見解，但他是什麼東西？他有什麼資格跟秒答的網路跟視網膜解析度的螢幕互別苗頭呢？

事實上，誰又還能跟誰一決高下呢？在網路與資訊時代，懸案或公案都已經不存在了，任何爭端都一定可以解決。手機或平板電腦做為資訊的載具，讓我們每個人不論雙腳走到哪裡，唾手可得的資訊量都大過古埃及建於西元前三世紀的亞歷山卓圖書館從開始到燒毀的全數館藏。在本書的一開頭，我提到過經典電視劇《歡樂酒店》的克里夫·克拉文一角。克里夫是個地頭蛇兼萬事通，而他照例會在波士頓一間酒吧裡對著其他常客「演講」，太陽底下所有新鮮不新鮮的事情，他都可以講上一番。但時間拉到今天，我們在酒吧裡是見不著克里夫的，因為上一秒你剛說完「大家都知道……如何如何……」，下一秒大家就已經掏出手機上網對答案了，這樣你叫克里夫要如何唬爛。

這也就是說，科技創造了一個我們所有人**都是**克里夫的時代，而這也就是問題所在。

惟雖然專業人士對網路非常不滿，但網路其實並非專業遭到挑戰的主因。真要說，網路是加速了專家與素人間的溝通管道崩解，原因是網路讓博學變得可以速成。網路上有無限量供應的「事實」，而掌握事實會讓人沉浸在一種專業的錯覺中，進而讓有心人可以裝出一副學有所成、知識分子的模樣。

專家都知道，「事實」不等於「知識」或「能力」。何況在網路上，「事實」真的就是事實嗎？在一次次知識體系與對手的短兵相接中，網路就像是為知識敵方助陣的火力掩護：網路會持續不斷地用隨機而瑣碎的片斷資訊來轟炸對手，包含專家或一般的民眾，直到砲聲使人震耳欲聾，也不可能進行任何理性的討論。

網友創造出了許多幽默的定律與推論來形容網路事件中的討論。不論討論什麼，「納粹德國」都會很容易被搬出來，於是乎網友間有了所謂的「嘉德溫定律」（Godwin's Law），乃至於其衍生出的「希特勒歸謬法」（reductio ad Hiterlum），亦即你不喜歡誰，誰就是希特勒，而什麼東西只要有像希特勒一樣邪惡的人支持，那就一定**錯**。網友間一旦某種風向成為主流，那這主流看法就會深入人心而難以撼動，由此我們生出了所謂的「潑墨定律」（Pommer's Law），亦即網路只能把人從「沒有看法」變成「看法錯誤」，也就是從「繳白卷」變成「有答但答錯」。當然這類挖苦網路現象的「定律」不只這兩樣，比方說我個人覺得最妙的是史基特定律（Skitt's Law）：「網路上糾正某篇發文裡有錯的任何一篇回文，本身都也一定含有至少一個錯誤。」

但說到與專業之死的關聯，我們最應該牢記在心的是早在個人電腦出現之前就有人觀察出來的「史特金定律」（Sturgeon's Law）。史特金之名，源自於傳奇科幻作家史特金（Theodore Sturgeon）。一九五〇年代初期，大眾文學成了文學評論家「狗眼看人低」的批判目標，其中美國科幻小說更是遭到鎖定砲轟。他們覺得科幻與奇幻文學是「文壇的貧民窟」，是「低端作家」的去處，由此他們不屑地認為科幻與奇幻文學的價值極低，而憤怒的史特金對此提出了反擊。史特金說文學評論把標準設得太高了，他認為多數行業裡的多數產品，品質一定都不高，包括當時被認為是文壇中嚴肅作品的東西。「九成的**任何東西**，」史特金總結說，「都是屎。」

今天把觀察的對象換成網路，那史特金的九成是屎之說可能還算客氣了。網路之無遠弗屆暨包山包海，意味著我們根本無力去區分什麼是有意義的知識，什麼又是莫名其妙的噪音，亦即可用的資訊必然會淹沒在垃圾訊息與無關的岔路中。更糟的是，就算有團體或組織想要透過不斷更新來替網路理出個頭緒，也是有心無力。一九九四年，全球的網路上不過三千個網站不到，但到了二〇一四年，全球網站的數量已達十億個以上。[1]多數這些網站都可以搜尋得到，所以要出現在你面前只消幾秒，至於品質高低就只能碰運氣了。

好消息是即便史特金定律說的沒錯，我們也還有一成，也就是一億個網站是相當不錯的，這包括世界上所有主要的新聞出版品（沒錯，許多報刊都已經數位化，紙本對讀者只是次要的了），也包括智庫、大學、研究機構與科學／文化／政壇巨擘的主頁。至於壞消息自然是：要把這些好的資訊找出來，你得在鋪天蓋地的垃圾堆中剔除無用或錯誤的東西，才能去蕪存菁出有用的東西，要知道從一心想幫忙的阿公阿嬤跟伊斯蘭國的聖戰殺手，人人的意見都會並存在伺服器上。人類世界中最最聰明的腦袋瓜，在網路上有著巨人般的身影，但某些IQ零蛋也可以挨在這些巨人的身旁，只消點錯一個連結，你就會變成在「請鬼拿藥單」。

這些連結另一端的網站，就像載滿資訊廢棄物的垃圾車，一輛輛違停在網路上，活脫脫就是史特金定律所描述的噩夢一場。原本就有數十個電視新聞頻道要過濾的我們，頭已經夠大了，現在又加上單位是「百萬個」的無數網站，而且作者還一個個都興致勃勃卻又來路不明。網路無疑是人類的偉大成就，無數人也無疑因為資訊的普及與聯繫變容易而受益良多，過上更好的生活，這是人類歷史上從未出現過的事情。但話說回來，網路也有黑暗的一面。

人類求知的方式與面對專業的態度，都因為網路的出現而受到了極大的衝擊。

在網路帶來的各種問題中，有一點最為嚴重，那就是輸入的欠缺管制與全然的自由，使得虛擬的公共場域充斥著劣質的訊息與半吊子的觀點。網路上確實是百花爭鳴，但大部分這些花卻散發臭氣。從部落客吃飽太閒的囈語、憤青毫無根據的陰謀論，一路到有團體或政府在幕後擘畫的系統性謠言，都是網路效應的惡例。網路上的一些資訊之所以錯，是因為作者懶惰，有些錯，則是因為作者用心良苦但程度不足，還有些東西錯是出於貪婪或惡意而刻意放在那裡。面對這許多種不同動機的輸入，網路做為媒體不會加以評論，也不存在編輯台會出手干預，而是會毫不拖泥帶水地原文照登。網路是平台，而不是評判。

網路的這種狀況，其實就是當年「印刷術根本矛盾」的升級版。按照尼可拉斯・卡爾所說，西方印刷術在十五世紀由古騰堡發明出之後，引發當時有識之士間的軒然大波，他們「咬牙切齒」地擔心起「書籍與報紙的普及會侵蝕宗教權威的根基，貶抑學者與書記的職業地位，甚至於散播起異心與下流的種子」。[2]

中世紀這些唱衰印刷術的人，其實還真說對了一些事情。印刷術用來量產了聖經，教百姓讀書，最終讓識字率上升，人類也因此獲得了更大的自由。但在此同時，印刷術也讓瘋狂如《錫安長老會議紀要》（*Protocols of the Elders of Zion*）的內容得以傳世，話說這書不僅教人要把文字跟事實混為一談，而且還支持建立集權的宣傳工具來削弱人類因為印刷術而得到的同一種自由。網際網路，就是有光纖傳輸速度撐腰的印刷術。

除了讓錯誤資訊的流竄變得洶湧以外，網路也讓素人暨學者都損失了一些基本的研究能力，而我們就是要有基本的研究能力，才能在「壞資料」的荒野中行動而不撞到東西。由我這個忝為學者社群一員的人來「黑」網路，好像有點怪，因為我也不否認網路讓我寫東西的時候輕鬆不少。一九八〇年代想寫篇博士論文，我需要抱來抱去的文章跟書可真的是一拖拉庫。但到了今天，我只需要管好瀏覽器書籤跟電子文書的檔案夾，要用隨時叫出來就行。比起在圖書館的影印機前吸數小時的碳粒兼被亮光閃瞎，我實在無法昧著良心說網路不是一種進步。

確實在某些層面上，網路帶來的方便是人類的一大福音，但能有福消受之的，多半只限那些受過專業訓練，知道怎麼做研究，在網路上不是無頭蒼蠅的人。按一下滑鼠訂閱外交或國安期刊的電子版，你說是不是比千里迢迢去圖書館紮營或看著辦公室信箱（真的那種）望穿秋水要好上數萬倍？惟如果今天是個弱弱的大學生或未經訓練、也不知道如何判斷資訊出處或作者聲譽的普通人，那我就不敢說網路能派上多大用場了。

來到圖書館，算是鬧中取靜，而來到圖書館裡的參考資料跟學術分區，更是靜上加靜。話說上圖書館本身就是具有教育意義之舉，特別是對那些願意花時間去向館員請教求助的讀者而言，更是能學到東西。網路相形之下，就是個完全不一樣的東西。網路是個大水庫，誰都能拿東西往裡頭丟。不論是從莎翁的《第一對開本》到合成照片，從科學論文到黃色書刊，還是從事件的懶人包到亂七八糟的電子塗鴉，網路都容得下。網路是個幾乎「無法無天」的空間，其大門永遠為各種內容敞開。不論是想賣東西的話術，想騙選票的宣言，還是路人一時興起想推薦什麼的各種影音文字，都會在網路上出現。

五千萬個貓王歌迷都買過的唱片，還能難聽嗎？當然能！

事實上在網路上搜尋資料會吐出什麼結果，就是看特定搜尋引擎採用了什麼樣的運算法。而這些運算法，通常背後都是以營利為目的的企業，他們自有一套使用者看不懂的標準會決定搜尋結果。一個年輕人要是對二戰坦克好奇，那網路搜尋可能會先讓他看到電視咖比爾·歐萊利（Bill O'Reilly）所著那本胡說八道但賣很好的《巴頓將軍之死》（暫譯）（*Killing Patton*），然後才會出現需要咀嚼但絕對忠於史實多得多的其他書籍，比方說二十世紀軍事史大家的嘔心瀝血之作。只可惜在網路上，就跟在現實中一樣，行銷預算跟作者有名比什麼都要緊。

光是把關鍵字輸入電腦，不叫作研究，這叫作問問題，而且你問的還是一台不能真正理解人類的程控機器。真正的研究是非常辛苦的，而且對於從小在電子刺激中長大的人來說，研究還極其枯燥無聊。研究需要人有能力去找出真正屬實的資訊，然後將其擷取重點、分析、化為文字，然後呈現在世界面前。研究能力不是科學家或學者的禁臠，而是高中教育就應該賦予我們所有人的能力，畢竟非常多的工作與職場都需要在其位的人有一定的分析能力。但話又說回來，既然千百萬筆答案只要打幾個字就能呈現在螢幕上，我們反覆像在跳火圈一樣操演自己的研究能力，又是何苦來哉？你難道不喜歡現成的答案、設計感十足的網站，乃至於精美的排版嗎？

這當中有一個深層的問題是網路改變了我們閱讀的方式、推理的方式，甚至是**思考**的方式，而且我說的都是變壞而非變好。我們對於資訊的取得要求即時，我們希望別人可以幫我們把骨頭都先挑掉，整理成懶人包，呈現方式還得顧及視覺上的舒適——字體又小，本身又很容易破損的教科書，我們敬謝不敏——而且我們會希望網站只說我們想聽的東西就好，多的不要廢話。所以與其說很多人在做研究，不如說他們是在「搜尋漂亮的網頁來提供人能在最短時間裡花最少力氣吸收的解答」。如此吃下肚的「資訊食物」不僅品質良莠不齊，甚至連製作者的精神狀態都相當堪慮。這種虛有其表的知識，知道了根本是弊大於利，還不如什麼都不知道的好。有句歷久彌新的老話大概是這個意思：一無所知不會怎樣，自以為是才真正可怕。

最後一點，或許也是最令人不安的一點，是網路讓我們變得不厚道了，沒耐性了，也沒辦法進行有建設性的討論了。無時差通訊最大的問題，就在於無時差。網路固然讓更多人能跨越時空的隔閡來交談或聯繫——這一點可為史無前例——但任何時間任何地點都可以跟任何人對話，並不見得一定是件好事。有的時候，人就是需要緩一下、沉澱一下、自省一下，才能有時間去吸收、消化資訊。但這種餘裕在網路上是一種奢侈，網路上的回應就是得不經大腦，而為了顧住面子，人便會在事後覺得有必要捍衛自己的直覺反應，進而拒絕接受新知或承認己身的錯誤，尤其是被學經歷強者所抓出的錯誤。

網路上哪些東西假？網路上什麼東西不假！

不論是這本書還是別本書，都不可能有足夠的篇幅說盡網路上的錯誤訊息，這一點真可謂「罄竹難書」。仙丹妙藥、陰謀論、假文件、假發言——這一切的一切都是在全球知識花園中無章蔓生、野火燒不盡的雜草，這些雜草把養分都用完了，心不夠黑、臉皮不夠厚的正派植物根本活不下去。

比方說像很多隨便養隨便活的都市傳說與陰謀論，就在網路上得到了修復與新生。我們都聽過水溝裡有鱷魚的傳言、名人暴斃的假消息，還有藏書重量沒算好而壓垮圖書館的假新聞，這些謠言原本都是以口耳相傳為主。而到了網路上，這些鄉野奇聞被包裝以美麗的版型與圖示。而且論及速度，電子郵件與社群媒體的傳遞更是讓這些鬼話的行進變得如虎添翼。於是乎像Snopes.com與其他以消滅網路謠言為職志的組織就只能辛苦一點了，我們應該感佩這些人，因為他們一天到晚的工作目標就是要撲滅這些混淆視聽的反智火苗。

只不過不幸的是，這些勇者的努力有點螳臂擋車。大夥兒上網可不是為了讓自己的迷信得到糾正，更不是讓敝帚自珍的各種理論遭到推翻。相反地，他們登入是為了得到網路大神的認可，讓他們在無知中也感覺安穩。二〇一五年，《華盛頓郵報》撰稿凱特琳・杜威（Caitlin Dewey）憂心忡忡，擔心實事求是的努力將永遠不是迷思跟詐騙的對手，理由是「沒人有那麼多時間跟腦力去就事論事，進而把各種混水摸魚與張冠李戴的狀況給掃地出門」。[3]到了最後，她嘆了口氣說：「大費周章去破除迷信，結果根本就是石沉大海，無聲無息。」

在寫下上述文字的兩個月之後，杜威女士就連同華盛頓郵報一起舉了白旗投降，結束了她原本逐周連載的「網路打假」（What was fake on the Internet）專欄。網路上的亂象之氾濫根本令她難以跟上，畢竟詐騙集團已經摸清了該如何透過迷思的散播來換取點擊率，進而藉此牟利。「老實講，」杜威女士對她的讀者說，「這個專欄的設計根本無法因應當前的環境，其形式本身就有缺陷。」更令人心驚的是杜威與專業研究者的對話，過程中學者對她說「人對於體制面的信任感之低，以及個體內心認知偏誤之強烈，而且還**個個都這樣**，於是誤信假新聞之民眾常只對與其觀點一致的資訊感興趣——即便該資訊大喇喇地造假，民眾還是照樣買單，想都不想（**個個都這樣**幾個字說得咬牙切齒）」。[4]在這場杜威與郵報組隊跟網路對打的戰役中，最後網路成為了贏家。

不少的胡說八道，特別是在政壇中說出來的胡說八道，都是靠網路的無遠弗屆跟穿針引線才得以達成其「豐功偉業」。一群格外堅持的怪咖可能仍相信地球是平的，或是美國人根本沒有上過月球，但假以時日，當年拍下的太空照片還是足以說服我們大多數人。惟像歐巴馬總統在非洲出生、九一一是小布希總統一手策畫，以及美國財政部密謀用另一種全球性的貨幣來取代美元等陰謀論，則就不是太空人有辦法用照相機去推翻的都會傳說了。社群媒體、眾多網站，還有網路聊天室，就足以聯手把迷思、從朋友的朋友那兒聽來的故事，還有以訛傳訛的種種謠言，通通都洗白成為「真相」。

一如英國作家達米安．湯普森（Damian Thompson）所說，即時通訊讓那些把人生獻給「編故事」的個人與團體變得士氣大振。這些編出來的故事，部分具有一定的危險性。湯普森稱這些危險的故事是「反知識」，意思是這些怪力亂神的說法完全與科學背道而馳，而且對所有的反證也都置之不理。

> 如今，拜網路之賜……某個反基督的謠言可以從瑞典的一堆邪教信徒出發，跨越數大洲來到澳洲一個極端傳統天主教派的手中，前後花不到幾秒鐘。少數團體間愈來愈能容忍彼此的怪誕信條，黑白種族主義分子間的接觸自數十年前試探性地展開之後，如今不但開花結果，雙方還交流起了各自供養的陰謀論。[5]

若是在一個步調較慢、通訊連結也做不到無遠弗屆的世界，這類團體將無法透過即時通訊來得到其他極端主義團體的認同與鼓勵，也無法藉此強化自身的迷信。觀念的自由傳遞是民主發展的重要推力，但這也內含了一種風險：無知或包藏禍心的某群人會將大眾傳播的工具扭曲後為自身所用，然後把專家也不知道能怎麼辨的謊言跟迷思播送出去。

更糟糕的是，這些不良資訊會在網路上一待就是好幾年。不同於以往的報紙，線上資訊是像塑膠一樣很不易腐爛的東西。只要出現過一次，假消息之後就會在每次搜尋中跳出來第二次、第三次。就算是源頭已經把錯誤或虛假給剷除掉了，不良資訊還是會從早已落地生根的其他資料庫中跳出分身。這些假故事只要成功爆紅，然後有幾天、幾小時，甚至幾分鐘的時間可以在電子世界中穿梭，那它們就幾乎確定了會永垂不朽。

比方說在二〇一五年，唯恐天下不亂的保守派人士艾倫．威斯特（Allen West）爆料了一個假獨家，原來他說時任總統的歐巴馬會強迫現役美軍在「拉瑪丹」齋戒月期間以穆斯林的方式跪禱。[6] 威斯特的網站上安了一個聳動的頭條——「看看美軍弟兄被強迫做了什麼」，然後標題旁邊就是一張阿兵哥在毯子上跪地磕頭的照片。那幅畫面相當寫實而驚人，社群媒體上也快速掀起了轉傳之風。

這件事情，自然是子虛烏有。威斯特的照片是數年前的舊照，而跪禱的美軍士兵是不折不扣的穆斯林，他們是在行使自己的宗教自由，沒有人逼。在（包括我在內的）許多人對該誤用的照片提出抗議之後，威斯特也沒有把假爆料給撤下。但其實也真的沒差，因為這東西已經傳到了不知凡幾的部落格與網站之上。沒有相關的素養或時間去辨別資訊來源的網友，很有可能隨時會瞄到這個假爆料，乃至於其成千上萬的轉傳，而他們不會知道整件事就是個烏龍。

到了今天，有心人已經不用擔心吹毛求疵的事實查證者或決心過人的編審者會跳出來當礙事的程咬金。就像在過去一本精裝書就足以誤導民眾相信其內容值得相信，如今精美的網頁設計能用視覺效果去予人以信賴感與權威感，進而讓不知情的讀者成為以訛傳訛的幫凶，而且其效率之高，絕非以掀起黃色新聞浪潮聞名的美國報業大亨威廉・魯道夫・赫斯特（William Randolph Hearst）能發想出的任何標題可以比擬。任何秉持邏輯與事實正義而想要力挽狂瀾的專家或專業人士，如今都已經無法與網路匹敵，畢竟這是種能用一千六百萬種顏色來對讀者甜言蜜語的機器。

當然安全，我Google過了。

姑且不論那些滿像回事的自製網站，以及網路上充斥著的臉書貼文跟各種流行模因

（meme），我必須說民眾對於快速獲得解答的需求也推了一把，讓各種販賣假點子給大眾來牟利的產業得以誕生。這些產業收消費者的錢，而其提供的商品就是能在誤信中愈陷愈深的特權。我在這裡指控的，不是網路新聞，那是下一章要討論的事情。我在這裡要點名的，是許多經常由名人掛頭牌的門面。這些「據點」的存在是要提供建議來取代專家與知識體系的建言。

身為女性，妳關心自己的生殖系統健康嗎？這類事情我自然是外行，但我身邊有女性對我說過她們並不愛一天到晚上婦科找醫生。由此網路的普及可說是女性的福音，因為她們有了醫師以外的選擇可以取得健康資訊，比方說像好萊塢女星葛妮絲・派特洛（Gwyneth Paltrow）就成立了她的「生活風格雜誌」網站GOOP.com，而只要透過手機，妳就可以安全地在家裡與她諮詢許多女性的私密處保健事宜，包括「蒸陰道」。

這種療程妳可能聽都沒聽過，但派特洛女士可是相當推薦。「妳基本上會坐在一個迷你王位上，」她在二〇一四年時說，「然後紅外線與艾草蒸氣會清洗妳的子宮等生殖器官。這是一個能量釋放的過程，而不是單純的蒸氣浴。隨著能量釋放，妳的女性荷爾蒙也會達到平衡。只要妳人在洛杉磯，就沒有理由不來試一試。」

但正牌的婦產科醫師並不推薦洛杉磯或其他地方的女性去蒸自己的體內器官。珍・君特（Jen Gunter）在她自個兒（明顯樸素很多）的網站上表達了明顯不同於葛妮絲・派特洛的看法：

> 蒸氣不會取道陰道進入妳的子宮，除非妳連上管線然後加壓，但我**非常非常不建議大家這麼做就是了**！北艾或艾草或任何香草類的植物拿去蒸，不論是在陰道或陰戶處為之，都不可能平衡任何的生殖系統荷爾蒙，不可能調節妳的月經週期，不可能治癒妳的憂鬱，也不可能治好妳的不孕。不要說艾草，今天就算妳直接拿女性荷爾蒙去蒸，都不會有這種效果。
>
> 身體想放鬆，妳應該好好按個摩。
>
> 陰道想放鬆，妳需要的是性高潮。[7]

不過派特洛的網站，就是比較潮，至少在特定族群的眼中是如此無誤。一位名叫蘿拉・胡珀・貝克（Laura Hooper Beck）的專業酸民為這些好哄騙的「派粉」做了一幅極傳神的文字速寫：「基本上，醫生叫我幹嘛，我抵死不從，但瘦巴巴又帶著超醜假髮的的金髮女星說我應該要把熱氣往自己的陰道裡灌，然後我全部的毛病就都會好了，包括我跟處不來的媽媽會和好，那我一定會深信不疑地身體力行，姊妹淘當然是什麼都知道，什麼問題都難不倒。」[8]

要拿草包一般的名人開刀容易得不得了，再加上我真的不習慣拿蒸氣還有陰道這兩件事情一直聊，所以我們就暫時放過派特洛跟她的保健建議一馬吧。但話說回來，這說明了網路對於專業之死有多大的影響力，主要是在以往，一個腦袋清醒的美國婦女得大費周章，才能知道好萊塢過氣女星是如何把自家的暖氣管線搞到「半熟」，但現在妳不論原本是在搜尋時尚或子宮頸癌等各式各樣的問題答案，都有可能一個不小心點入GOOP的網站，然後花了比跟醫師諮詢更長的時間在閱讀站上的文字。

名人濫用自身的光環來做一些亂七八糟的事情，這已經不是新聞，但網路確實也增強了名人亂搞的影響。金・凱瑞因為反疫苗而大放厥詞，我們可以說是這個螢幕笑匠原本就瘋瘋癲癲，但有些出身傳奇家族，照講家學淵源較好的的人物，也一樣不可倖免地被捲入了電子時代的狂歡派對而不可自拔。

二〇一五年，《紐約時報》專欄作家法蘭克・布魯尼（Frank Bruni）接到一通電話，電話另一端是小勞勃・甘迺迪（Robert F. Kennedy, Jr.）。小勞勃・甘迺迪的父親勞勃・甘迺迪參議員就是一九六三年遭槍擊的甘迺迪總統之弟，而當年有望參選美國總統的勞勃・甘迺迪自己也於一九六八年遇刺身亡。總之，小勞勃・甘迺迪說他有很重要的事要跟布魯尼面談。原來甘迺迪堅持布魯尼在疫苗問題上的報導有需要更正之處。就跟眾多的美國民眾一樣，甘迺迪也放不下基於錯誤認知而產生的疑慮。這群人總覺得疫苗會在美國的孩童之間引發「大屠殺」（甘迺迪這麼說）等級的事件（你可能也猜得到，布魯尼表示金・凱瑞「很顯然是小勞勃・甘迺迪的入室信徒」）。布魯尼後來回憶了跟小勞勃・甘迺迪的會面：「我選擇跟美國醫學協會（American Medical Association）、美國小兒科學會（American Academy of Pediatrics）、美國國家衛生研究院（National Institutes of Health）與美國疾病管制與預防中心（the Centers for Disease Control and Prevention）站在一起，（但）甘迺迪說他懂得比這些機構都多。」[9]

甘迺迪、金・凱瑞，乃至於他們身後的許多人，都做了許多美國人在這種處境下會做的事情：他們會先決定好自己要相信什麼，然後再去網路上找證據，也就是一個先射箭再畫靶的概念。按照布魯尼所說，「反疫苗的暴民總能在網上找到失意的學者或徒有其名的『研究』與他們看法一致。這就是網路空間的包山包海。你可以在網路上一路瀏覽，直到得到你原本已經設定好的結論。路，是人走出來的，而網路上的證據，是滑鼠點出來的。網站上找得到，對很多人來講就等於立論站得住腳。」

像這種在網路大草原上逐證據水草而居的過程，被很多素人誤認為就等於「研究」。而這種混淆與誤解，也讓素人跟專家或專業人士間的互動變得困難重重，而頭號戰犯依舊是確認偏誤：網路上固然不少故事都是瞎說或與事實大有出入，但只要十億個故事裡有一個是Google矇對而專家們不小心搞錯，那傳言就會如野火燎原。二〇一五年就有過一場悲劇是某英國少女在誤診後被醫生告知「別再上網查自己的症狀了」[10]。這名少女堅稱自己染上了一種少見的癌症，但醫生卻忽視了此一極低的可能性。事實證明少女是對的，醫生錯了，然後少女就死了。

這名英國少女的故事遭到大肆報導，而結果便是一個醫生凸槌的個案，會使得廣大的民眾寧信自己也不信醫師。當然，有更多人是因為自己上網查心臟不舒服，還以為自己只是消化不良，但因為這樣死掉的人可上不了頭條。但這些都沒有人關心，也沒有人想看，大家只想看「無助少女對抗一群醫師」這樣一個小蝦米力抗大鯨魚的故事。看著這樣位弱者「平反」的故事，眾人有如無底洞一般的確認偏誤就可以多少得到滿足，大夥兒對於知識體系的憤世嫉俗就可以有些根據，進而繼續自欺欺人地相信只要點一點滑鼠，所有的疑難雜症都將隨風而去。

曾經，我們至少有書本可以抵擋一下迷信的傳遞，因為書的製作需要時間，需要投資，需要發行人有所判斷。「這是我在書裡讀到的」這句話，曾經意味著「這多半不是胡說八道，因為一家出版社不會白花錢把錯誤的東西加上封面封底，然後大費周章地印刷付梓。」當然，這種說法也從來不是百分之百正確，過往的有些書籍確實是內容經過核實、經過同儕審閱，也經過了編輯的把關才出得了門，但也總有些書是信口開河，在風潮之上為出而出。

惟儘管如此，大出版社總還是有名聲要顧，他們總歸還是會遵循由作者、編輯、書評與發行人四方面構成的基本制衡，就如同各位正在閱讀的本書一般。相對於這些大出版社，有些人會為了滿足虛榮心而自行出版，這些書籍會較難得到書評與讀者的肯定，不是沒有原因的。但到了今天，網路就像是無數個超小型的自行出版點，所有人巴著個鍵盤就可以在上面暢所欲言。不論你想說的事情多蠢、多不堪入耳，都沒有人攔得住你。智庫「國家期刊」（National Journal）的朗・傅尼葉（Ron Fournier）說過在網路時代「人人都是發行人」。這些網路內容裡有一定量的智慧與資訊，但其比例還是脫離不了史特金定律。

說起來，上網真會讓人變笨。很多問題一無所知還好，上網查過以後反而更糟，主要是上網調查一番之後，很多人會自以為掌握了什麼，但其實他們只不過是把一大堆自己不明所以的資料揣在懷裡。會有這種情形，是因為很多人在經過一段時間的搜尋之後，會逐漸分不清哪些事自己只是瞥見過有個印象，哪些事又是自己**扎扎實實知悉**。

在螢幕上看到自是一回事，真的讀過跟理解又是另一回事。耶魯曾有一群實驗心理學者調查過網友，結果發現「上網搜尋的過程會讓人自認學識變淵博了，包括跟他們所查之事無關的主題，網友都會覺得自己所知變多了」。[11]這也算是一種鄧寧—克魯格效應，也就是程度愈差者，愈難在上網之際察覺自己其實什麼都沒有吸收進去。

一般人上網找資料，比方說查「化石燃料」，他們有很高的機率會遇到很多含有相關關鍵字的網頁，比方說「恐龍化石」。等累積了不少網站足跡之後，他們會產生一種錯覺，那就是他們會把剛剛看過的所有關乎化石燃料或恐龍化石的東西，通通當成自己上網查之前就知道的東西。他們會覺得自己天縱英才，所以才對恐龍或柴油懂這麼多。這很不幸，因為上了網就覺得自己變聰明，就等於被暴雨淋濕的人覺得自己很會游泳。

耶魯的研究團隊對這種狀況的描述非常客氣，學者們只說這是「把進口的知識誤認為是自產的知識」。不客氣一點，我會說一般人根本記不住自己飆車經過的幾十個網頁上都講了什麼東西。按照作家湯姆・賈克伯斯（Tom Jacobs）的觀察，上網搜尋一事「似乎會觸動人對自身學識一種不知哪兒來的自信——想到人的這種特性，再想到大家現在遇到任何事情都會本能地上網查找一番，我不禁感到一絲不寒而慄」。[12]

不寒而慄？可能有的人會，有人不會，但恐怕大家都會有的一種反應是：不舒服。這些由上網所導致的自我膨脹，會讓專家工作起來困難重重。對於覺得自己已因為上網一早上而打通任督二脈、知識內力大增數十載的人來說，你實在很難再給他什麼啟發。專家在跟素人討論事情時，只要聽到一句話就會熱血瞬間凍結，這句話就是：「我上網研究過了。」

不過我們也想問的是，上網的知識也是知識，就算是透過電子媒體的耳濡目染，網友還是應該能多多少少累積出一點基本的常識才是，怎麼可能網頁瀏覽了半天，最後剩下的卻少得可憐？這個問題其實不難回答：大部分人在網路上都只是**找**而已，他們並沒有在**讀**。

倫敦大學學院（University College of London）的一項研究發現，人在上網做研究的時候，其實不會真的去閱讀他們找到的文章。真實的狀況是他們只會看標題跟前面幾句，然後就得接著趕路了。學者們發現網民「不會在線上進行傳統意義上的**閱讀**，或者我們應該說閱讀二字似乎在網路上有了新的涵義，亦即網友會以『暴力瀏覽』的方式掃過書目、篇名、內容頁與摘要，然後『快篩』出他們覺得自己想要的東西。你幾乎可以想像成他們之所以上網，就是要避免進行傳統意義上的閱讀。」[13]或者我們可以說這根本就是一種「非閱讀」，乃至於跟閱讀正好背道而馳的另外一件事情。這種行為的目的不在學習，而在於在與人爭辯時取勝，或者是證明自己的成見為真。

兒童與年輕一代，特別容易養成這種壞習慣。至於其原因，倫敦大學學院的研究顯示這是因為年輕人「針對網路所建立的心靈地圖未臻健全，所以他們並不了解網路其實是多方內容提供者所相互串連出的資源彙總」，因此不太花時間在「認真評估資訊的好壞，包括資料與主題的相關性、資料本身的精確性，以及資料來源的權威性，他們都沒有很用心去考慮。」這些年輕人「覺得圖書館的資料不夠『直覺』，所以他們寧可投入Google或雅虎搜尋的懷抱」，理由是這些服務「提供的解決方案固然流於簡單，但卻讓人感覺熟悉且符合他們的研究需求。」教師與專家也不見得能免疫於這些搜尋引擎的誘惑。倫敦大學學院的研究表示：「暴力地瀏覽與檢視似乎已成主流。摘要閱讀在資深學者間的風行，似乎已讓這場爭鬥的勝負變得一清二楚。」

倫敦大學學院研究的作者們下了個結論：「社會正在集體變笨。」這個已經很嚴重的問題，可能比表面上看來更加駭人。網路使用者會很自然地對先跳出來的搜尋結果產生認同感，但大多人卻沒有在同時間思考過這些搜尋結果的出處究竟靠不靠得住。我們相信搜尋引擎，而搜尋引擎相信這些來源，賦予其這麼高的排名，所以我們沒理由不相信這些來源。就是因為這樣，所以網路上的內容提供者終日汲汲營營，都是想要提高自家產品在搜尋結果中跳出的次序：若賣的是湯品，你便會使盡渾身解數去大鬧網路，你的目標是讓人明明搜尋的是湯的食譜，卻會被莫名導引到你們家湯品的網路優惠券網頁。

但萬一你賣的東西不是湯這種無傷大雅之物呢？萬一你兜售的是政壇的候選人呢？「熱搜排名會多少左右民眾對於政治現實的認知」，這已經是有某些證據支持的推論了。二〇一四年，兩名心理學家完成了一筆他們取名「網路搜尋引擎對人的操控效應」之研究，他們宣稱其測試顯示搜尋引擎有能力「只靠一次搜尋，就讓認同特定候選人的選民比例增加百分之三十七到六十三不等」，並且這是「民主政府制度面臨的一大威脅」。[14]若僅憑這一項研究，就下定論說搜尋引擎會危及民主制度，或許太過武斷（我沒有說一定不會，只是不能就此拍板），但不能否認的是素人普遍分不清什麼是真金不怕火煉的確切資訊，什麼又是搜尋引擎打的一個飽嗝。

海量群眾的智慧

很顯然，即便不是專家，也不可能所有的事情都通通說錯，反之專家也不可能「百發百中」。總是會有時候好死不死，某件事情會被英國少女矇對而一整群醫生會診還搞錯。專家的存在不是不重要，但即便沒有教授、知識分子或各種萬事通的輔佐，一般老百姓的尋常日子也是天天得過，天天在過。網路只要使用得當，確實能幫助素人彼此聯繫來交換基本的資訊，畢竟專業諮詢都要錢，而且還不便宜。事實上網路就像股市等集眾人臆測跟直覺來處理複雜事務的機制一樣，當中都會時不時出現「許多臭皮匠，勝過一個諸葛亮」，也就是群眾比專家看得準的時候。

「以一大堆錯誤的猜測為原料，能鑄造出成一個正確的大方向」是一個確定存在的現象。很不幸的是大家覺得網路上可以集思廣益的這種想法，跟作家詹姆斯·索羅維基（James Surowiecki）非常合理的「群眾智慧」觀念有異曲同工之妙，只不過一般網友想像中的集思廣義，是建立在一個站不住腳的假設上，那就是群眾之所以能展現出智慧，是因為當中的每一個人都是智者。

有的時候，不專業的一群人會猜得比不專業的一個人準。最常見的情形，就是一堆人猜一件事情，會綜合出一個比單一專家意見更準確的結論。索羅維基為此說了一個故事。一九

○六年，在英格蘭的一次園遊會上，鄉民們被叫來猜猜某隻公牛的體重，結果眾人說出的數字取其平均值，竟然比個別參賽者的看法都準，事實上該平均值幾乎就是標準答案了。[15]同樣地，世界上主要的股價指數也不容易被單一的股市分析師給打敗。

群眾會比個人善於臆測，原因有很多，其中一項因素是由眾人亂槍打鳥所貢獻的大量猜測，會沖洗掉一定量的確認偏誤、誤解，以及其他的各種謬誤。眾人的集結也讓彼此可以補全各自資訊中的斷簡殘篇，這樣他們在思考問題時就會比較全面，這就像由上千人來組一副巨大的拼圖一樣，雖然每個人只能拼其中的一小塊，但還是可以很快拼出整幅圖來。

集眾人眼光而獲致的絕對客觀，還真曾經讓美國史上一位大名鼎鼎的記者丟過飯碗。二○○四年，正當美國總統選戰打得如火如荼之際，哥倫比亞廣播公司（CBS）的老牌主播丹·拉瑟（Dan Rather）與幾位製作人報導了現任總統小布希的服役紀錄。CBS宣稱掌握了一九七○年代初期的兵役紀錄可證明布希從空軍國民兵空軍的單位中擅離，沒有服完該服的兵役。小布希做為三軍統帥，當時已經帶領美軍參與了兩起大型戰事，至於他連任之路上的對手則是民主黨的約翰·凱瑞（John Kerry）。話說凱瑞除了是參議員，也是一位功績彪炳的戰爭英雄。在戰爭是一大主軸的這場選戰中，CBS的爆料自然有如晴天霹靂般不容小覷。

布希的支持者說CBS沒有善盡資料來源的查證義務，同時報導的內容也閃爍其詞且丟三落四。但到了最後，讓CBS的指控遭到推翻的還是一般的網友，而不是滿腔怒火的黨工。這些普通的網友壓根不懂新聞，但他們有大筆時間宅在電腦前，也因此他們留意到CBS文件的字體激似微軟文書軟體Word上面的內建字型。很顯然，一九七一年的空軍國民兵用的是打字機，不可能用微軟的產品，因為微軟當時根本還不存在。換句話說，CBS的文件只能是假，不可能為真。

面對這來自於網民的投訴與異議，CBS下令徹查。電視台最終與這些文件與這篇報導劃清了界線，節目的製作人遭到革職，到今天為止都覺得自己被眾人冤枉的丹·拉瑟則黯然退休並對老東家興訟，但這場官司他最終是打輸了。

所以到底誰需要專家？如果同樣一個問題有辦法問夠多次，或者我們有辦法讓足夠多的人去研究同一個主題，那是不是我們就應該多相信眾人的智慧，而不要去賭少數人或某些自封智者不會又判斷錯誤或存在偏見？就算一個人聰明，一百個人也肯定更聰明，十億人更肯定是聰明中的聰明。

就以熱中於維基百科的網民而言，他們認為比起專家說了算的大英百科，維基這種集思廣益的模式才有未來。理論上像維基這樣一個對所有人開放的公眾百科，確實應該可以在無數雙眼睛的審視下做到任何錯誤或偏見都無所遁形，因為網站上的每篇文章都會受到廣大好奇寶寶們的矚目，而不會被零星學者或少數編輯構成的小團體玩弄於股掌之間。維基百科的形式代表其條目會持續朝更接近事實的境界邁進，但同時其文章又不會是在堆砌有系統但無實用性的冷門知識，而是真正能引人入勝的資訊。

只可惜有夢最美，但現實不會讓人稱心如意。真相是，維基百科的例子正可以說明網路在想取代專業時會遇到的瓶頸。事實證明要猜公牛的體重，易，要寫出有程度的各式專業文，難，而且還難不只一點。話說固然不少熱血網友願意犧牲自己的閒暇去擔任維基百科的編輯，但他們當中也難免混入了一些白天也受僱於某公司（包括客戶是名人的公關公司）的人，而這些人很明顯見不得某些人在網路上被寫得太難聽、太不堪（另外維基的撰稿者裡十個有九個是男性，這點我想也會讓很多人跳腳，但想跳腳你也得先知道這內幕才行）。

就算來參與的人都是一片好意來貢獻一己之力，像維基這種群眾計畫也會凸顯出素人與專業人士間一個很重要但不常被注意到的差別，那就是志工是做興趣、做開心的，時間不一定，而專業人士則是天天都要出勤。興趣歸興趣，本業歸本業，這兩者不能混為一談。英國作家阿利斯帖爾·庫克（Alistair Cooke）有一句話是這麼說的：「誰能勉強自己在沒心情的時候把事情做到百分之百，誰就是專業。」所以說心血來潮才打個醬油的業餘者，不總是能有足夠的穩定性來取代專家的判斷。

維基一開始衝得挺快，但慢慢還是顯露出了疲態，而其弊病就包含資料品質不夠穩定，同時對錯也沒有第三者糾正。這樣看起來，維基跟學校的分組作業也沒什麼不同。一名研究這些趨勢的學者表示二〇〇七年是維基的分水嶺。維基做為「自由的百科全書」，其原本打出的旗號是「一本人人都可以編輯的百科全書」，但在二〇〇七年之後，這名學者認為維基更像是「一本人人只要懂規矩、社會化程度夠、閃得開半自動的機器拒絕之牆，最後還是想無償貢獻時間與精力的話，就都可以來編輯的百科全書」。[16]

主要是到了後期，維基實施了較為嚴格的編輯管控，但這些管控在強化了品質之餘，也嚇退了許多想加入的新血。二〇一三年，《麻省理工科技評論》（*MIT Technology Review*）裡有一篇文章提到讓維基從無到有、且「必須由其來抵禦惡意破壞、詐騙與人為操控的」志工大軍規模，已經「自二〇〇七年以來縮水了超過三分之一，而且人數還持續在流失當中」。同時即便以維基自己的標準去評斷，他們的文章也都還陷於品質不良的危機：

在各種看不到解決之道的嚴峻問題當中，其中一項是維基的內容覆蓋顯著失衡：維基在與寶可夢（也就是口袋怪獸或神奇寶貝）跟A片女性相關的詞條上包山包海，但對於女性小說作家或非洲撒哈拉以南的介紹則相當含糊。稱得上權威的條目如鳳毛麟角。在維基本身志工點名是優質百科全書必須顧好的一千篇文章中，維基大部分都拿不到自己給的中等品質分數。[17]

維基上確實有標星號的「精選文章」號稱文筆好、內容廣，且經過仔細研究。精選文章內會包含「詳細且具代表性的文獻回顧」，且當中的主張都經由「高品質的可靠來源」加以核對過。

換句話說，維基真心希望自己站上的明星文章，能夠全部都是像是經過同儕審查過的學術論文——唯一的差別就是維基的創作者與審核者不是同儕。不論在任何狀態下，同儕審查都是隻很難馴服的野獸，因為編輯必須一方面把內容的監察權交給特定領域的頂尖強者，但同時又得避免專業上的瑜亮之爭或其他的利益衝突發生。要把這個審查的過程應用在維基這樣一個有數百萬人參與，但這些人的書寫又幾乎都沒人審查的百科計畫之上，本身就是一個不切實際的理想。維基百科要能玩得下去，前提是世界上各領域的佼佼者得閒著沒事做，二十四小時像保母一樣盯著每一篇文章。

當然如果以讀者量來看的話，維基表現不差。而且在特定的主題上，維基其實是相當稱職的資訊來源。一如前述麻省理工的文章裡所言，維基的條目朝「技術性、西方與男性感興趣的主題」傾斜，所以若遇到所需要的資訊很具體，特別是沒有爭議的時候，維基就可以很成功地彙整大量的資訊，並以可靠而穩定的格式呈現出來（我個人很愛上維基查電影的劇情大綱，再怎麼沒沒無名或小資的電影，上頭都找得到）。你要是想知道誰發現了元素鍶、誰參與了一九二五年的華盛頓海軍會議（Washington Naval Conference），或是想簡單了解一下去年的諾貝爾獎，維基百科都會樂勝去搜尋引擎上亂查。

但一旦事情牽扯到任何一絲政治立場，事情就會變得比較難以想像。像維基百科中關於沙林毒氣這種化武的條目，就是兩派立場角力的戰場，主要是一邊認為敘利亞政府用了這種物質去對付自身的百姓，而另一邊則認為沒有或不是那麼回事。政治力一介入，就連基本的科學都難以倖免於難。駐倫敦的分析師丹・卡斯齊塔，也就是上一章那位好心反被大學生嗆的沙林專家，他曾於二〇一五年底對我這麼說過：

> 要是有想了解沙林化武的人把如今的維基百科當真，他們只會被似是而非或模稜兩可的說法誤導，連維基自己列在下方的出處都不支持上面寫的東西。維基頁面上的資訊，有一部分在技術上不能說是錯，但是其行文卻採用了非常容易使人誤會的措辭。當然也有些說法不是表達的問題，而是根本就錯到底。

卡斯齊塔接著說到他「在二〇一三年敘利亞使用了沙林毒劑之後，就花了許多時間在糾正眾人對沙林的誤解，而會有這麼多人對沙林毒劑的認知有誤，無疑地有不低比例的責任得算在維基百科的頭上，其頁面上有許多內容與事實不符或語焉不詳」。

大夥兒對於維基百科乃至於各種線上資源的誤解，以及對於群眾智慧這件事整體的誤解，都可以歸結成一點，那就是知識不等於把一堆雜七雜八的人事時地物湊在一個箱子裡，也並非是丟硬幣在猜結果，這些都不叫知識。事實並非不證自明。像維基百科這樣的資料來源，其價值在於做為基本資訊的供應平台，而且還是個與時俱進，可以像年鑑般持續更新的平台。但如果是需要分析的、複雜的議題，維基百科就使不太上力了。

群眾不是不能有智慧、有見地，但也不是什麼事情都可以拿來投票決定。網路給人的一種錯覺是多數人的意見就形同某種「事實」。釐清病毒如何人傳人是一回事情，猜玻璃罐能裝多少雷根糖又是另外一回事，這兩件事不在一個層次上。一如脫口秀主持人約翰・奧立佛（John Oliver）所抱怨過的，若是事實，就不需要意見的烘托：「你要不要辦個民調問問：『數字五比較大，還是十五比較大？』，還是『世界上有沒有貓頭鷹這種動物？』，或是『帽子是真有其物還是異端邪說？』」

同樣的道理，公共政策不是年夜飯後的餘興遊戲，大家來比直覺或運氣。公共政策如十年樹木、百年樹人一般，是需要從長計議且足以影響後世的決定，我們必須要把各種可能性的利弊得失並陳來細細思量。動員群眾來射飛鏢或亂槍打鳥，對處於深水區的政策抉擇難有大用。「敘利亞的強人阿薩德會不會在二〇一三年使用化武對付反抗勢力？」是一筆五十五十的博弈，這就跟去拉斯維加斯賭輪盤一樣，壓紅色或黑色的贏錢機率各半。這也是一道是非題，時間到了你要嘛對，要嘛錯。這跟「阿薩德動用化武的動機或想法**為何**？」不是同一種問題，也跟「阿薩德若不擇手段用了化武，美國該如何**應對**？」的難題天差地遠。但在網路上，這些區別不會有人在意，再怎麼盤根錯節的申論題，都會被簡化成按鈕民調上的選項ABCD。

不論再怎麼艱澀的議題，網路上人人都能隨口評論兩句，甚至時不時還會瞎貓遇到死耗子，看得比專家還準。而這也讓素人在抗拒專家看法時，顯得更加理直氣壯。

我刪你好友喔

學習新事物需要耐心，還需要懂得傾聽。但網路與社群媒體卻適得其反地讓我們忘記了如何與人建立友誼，反而老是像在挑釁似地酸來酸去。不論在網路上，還是在現實生活中，我們都開始集結在一個個的同溫層泡泡裡，只跟對話有如山谷回聲般的朋友交談。作者比爾．畢夏普（Bill Bishop）在二〇〇八年的一本書中稱此為「大揀選」（the big sort）。他指出美國人現在在生活中、工作上與人際關係上，都會選擇與跟自己頻率相近者亦步亦趨。網路上自然也是同樣的情形。

我們不僅僅是只與跟我們想法近似的人相濡以沫，我們還會主動出擊與跟我們看法相左的人各奔西東，這一點在社群媒體上趨勢特別清晰。二〇一四年，智庫皮尤研究中心（Pew）的一項研究發現，比起保守派，自由派人士更易於封鎖與自己看法不同者，甚至會刪除他們好友，但這主要是因為保守派的朋友圈原本就比較小，所以能再與他們意見不同並被封鎖或刪好友者，本來就沒那麼多人（或者如《華盛頓郵報》對此研究的評論中所言，保守派「的網路生態圈較不具備意識形態多元」）。[18]在現實生活中，自由派也相對比較可能與政治立場不同的友人絕交，但整體的趨勢依舊是輕輕一點就能分道揚鑣的網路科技，促成了意識形態的涇渭分明與分庭抗禮，不同於面對面至少還「見面三分情」。

這種不願意傾聽他人意見的心態，不僅讓人與人的關係緊張，同時也讓我們流失了思考的能力、論辯的能力，以及承認錯誤、接受指正的能力。一旦推理能力只剩下幾次滑鼠按鍵的長度，我們的觀念與想法便會連一根頭髮都容不下。這將會形成一種很危險的景況，因為這不僅代表知識與專業的社會地位會下降，同時民主社會相互包容的雅量也會遭到斲傷。

在這許多的不耐與憤怒底下，藏著的是一種扭曲的平等觀，一種社群媒體普及造成的平等主義幻覺。你有推特帳號跟臉書專頁，我也有，所以你也沒有比我了不起，我們之間沒有差別，不是嗎？說來說去，不論你是一家大報社的王牌記者、哈佛甘迺迪學院出身的外交官、研究中心級院所的醫生兼學者，還是你遠在內華達州雷諾市的二嬸蘿絲，人人都可以在網路上有一席之地，大家的意見都一樣在成串的留言中稍縱即逝，所以說你的說法也不會比我的高明。

在社群媒體的時代裡，我們會誤以為來到了網上，大家的立足點都一樣，所以我們的智商與知識量都在一個檔次上。對於這個現象，《紐約時報》影評艾奧·史考特（A. O. Scott）是這麼說的：

網路上人人都是評論家。美食評論網Yelp的犀利食記作家、亞馬遜網站贊助的學者，以及在社群媒體上被賦予勇氣、敢按讚也敢分享的啦啦隊員，大家都是評論員。像我這種搖筆桿的賤民若說曾有過什麼樣雷聲大雨點小、令人非常懷疑是否存在的權威，也早就被網路上的無政府狀態給剷平了。超貼心的演算法就能根據你的購買紀錄告訴你你可能會喜歡什麼了，誰還需要像我這種看什麼都不順眼的囉唆影評告訴你哪部作品值得去看，更別說你不論做了什麼選擇，臉友大軍都會跳出來替你按讚。[19]

社群媒體的匿名性質，讓使用者會忍不住想自抬身價去攻擊別人，因為背景與學歷的差距在網路上一整個蕩然無存。這種高姿態，很少人會在現實生活中如法炮製。但在網路上，這種路過的張三李四都能自視甚高，都能對人指指點點的自戀態度，會覆蓋掉平日通行於當面互動的準則。

網路上這種這種既疏遠（明明素昧平生或隔得老遠）、又親密（但又罵你罵得好像是你的誰一樣）的矛盾組合，會毒害人與人的言語交流。合理的意見表達，需要對話雙方能夠敞開心胸而且懷抱善意，而近距離的身體接觸有助於建立互信與同理心。人並非只是養在魚缸裡的大腦，只要輸入資料就可以分析出事理，我們能夠理解彼此的對話，至少有一部分靠的是視覺與聽覺的各式蛛絲馬跡，這絕對不是在螢幕上爬文可以產生的效果。我想我這麼說，當老師的人應該很有感，因為同樣的教材你用遠距的方式去教，跟你當著學生的面去教，成效就是不一樣。當著老師的面，學生可以發問、可以皺眉、可以露出恍然大悟的表情，這些都是老師判斷學生吸收狀況的指標。

距離跟匿名性讓人失去了耐性跟預設的善意。資訊的唾手可得與在網路上可以自顧自發言、不用等對方把話說完的特性，再加上鍵盤在手給人莫名的勇氣，可以敲打出當面說不出口的話語，這些全部都成了老派對話的殺手。一如作家安德魯・蘇利文（Andrew Sullivan）所說，這現象有部分肇因於網路的一個特點，那就是網路上的一切都沒有決定性的證據力，所以每個參與論辯的人都會極力主張自己所言非虛。

> 我們現在看到的光景，正是開國先賢們擔心民主社會中會發生的現象：感覺、感情用事與自戀，取代了理性、經驗主義與公益精神。網上的辯論淪為人與人之間的口舌之爭，幾乎一開始就注定了不可能對事不對人，所以也不可能產生什麼結論。理性的論點偶爾會在兩造交鋒中如流星劃過，也許，但網路上極少有能夠一言九鼎的權威能拍板論

定哪些論點符合真實，哪些論點可以成立，又哪些論點有切中主題。[20]

推特、臉書與號稱美國批踢踢的Reddit，乃至於其他五花八門的網站或論壇，都不是不能成為字字珠璣的討論或發表平台，惟我們更常看見的是主觀、成見、錯誤資訊與人身攻擊形成火網，讓這些網路論壇成了語言大亂鬥的殺戮戰場，什麼理性交流根本是癡人說夢。說實話，網路也不是一無是處，畢竟有些組合要不是靠著網路，可能一輩子也不可能說上半句話。內向的人會說像Reddit或網路留言區等地方，給以往跨不出第一步去參與公眾討論的人開了扇窗。但很可惜的是讓人人都有機會表達意見，就等於幾乎所有人**都會**上去表達意見，公共論壇就這樣變成了菜市場。也就是因為這樣，所以含《多倫多太陽報》（*Toronto Sun*）與《每日野獸報》（*Daily Beast*）在內的不少出版單位都不得不關閉了他們的網路留言區。

論壇或留言區的互動，都沒怎麼能讓素人掙脫錯誤資訊的桎梏。事實上，這個問題可能比我們想得還嚴重。遇到鐵證如山繞不過去的時候，有些人的反應不是坦承錯誤，而是加碼堅持自己原始的主張。這是種適得其反的狀況，這種人會為了顧全顏面而變本加厲把故事「圓」起來，而不會因為反證擺在眼前而猶豫不決。他們會破釜沉舟地去死守最後的灘頭堡。[21]一如大衛·鄧寧所說，網路會在各個方面使這個問題變得尖銳，包括有時為了凸顯某種說法有多不合理，我們必須要一而再、再而三地在討論過程中重複對方的說法，而這其實是為教師或專家埋設了一個地雷區，因為你每複述對方的愚笨說法一遍，對方就可能覺得自己的說法果然存在，進而讓確認偏誤的效果得到強化：

> 然後，當然，在出了教室之後，錯誤資訊四處流竄的問題就更難以控制了——我說的是網路與新興媒體。在這兩種有如西部墾荒地界之上，我們聰明的話就不該動輒或隨意在此複述任何常見的錯誤觀念。逢人便說歐巴馬不是穆斯林，並不能改變許多人的想法，因為他們往往只會記得歐巴馬跟穆斯林出現在同一句話裡頭，但就是不會記得兩個名詞中間有個修飾語叫做「不是」。[22]

面對這種冥頑不靈的無知，不願袖手旁觀的專家可能覺得自己多少有幫上點忙，但其實他們的策略就像是提油救火，或者應該說是用水去救油所引起的火災，上過消防課的人就知道，油性的火災要用粉去救才有用，油水混不在一起，所以潑水上去只是讓火勢蔓延得更廣而已。

網路是人類有史以來最大規模的匿名媒體。網路上可以跨越時空與人對話（罵）的特性，以及上頭那種廉價的平等主義，正在從根腐蝕人與人之間的尊重與互信，包括專家與百姓。獨自宅在鍵盤面前，螢幕上有瀏覽不盡的網站、新聞、網路團體，任何一種觀念都可以找到人背書。所以說美國的幾億人口，每個人的政治偏見或錯誤認知，都不用怕找不到歸宿。以臉書為首的社群媒體出口，強化了網路做為回聲筒的效果，這點一如梅根・麥克艾朵在二〇一六年所說：「即便我們不刻意去封鎖與我們意見相左的傢伙，臉書也會自動當起我們的資訊管家，讓我們眼前盡量出現自己按過讚的內容。而我們按讚的都是什麼樣的人或貼文呢？自然是那些跟我們意見相同的啦。」[23]

這種狀況真的會讓人看得捏一把冷汗，因為如今臉書跟推特已經成了眾多美國人主要的新聞與資訊來源，而想要打破這種壟斷、突破這些多元意見絕緣體、讓自我感覺良好者放下無知的專家們，我只能說他們是勇者，祝他們好運。想要讓一個人承認錯誤，就已經是很困難的事了，你能想像這個人還拿著雞毛當令箭，把五光十色的網站內容當成證據，外加有整群不知名的網路社群同志在背後給他堅定的支持與鼓勵嗎？相對之下，堅持資料來源必須符合邏輯、常識與各種基本原理的學者與專業人士，則必須承擔被二十一世紀網友們謾罵與譴責的風險，他們會被網友說成是不食人間煙火，看不懂網路時代奇蹟的傲慢菁英。

網站與網路的民意調查或許靠不住，但記者仍可以選擇不要被捲入網路謠傳的渦流當中，盡責地挖掘出真相。新聞從業人員仍可以是這一片亂象當中的清流與標竿，他們可以善用的利器包括主動調查，包括各種資料來源，也包括取得資料後對事實的查證。

這種期待能得償所望還是大失所望，且聽我第五章繼續講。

第五章 多到不像話的「新」新新聞

查理：老媽啊，你怎麼會把《世界新聞週刊》說成是「報紙」啊，那算八卦小報吧，正牌的報紙可是要報導事實的才算。

梅：這份報紙有報導事實啊。而且人家還是全球流通量第八大的報紙呢，是吧？裡頭貨真價實的新聞可多了，你看看這邊說「男人懷孕產下孩子」，這不就是事實。

——電影《蜜月危險期》（*So I Married an Axe Murderer*）

報紙上是這麼說的

你知道巧克力可以幫你減肥嗎？你肯定知道，是吧？你應該有在報紙上看到過吧。事實上，登過這種報導的報紙不只一家，所以你可能在好些個地方都看過。所以那些跟你說的、跟報紙不一樣的專家，其中還有一個是醫生，真的統統太可惡了，統統去死好了。不過這也說得通，畢竟巧克力好吃成這樣，要是有減重的神奇效果，那簡直是太爽了，而專家的工作就是不想讓我們好過，他們就是會把這種好消息「暗坎」起來。還好天理昭彰，科學界的良心還沒有完全泯滅。憑藉著德國飲食與健康研究所約翰納斯・波翰農（Johannes Bohannon）發表在專業期刊上的論文，接著又輾轉登在了各國的報紙上，我們才知道原來他已經證明了我們一直懷疑的事情是真的：巧克力真的是有百利而無一害的完美食物。

這一且看似都很美好，就是有個小問題，那就是約翰納斯・波翰農不是真人，或者應該說世界上根本沒有人真的叫這個名字。喔，還有德國飲食與健康研究所也是假的。讓這篇論文得以發表的期刊是真的，但很顯然這本期刊不是很仔細在進行同儕審查與內容編輯。「約翰納斯」・波翰農也算是真有其人，但是其本尊是一個名叫約翰・波翰農（John Bohannon）的記者，他自陳他是「一群怪咖記者加一名醫生組成的團隊一員」，他們湊在一起，是想「證明用爛科學去狸貓換太子，讓其成為報紙頭條去鼓動飲食風潮有多麼容易。」[1]

所以真相是，巧克力不會讓你變瘦。但你知道嗎？約旦河西岸與加薩走廊，也就是同樣被以色列占據的左右兩個巴勒斯坦地區，中間有一條橋連著，而以色列人偶爾會很惡劣地限制巴勒斯坦的車流進出。這也是你可能在報紙裡讀到過的一則「新聞」。二〇一四年，標榜專門把複雜問題解釋給人聽的網路媒體Vox列了張表，標題是「看懂以色列與加薩走廊危機的十一個重點」，其中第一點就提到了這條連接加薩與約旦河西岸的橋梁。

根本沒有這麼一條橋，好嗎？

Vox更正了這條誤報——撰稿的記者宣稱他讀過一篇文章說有要蓋這麼一座橋的計畫，但他沒想到這計畫並沒有付諸實行。但Vox認錯還是晚了，因為輿論都已經已經把Vox這個冤大頭給笑翻了。作家莫莉・海明威（Mollie Hemingway）表示記者難免出錯，也少有記者可以博學到樣樣都通，但「加薩大橋」的烏龍之處不在於「名字搞錯，或是不知道某個陳年的典故或細節」，而在於「寫稿的人根本對中東地區的局勢一竅不通」。[2] 話說每次看到更正啟事這種東西，我們就不免會擔心起有多少人看過原本的烏龍報導，他們要是沒看到這則更正又當如何？

Vox被炮轟是家常便飯，而且他們被罵得都不冤枉。二〇一六年初，Vox上過一個標題是「美國黑豹黨做過最激進的事情只是送早餐給孩子」的新聞。標題裡的黑豹黨是組成於一九六〇年代晚期的一個激進團體。集黑人民族主義與馬列思想於一身的黑豹黨曾涉入多起暴力與殺人案件，包括不只一回與警方駁火。這些人可不是在日托中心上班的暖男大哥哥。Vox的報導引發了《每日野獸報》的專欄作家麥可・莫伊尼翰（Michael Moynihan）在推特上酸說：「你記得以往想當『小老師』的作家會先做好功課，了解一下自己要解釋什麼東西嗎？真巧，我也不記得有過這種事耶。」

所以我再重申一遍，巧克力吃了不會神奇變瘦，加薩跟約旦河西岸之間也沒有橋可過，黑豹黨則可能比我們記得的還要再兇狠一點。不過有件事情你可能不清楚，那就是復活節對於基督徒的真正意義。在復活節這天，基督徒會紀念耶穌基督的復生與**直接**重返天堂，至少《紐約時報》二〇一三年是這麼說的。但講到復活節，福音派的基督徒認為耶穌復活後有先四處稍微走一遭。地方上的牧師每逢春天，對教區民眾講的也多半是這個版本。那些神職人員或許不笨，當中甚至不乏有人拿了神學院的學位，但誰准他們與《紐約時報》爭個你錯我對了？

全球的基督徒起碼十億人，而這個錯誤竟神奇地很少有人抓出。最後《紐約時報》默默地登了一個搞不好是世界報紙史上最低調的一則更正啟事：「本篇文章於稍早的版本中，對基督教的復活節有若干誤解。復活節乃歡慶耶穌從死裡復活，而不是慶祝他復歸天堂。」[3]這樣改口之後，紐約時報的立場算是與事實相符多了，但第一次會搞錯，就代表報社裡有人完全沒聽過耶穌的門徒中有個「懷疑的多馬」（Doubting Thomas）非要見到耶穌本人，才願意相信祂活過來了，而這只是通俗文化中關於耶穌回天堂前曾先「微服」散個步的其中一個典故。想知道耶穌沒有搭直達電梯回到天際在地上走來走去時都做了什麼，請參閱聖經的新約全書。

如果說要不斷更新程式來對付這些假消息病毒讓你覺得很辛苦，那你可以當消遣去讀一讀一些雅致的文學，比方說伊芙琳・沃（Evelyn Waugh）的小說。畢竟《時代》雜誌將其選為史上最佳的一百位女性小說家，想來必然是字字珠璣，頗有可讀之處。

艾芙琳的小說我想應該不差，不過一九六六年辭世的她其實是個他。《時代》大讚的伊芙琳，其實應該寫作伊夫林，人家不是小姐，是先生。

像這類讓人噴飯的失誤，不只是網路時代的特產。像《華盛頓郵報》的頭版就曾在三十餘年前刊登過一則新聞，裡頭稱愛爾蘭是北大西洋公約組織的成員國，但這麼說不僅讓以中立聞名於世的愛爾蘭朋友嚇了一大跳，同時也讓冷戰中的美蘇兩強不知道該說什麼好。是人都會犯錯，包括專家、記者、編輯與校對也不例外，他們都是人，所以這些烏龍都一定會發生。

但很不幸的是，這些錯誤在二十一世紀的「新」新聞界裡也發生得太頻繁了一些。更糟糕的是，因為網路的出現，錯誤資訊不但擴散得比從前快很多，而且駐足的時間也比從前久很多。在資訊爆炸，新聞二十四小時放送，動不動還來個現場直播的今天，新聞與專業的關係已經變得亦敵亦友，有時候新聞可以替專業擋刀，但有時候新聞自己就是那把刀。

我知道在網路時代抱怨新聞來得太多太快，好像有點不知好歹，但我不得不扮黑臉來唸個兩句。新聞界的變遷，就像網路的普及與大學學歷的下放一般，都對素人與專家的關係產生了令人始料未及的負面副作用。不要說讓人變得更了解世道了，現在一堆山寨新聞不要讓素人乃至於專家更混亂、更暴躁就不錯了。

專家面對的是個很難纏的挑戰：新聞的量變多了，但民眾似乎卻更無知，而且這股逆流算起來，也至少已經發生二十五年了。更弔詭的是，這個趨勢不但沒有因為資訊日益發達而消退，反而還比之前更加惡化。現代人與其說對周遭環境所知貧乏，不如說他們根本對這個世界興趣缺缺，如此一來即便身邊有再多資訊，他們也懶得取一瓢飲。

回頭看離現在已有些年代的一九九〇年，當時由皮尤慈善信託基金會（Pew Trust）所進行的一份研究就對民眾對重大公共議題的漠不關心提出了警告，在三十歲以下的年齡層中看得尤為清晰，但二十幾歲的人明明應該最樂於接觸含有線電視與電子媒體在內的新興資訊來源。這是美國公民社會一個重大的異變，而皮尤研究對此持以下的論點：

> 過去五十年間，年輕族群對社會脈動的掌握大致上至少不輸中壯年或長輩。但到了一九九〇年，我們對社會大勢已經無法作如是觀……同樣是未足三十歲的社會成員，如今的年輕人硬是比從前的年輕人要欠缺常識。他們對於大千世界裡所發生的一切，與味大不如前。長期以來社會學者與民意調查專家都知道年輕人對於政治與嚴肅的議題冷感，惟他們與理想值的差距似乎愈拉愈開。[4]

當年受訪的三十歲以下年輕人，現在也已邁入中年了，而他們的下一代也沒有比爸媽當年的表現好些。二〇一一年一份由芝加哥大學進行的研究發現美國大學畢業生「四年在學期間，在批判性思考與複雜推理上的進步有如牛步」，且更令人憂心的是他們「也未能發展出公民參與的精神」。[5]跟他們的父母親一樣，這些千禧世代的年輕人不僅達不到外界對於他們常識水準的期待，同時僅有的一點點知識也不願意拿出來應用在公民責任的實踐上。

由此當素人對於專家打出「我在報紙上讀到過」或「電視新聞上有報」的這兩張牌時，意義其實真的不大。因為這些資訊看似出身自煞有介事的電視台或報紙，但其實根本不是那麼回事，那些電視跟報紙都只是門面好看而已。所以很有可能「報紙上有寫」跟「電視上有報」只等於「我從某個自己偏愛的來源處得知一種說法，而該來源說了些我覺得很中聽的東西」。這樣的大絕一出，理性討論就進行不下去了，因為專家會開始抽絲剝繭地研究起究竟是什麼樣的假資訊引發了這場討論，而原本該討論的議題會就被埋沒掉或佚失掉了。

事情怎麼會搞成這樣呢？在這個天天被事實與知識轟炸的時代，我們怎麼會比以往更加抗拒知識的吸收呢？以新聞界的立場來看（其實從現代很多其他產業的立場來看也適用），簡單的回答就是科技與資本主義組成了搭檔之後，開始按市場需求做起資訊的生意。由此我們需要資訊的時候，科技提供我們資訊；我們不需要資訊的時候，科技也照樣把資訊塞給我們。

我知道批評新聞界與現代媒體是冒大不韙，我不小心就會牴觸了專家之間的「行規」：不論在任何狀況下，都不要撈過界去跟別的專家說他們該怎麼做。我自然不是新聞學或新聞實務的專家，但我總還是新聞的消費者。在教學與政策分析的崗位上，我的專業也得仰賴新聞才能進行。與素人溝通複雜事件與觀念時所面臨的障礙，是每位專家的日常，我自然也都得找出一道道方法跨過這些障礙。從某些角度上來說，現代媒體讓我的工作比二十年前更困難了，我要付出更多心血，才能讓人理解這個複雜的世界。

吞多嚼不爛

現代新聞對專業與知識體系所構成的挑戰，都源自於擾亂美國生活各個層面的同一個問題：過猶不及。

二十一世紀，是人類歷史上新聞來源最多最雜的一個世紀。靠著廣播、電視與網路，我們輕輕鬆鬆就可以取得資訊，並靠著電子產品與人分享；憑藉義務教育的普及，我們比前人更有能力閱讀資訊、討論資訊。這是一場資訊的盛宴，而資訊做為主菜，旁邊還加了無數碟小菜。既然可以吃得這麼飽，民眾為何還是感覺腦袋空空，為何還是對專家意見有接受障礙呢？我們不是都把東西剁好、煮好，放到他們面前了嗎？這些疑問的答案就是：資訊的「出菜量」太多了，而且這些菜都加了太多名為「娛樂」的色素與香精。

今天只要是有拉電線的地方，資訊都是一個多到爆炸。如果用吃到飽來形容的話，那就像食物飽到喉嚨的感覺一樣，基本上人只要還有知覺，資訊就會一擁而上將你團團圍住，讓你無處可以躲藏。美國大多數的報紙與地方電視台都會即時在線上更新新聞，而且更新的頻率還相當之高。消費者只要能收看衛星電視或有線電視——也就是已開發國家裡的幾乎所有人——都可以自由選擇全球數十台的新聞播報來觀賞。不論你有什麼樣的偏好，還是抱持什麼樣的政治立場，電視上都有專門為你量身訂做的新聞頻道。新聞與娛樂之間被刻意模糊了界線，動機當然就是收視率與點擊率。

要知道現在的狀況有多誇張，大家可以比較一下在一九六〇年，美國平均家庭可收看的電視台數才三台，外加八個廣播電台、一家報紙，還有三到四本雜誌——一家大小所有的資訊來源就這樣，沒了。[6]場景拉到二〇一四年，從事收視率調查的尼爾森公司估計美國平均家庭的電視台頻道數是一百八十九個（比二〇〇八年多了六十個），其中消費者常態性收看的有大約十七個。此外根據二〇一五年聖地牙哥超級電腦中心（San Diego Supercomputer Center）一名研究員所進行的調查，每人每天經由行動裝置與家用電腦所收到的媒體資訊量，可以燒成九張DVD光碟。這麼多資訊，一個人要超過十五個小時才看或聽得完，而一天也不過才二十四小時。[7]

但吃到飽通常比不過單點，**量多並不等於質優**（史特金定律真的是一張天羅地網）。要說美國公民比從前有更多的資訊來源，就像說美國人外食的選項變多了一樣：這麼說並沒有錯，餐飲業者確實變多了，但這並不表示美國人就因此吃得比爸媽或阿公阿嬤那一輩健康。

事實可能剛好相反，因為那些價錢可能便宜一點，但東西又油又鹹的連鎖店或速食店，現在在美國有將近三十萬家。

從二十世紀末到二十一世紀初，富裕與科技降低了新聞報導與媒體創業的門檻，而這造成的後果可想而知。媒體家數愈多，競爭就愈多；競爭愈多，沿政治傾向與年齡層切割的利基與分眾就愈多；而分眾或小眾的媒體愈多，記者的需求量就愈大。記者的需求量愈大，聘人就愈顧不上應徵者報導重大新聞的才能。這些競爭，都是出於自美國消費者的要求，他們就是每件事都希望能更快速、更簡單、更賞心悅目、更趣味盎然。

四十年前，媒體曾比較不好意思昧著良心不把新聞跟其他東西加以區分。但那也意味著當時的「新聞」完成度較低，比較不能反映世界的全貌，基本上算是經過縝密整理與編輯過的資訊流。新聞網與新聞台的數量不多，加上電視新聞的播出時間相對非常短，所以早年民眾透過新聞所看到的世界，其實是新聞網母公司所看到的世界。各家新聞機構都必須要在有限的時間窗口中觸及到最多觀眾，而且消費力愈強的年齡層愈重要，於是乎一九六〇與一九七〇年代的美國新聞都長得非常像，每一台都是找來像華特・克隆凱（Walter Cronkite）與哈利・瑞森納（Harry Reasoner）這種四平八穩又權威的主播來播各種新聞，連一堆壞消息都報得威風凜凜而冷靜中立。

惟這也就代表新聞中播的不全都是真正的「新聞」。一九八〇年代之前，企業經營者與社會菁英對新聞有較強的控制力——而這不全然是件壞事。當每家新聞網都只有三十分鐘可以掌握一整天的天下大事時，美蘇限武條約會比名人離異得到更大的報導篇幅。除非發生了什麼讓人緋緊神經的「特別報導」需要告知全國，否則一般節目的進行中很少會有新聞插播，而會有這些特別報導，往往都是因為發生了什麼大災難。世界一隅若發生了什麼要緊的事情，美國人都只能乖乖等（我七〇年代初期也很自豪地做過的）報童把報紙送來，或是等晚間新聞報導，才能知道究竟是怎麼回事情。

現在的新聞不僅量比較多，而且互動性也強。美國人早就不再只乖乖地看編輯排好版的報紙專欄，也不會被動地坐在電視機前觀看新聞的重點。現在的觀眾會不斷應邀對媒體所提供的新聞表達意見，而且經常是即時為之。推特與臉書是新一代的新聞跑馬燈，網友口耳相傳所匯集成的資訊流，讓消息不分新聞或謠言都能在短時間內傳得沸沸揚揚。脫口秀與新聞這兩種愈來愈難分清楚的節目，都已經很習於要求觀眾透過社群媒體或網站民調來參與意見表達，製作單位很顯然認定觀眾一邊看電視，一邊身旁就擺著手機、平板或筆電。

這種互動性也引導了新聞的選擇，而這恐怕會讓人懷念起當年編輯台由企業高層掌控的歲月。二〇一五年，《達拉斯晨報》（*Dallas Morning News*）要聘新的總編輯，當時他們招手的對象是麥克・威爾森（Mike Wilson）這位出身五三八（FiveThirtyEight）新聞網站＊的網路記者。麥可・威爾森最專門的，不是設定新聞跟跑新聞，而是「參考客觀數據」來選擇新聞。「我覺得我們應該要拋開舊觀念，不要自以為知道讀者需要什麼」，威爾森在應聘之後如是說。

> 我們勢必要對閱聽人想要的東西更敏感一點。我覺得報業一向以來的傳統是由報社來設定議題，由我們來決定該讓讀者知道什麼事情。我覺得我們應該要從那神壇上走下來一點，多發問，多把讀者拉進對話裡互動。[8]

嫌《達拉斯晨報》小，沒關係，大間的報社也與他們英雄所見略同。「你怎麼可以說自己不在乎客人的想法呢？」二〇一五年，主掌《華爾街日報》網路新聞部門的艾倫・莫瑞（Alan Murray）是這麼說的。「我們很在意讀者的想法，但讀者也很在意我們編輯台的想法，所以我們一直以來所努力的，就是要在這兩者當中取得平衡。」[9]

記者與編輯信誓旦旦，他們說新聞的挑選不會完全落入民眾的股掌之中，但這話真的很難令人信服。二〇一〇年，《紐約時報》的一篇報導先是描述了《華盛頓郵報》等報紙是如何在嚴密監控其網站流量，然後又當起大好人，把話說得很漂亮：「有人擔心新聞的判斷會遭到扭曲，編輯群會出賣專業去迎合讀者的低俗興趣，但目前看來，科技的出現似乎只是給了新聞從業人員一把手術刀，讓他們得以更精準地訴求到網路讀者的新聞需求。」[10]該篇報導大讚《華盛頓郵報》沒有因為讀者比較關心（醜不拉嘰的）布希鞋風潮，而棄守對二〇一〇年英國國會改選的報導。知道《華盛頓郵報》守住了新聞專業的底線，我們應該鬆一口氣，但這麼基本的事情還需要保證，也讓人內心為之一怔。

觀察民眾對於重大議題的掌握，我們可以知道讀者需要的不是把新聞做得更鉅細靡遺，他們只需要基本的資訊，然後偶爾來一張標明「你在這裡」的相關位置示意圖。如果不是今天的報業太過競爭，太過擁擠，我們實在很難想像一家媒體會去問閱聽人他們想要什麼。但報業今天就是這麼你死我活，資訊的密度又如此之高，記者與讀者的立場會逆轉，真的只是剛好而已。現在的時代已經變成前者問後者「今天想點些什麼」，而不是由記者來搭配出營養均衡的「無菜單料理」給讀者享用。

娛樂、新聞、評論與公民參與所炒出來的大鍋菜，是一個莫名其妙的綜合體。這個東西難講能提供民眾什麼資訊，但倒是會讓人產生一種「我知道了」的幻覺。就像點進幾個網站，人就會覺得自己學到了新事物一般，看電視或逛新聞頁面也會讓素人誤以為自己了解了大事件的來龍去脈。更慘的是每天與這麼多媒體互動，會養大讀者胃口。未來只要是不能「入口即化」，不能「寓教於樂」的新知，他們都會懶得去下苦功認識學習。

＊美國總統大選時採取選舉人團制度，團內的選舉人總數即為五百三十八名。

在這樣的資訊過載中，被沖昏頭的不僅僅是素人而已，現代社會的每個人都在資訊海中載浮載沉，眼看著就要滅頂，就算你是很仔細在看新聞、很貨比三家的專業人士也不能倖免。二〇一五年，智庫國家期刊調查了他們稱為「華府圈內人」的一群閱聽人，他們當中有的是國會幕僚，有的是聯邦政府的公務員，也有的是在民間企業任職的公關人員，而國家期刊問了他們平日的新聞來源。根據這項調查，這些「圈內人」現在想要取得新聞資訊，難度是史上最低，「但要真的知道這些資訊背後的意義，卻是空前地艱辛」。即便身為華府的專業人士，他們也跟一般人一樣被排山倒海而來的資訊弄得有些麻痺，他們「對個別的消息來源或資訊，都欠缺足夠的信心」。[11]

如果說連在華府參與政策擬定的專業人士，都被新聞弄得一頭霧水，那其他人哪來的機會？即便在美國，也沒人有那麼多美國時間去一則一則篩選。事實上就連國家期刊的這份研究，也都在時間壓力的面前低了頭。他們在調查的紙本上註明這資料內容得花四十五分鐘才能全數讀完，但若是挑重點瀏覽則僅需二十分鐘。這當中的諷刺之處我想再明顯、也再令人擔心不過了。

新聞的川流不息，加上為讀者量身訂做的雙向播送，其實早在網路與第四台問世之前就有。其實應該說在電視機出現之前，收音機的廣播就已經是始作俑者。更精確地說，收音機讓人第一次能夠不間斷地泡在新聞與談話當中。照講電視機橫空出世並普及於一九六〇年代之後，收音機就應該要一命嗚呼了，但沒想到到了二十世紀的晚期，收音機又被賦予了新的生命。

影視明星死於收音機之手

雖然不少專業人士都把愈來愈多人自封萬事通、而且還老愛殺來他們辦公室裡教訓專家的這筆帳算到了網路頭上，但其實也有人認為電視新聞變成像7-11報一整天，也必須要負起部分責任。新聞二十四小時不停地報，讓人根本沒有時間消化吸收。而就像網路被罵沒什麼好講的一樣，電視新聞被指控也不是空穴來風。美國人現在看電視新聞的模樣，簡直就是把自家當成是白宮的戰情室一樣。他們對於任何一絲細節的注意程度，就好像美國是否宣戰取決於他們對情勢的判讀（CNN真的把午後的節目取名為「戰情室」（The Situation Room），我合理懷疑就是在拍自命不凡消費者的馬屁）。

只不過這並不能解釋何以小螢幕前的美國人會在有如過江之鯽的議題上覺得自己比專家所知更多。要解開這個謎，我們必須要更仔細地去觀察自一九七〇年代以降，公眾與媒體之間的關係發展。一九七〇年代是水門案的年代，是停滯性通膨的年代，也是美國敗戰退出越南的年代，而這個年代之所以會成為分水嶺，不僅是因為這十年位於有線電視等新科技出現的前沿，也是因為民眾對於政府等機關團體的信賴崩潰於此使一去不回。新媒體的成長茁壯，以及同時間公眾對於權威信心的下降，雙雙都與專業之死有很緊密的關係。

一九五〇年代，初出茅廬的電視理應有機會可以在大部分的節目類型上把收音機連根拔起，但AM調幅廣播卻繼續用破鑼嗓般的單音道音色稱霸音樂跟體育賽事等節目內容。這種差勁的音質會面臨到一個無法超越的問題，那就是人生來有兩耳，所以無論如何都會想要聽到立體聲的效果。FM調頻廣播的音質比較好。話說流行樂團史提利丹（Steely Dan）就在一首就叫〈FM〉的暢銷曲裡保證調頻廣播「一點雜音都沒有」。只不過要到一九七八年，FM廣播才在收聽人數上超越AM。在此同時，電視則憑藉其添加視覺元素到報導裡的能力，把新聞與其他曾經主要以收音機為家的美國生活面向納入了版圖。

但收音機並沒有就此死絕。有一件事情是收音機做得到，尤其是AM收音機格外擅長，而電視機做不到的，那就是互動的模式。幾本上可以全天候廣播，而且硬體成本又便宜，於是乎我們有了可以call-in的廣播節目設計。這種節目的概念非常簡單：把一支麥克風交到主持人手中，打開電源開關，然後就可以接聽call-in，不論是想要聊時事，還是有事情不吐不快的聽眾，都可以在空中與DJ暢所欲言。就在其他形式的娛樂都一窩蜂朝電視跟FM廣播「抱團」的時候，AM儼然成了製作單位俗又大碗，而且具有互動利基的另外一個選項。

廣播談話節目的政治影響力不容小覷，也讓對知識體系進行的攻擊找到了著力點，如今不可一世的社群媒體還得喊廣播談話節目一聲「前輩」。要說談話性的廣播節目能夠如日中天，主持人拉許．林白（Rush Limbaugh）值得最多的感謝，主要是他在一九八〇年代晚期的周日早上相當活躍，讓當時覺得同時段電視評論節目太八股的民眾多了一條生路。惟林白並不是開山鼻祖：廣播脫口秀散見於全美各地的情形，至少可以回溯到一九五〇年代，但其播出時段常被排擠到晚間或甚至深夜。林白能夠為廣播殺出一條血路，是因為他的風格特殊。他把自己塑造成真相的燈塔，單挑整個美國媒體圈。

上線之後短短幾年，林白的節目就已經在全美六百餘個電台中聯播。他告訴聽眾說新聞界與國家級的新聞網，正聯手在打造一個自由派的回聲室，而且所有參與其中的人都暗地裡是柯林頓新政府的死忠支持者。這些指控不全然公允，但也不全是無的放矢。所以林白總有能從每天的主流媒體中挖掘出報導偏頗的案例來當成相罵本，他的節目因此從來不缺題材。有了可發揮的材料，林白便能在空中扎扎實實地連講三小時，這也是在第四台出現之前，電視節目所望塵莫及的一點。

林白能跟其他的廣播名嘴一起在全美建立忠實的收聽群眾，另外一個原因是他讓聽眾有機會撥電話進來表達意見。打進來的電話會經過過濾與篩選，而這麼做的原因根據一名曾在林白早期合作電台中任職的經理表示，是因為林白自認他不善於辯論。但辯論並不是節目的重點：林白做節目，其目的是為了要在原本就傾向於同意彼此看法的聽眾當中，凝聚出一種

「社區意識」。這些看不慣主流媒體，希望能另立門戶來相互取暖的族群，後來會有一個新歡叫做網際網路，但廣播才是這一切的起點。

電視新聞網與平面媒體，都被這樣的突襲給嚇了一跳，他們除了沒想到這類廣播能匯集如此廣大的人氣，更沒想到在廣播中「認親」的這些群眾會如此與傳統新聞媒體為敵。一九七〇年，身為尼克森副手的美國副總統斯皮羅・艾格紐（Spiro Agnew）曾指控媒體心存自由派的偏見，為此他搬出了出自總統文膽威廉・沙非爾（William Safire）的經典台詞來嗆人，那就是媒體是一群「吃飽太閒，喜歡碎嘴唱衰人的有錢人」。相隔二十年，廣播中的談話性節目身體力行了這個指控，只不過效果比副總統強很多。

當然這當中的諷刺之處，就在於林白本身跟其他的保守派主持人一樣，都在紅了之後**變成了**主流。到了二十一世紀初，收音機的廣播再度陷入不景氣，但林白還是守住了兩千萬名聽眾的基本盤。然後在二〇〇八年，他簽下了一筆四億美元的合約，只輸給霍華・史登（Howard Stern）在節目中譁眾取寵之餘從天狼星（Sirius）衛星廣播公司手中拿到的五億美元大合約。在電視時代的初期，影視節目幾乎要了廣播節目的命，只是沒過多久，電視與談話性廣播電台間就形成了一種互補的關係，不再那麼劍拔弩張，自此收音機上的天王天后，都開始跨界到有線電視上活動，反之亦然。

不過談話性廣播電台的影響力僅限於保守派，自由派的談話性電台在這方面完全被比了下去。自由派會說這是因為他們拒絕跟對手一樣秀下限來出賣自己的靈魂（惟二〇〇八年，激進的廣播節目主持人蘭迪・羅茲（Randi Rhodes）也**確實**曾經在如今已經停播的改革派廣播網「空中美國」（Air America）上罵希拉蕊・柯林頓是「他X的大妓女」，所以其實也不是沒有自由派願意自甘墮落啦）。保守派對此的看法，則是美國媒體原本就是自由派當家，所以自由派原本就不需要委屈去聽什麼廣播電台。不論真正理由是什麼，左翼的廣播名嘴一直都沒有闖出名號來。就以最有人氣的改革派名嘴艾倫・康姆斯（Alan Colmes）來說，他的聽眾人數就只是林白粉絲的滄海一粟。甚至於跟康姆斯搭檔過的尚・漢尼提（Sean Hannity），圈粉的能力也比康姆斯強很多，主要是漢尼提除了做廣播以外，也在福斯新聞網上開了個節目。

談話性廣播節目的興起，讓專家的地位遭受到挑戰，原因是這些節目強化了民眾認為主流媒體不誠實、不可信的觀念。廣播名嘴不僅僅會攻擊主流的政治立場：他們基本上是無所不罵。他們會帶著聽眾進入一個任何客觀事實都不存在的平行宇宙，除非有主持人的認證或背書，否則所有的說法都是在誆人。二〇一一年，林白說「政府、學術、科學與媒體」是「謊言四大護法」，這幾乎等於在說除了林白，世界上就沒有可以相信的人了。

類似的例子所在多有。葛倫・貝克（Glenn Beck）曾對聽眾說歐巴馬政府的白宮科學顧問約翰・賀德諄（John Holdren）是強制墮胎的倡議者（這當然是血口噴人，但這謠言還是在市井傳得沸沸揚揚）。漢尼提等人則信誓旦旦地堅稱埃及政府即將把戀屍癖合法化（林白還問誰能提供保險套給熱中此道之人）。《基督教科學箴言報》（*Christian Science Monitor*）的駐外特派員丹・墨非（Dan Murphy）說這報導真的是「鬼話連篇」，只不過信者恆信，死忠的聽眾還是願意買單。

若說一九八〇與一九九〇年代的談話性廣播節目有其正面的意義，還是說得過去的，因為當時的電視與平面媒體也確實是在政治立場上過於傲慢，意識型態上也有一言堂而忽視少數人意見的風氣，所以談話性廣播電台的存在可以提供一定程度的制衡。美國中產階級的憤恨與對主流媒體的不信任感，並不是由林白跟他的徒子徒孫在廣播節目上製造出來的，否則副總統艾格紐也不會早在一九七〇年代就對新聞界出言不遜。不過話又說回來，廣播名嘴確實在一旁煽風點火，讓這股不信任的怒火愈燒愈旺。就這樣，談話性廣播節目也慢慢變得跟他們原本想改革的主流媒體一樣教條，一樣偏頗。保守派廣播名嘴固然讓大電視網寧可視而不見的辯論得以「升空」，但他們也同時提供了一支麥克風讓心態扭曲的聲音得以四處傳播。這讓更多人相信世界上沒有人可以相信，也讓更多人認定專家的腦袋瓜並沒有比較靈光，而且專家還比誰都愛說謊話。

被綁架的美國：第一萬五千天

劍指平面與電子媒體的這場廣播電台「起義」，原本是跨不出AM頻道的，但就在進軍腳步要暫歇的時候，有線電視跟網際網路成為了關鍵的援軍，這讓非主流的新聞想要對知識體系進行攻擊，有了新的可能性。於是乎在一九九〇年代，廣播電台、有線電視與網際網路成了相濡以沫的拜把兄弟。就連廣播界的大哥大林白，都在嘗試寫書就攻占暢銷榜之後，前往電視圈發展了幾年。原本的媒體窄門，這時已經變得廣納百川，任誰都可以闖闖看。某些新聞或報導可能源自某一種媒體，但很快你就會在其他媒體上得知同樣的消息，然後又在原本的媒體上產生巨大的迴響，就像你把麥克風移至擴音器前會產生的刺耳雜音一樣。

這當中的諷刺之處，就在於不論是有線電視還是網際網路，都不是二十四小時電視新聞的始作俑者。真正的開山祖師爺，其實是已故的伊朗革命領袖柯梅尼（Ayatollah Khomeini）。

一九七九年的十一月，伊朗革命分子席捲了美國駐德黑蘭大使館，挾持了數十名美國使館人員為人質。這一幕讓在電視螢幕前幾乎即時目睹的美國人看得目瞪口呆。伊朗使館事件是美國人從未見過的新戲碼，這是一則介於戰爭與危機之間的新聞：越戰是歹戲拖棚長達十年的慢動作亂局，古巴飛彈危機則是顆從開始到結束僅短短兩周，電視跟報紙都來不及完整報導的流星。相對之下，德黑蘭人質事件的發展是先快而慢，幾天的暴力事件走在前面，之後又是冗長的等待、懸疑與憂心。

這給新聞媒體出了一道難題。一方面，美國同胞在異國處於生死交關，但另一方面，好像又沒有什麼事情**正在發生**。就像笑匠查維．蔡司（Chevy Chase）曾在《周六夜現場》（Saturday Night Live）的節目上開玩笑說西班牙的獨裁者佛朗哥將軍仍沒有活過來，美國的新聞主播也只能乾乾地說人質繼續被困在德黑蘭。

美國廣播公司（ABC）的新聞網在當時做了一個決定。他們決定嘗試把每天的伊朗新聞追蹤改到深夜進行。會這麼做，有部分是出於市場行銷的考量，主要是ABC當時並無深夜的節目可以跟國家廣播公司（NBC）的強尼．卡森（Johnny Carson）的當紅脫口秀打對台，而新聞報導又相對比較不花錢。就這樣，ABC在夜間時段開了一個名為《夜線》（Nightline）的節目來專門報導伊朗使館危機。每晚到了節目時間，ABC就會在畫面上打上大大的「被綁架的美國」做為標題，然後後面就是人質被綁下的天數。主播（通常是ABC的老將泰德．卡波爾〔Ted Koppel〕）會接著訪問專家、記者與其他跟危機有關的人物來填滿節目的篇幅。

一年多後，人質已經獲救返家，但卡波爾跟夜線節目仍未高掛免戰牌，節目又繼續播了好多年。如果說有線電視提供了跟風所需要的技術，那夜線就提供了後進模仿的樣板。不論是緊急插播，還是我們現在習以為常、螢幕底部那條細細的跑馬燈，都出自當年那因為危機而急就章開設的晚間節目。

夜線節目跟二十四小時新聞的另外一項遺緒，便是專家意見在媒體上的貶值。美國陸軍戰爭學院（Army War College）教授史蒂文・麥茲（Steven Metz）在二〇一五年說得一針見血。麥茲教授說在早年，「民眾傾向於對國安問題的權威有分敬意，怎麼說這些專家，包括民意代表、軍事將領、政府官員、高教學者、媒體從業人員、智庫分析師在內，也都是累積了經驗與專業才換得影響力。」但如今世事早已丕變：

> 不論是電視或收音機裡都有看不完、聽不盡的節目內容，線上也有論壇可以爬文，誰還需要辛辛苦苦去求取專業……幾十年來，權威的地位已經在政治議題上不斷遭到掏空。資訊的流通與通訊科技的進展，讓原本以權威馬首是瞻的民眾，得到了發聲的機會與信心。[12]

「自認對事情裡裡外外也略知一二的這些人，」梅茲的結論是，「會凡事都有一長串的意見可發表。」製作人與記者們也會助紂為虐地讓這些自封的專家有大放厥詞的機會。而記者一旦把麥克風遞到面前，相信少有人能夠抵抗這種誘惑（包括我本人在內）。

夜線固然是個成功的故事，但新聞網並無理由就因此開始夜以繼日地報新聞，畢竟怎麼會有觀眾想從早到晚都只看新聞？一九八〇年，實業家泰德・透納（Ted Turner）賭了這一把，他就覺得有人會有想從早到晚都只看新聞。於是他創立了有線電視新聞網，也就是CNN。一開始，CNN被無線台的新聞網嘲笑為Chicken Noodle Network（雞湯麵新聞網），取其新聞與專題報導就像像麵糊一樣加水攪一攪，就可以端出來給人吃之意。但這些無線台笑完，就輪到透納笑了，因為CNN不僅把有線電視新聞做得有聲有色，而且後來還又再催生出了成為CNN勁敵的不少新聞台，包括最後在收視率上超越CNN的福斯新聞網。

CNN沒讓中年男性白人主播用宏亮的嗓音唸新聞，而在透納的指示下選擇了年輕亮麗的形象。一九八〇年六月一日，年僅三十九歲的大衛・沃克（David Walker）與他才三十一歲的嫩妻路薏絲・哈特（Lois Hart）聯手在螢幕前見證了CNN成立之後的第一個瞬間。他們報的第一則新聞，便是吉米・卡特總統（Jimmy Carter）去醫院探視民權運動領袖渥能・喬丹（Vernon Jordan）。自此電視新聞不再是觀眾在電視機前花不到半小時的時間聽約翰・錢瑟勒（John Chancellor）或法蘭克・雷諾茲（Frank Reynolds）等中年大叔的磁性聲音，而是不間斷地在螢幕上看俊俏或貌美的年輕主播表演，日夜不歇。

二十四小時新聞的時代終於來到，但這樣的播報形態能鞏固好觀眾的愛好，仍舊是從一九八〇年代跨到一九九〇年代一連串危機與災難的「功勞」。雷根總統遇刺險死、華府客機墜機於波多馬克河、環球航空遭恐怖分子劫機等事件，都證明了美國人可以一連幾個小時黏在新聞台前面。美國人曾經會像祭典一樣，在約好的時間在新聞頻道前集合，又或者他們會依稀聽到「我們現在插播一則最新的消息」才從廚房或廁所匆匆忙忙趕到電視機前，但這些都是過去式了。有了二十四小時播出的新聞頻道，美國人現在可以像吃流水席一樣，餓了就去扒兩口飯。

一九九一年，法學教授安妮塔．希爾（Anita Hill）的證詞，跟她對美國大法官提名人克萊倫斯．湯瑪斯（Clarence Thomas）所提出的性騷擾指控，證明了美國人不僅喜歡看電視直播危機與天災，而且也能夠黏在電視機前觀看政治與法庭的八卦——尤其是那種有裸體或屍體的戲碼，當然如果有裸體的屍體的話，那就是極品了。一九九一年，在攝影機進一步在法庭內解禁之後，訴訟過程的轉播頻道也加入了有線電視的播放陣容。自此美國人成了沙發上的法律專家，因為他們在家就有看不完的性侵、殺人與人性各種黑暗面的審判。

光CNN上的新聞，就不是正常人每天看得完的量了，但審判頻道登上有線電視，才真正是專家惡夢的開始。一九九一年，《娛樂周刊》（*Entertainment Weekly*）對「法庭電視頻道」（Court TV）的評價是「C-SPAN國會議事頻道與周一晚間ESPN美式足球轉播的綜合體」，惟這麼說好像對C-SPAN或ESPN都算不上恭維。當一九九五年，轟動全美的O．J．辛普森殺妻案告一段落時，百千萬的素人都覺得自己上了一堂漫長的法律課，他們對於自己根本不可能了解的事情，產生了既定而深刻的觀點，話說不論是DNA檢驗中的統計學，或者是鞋印的真實性判定，都是超乎一般人能理解的專業。這個案子自然是收視率的春藥，而這也證明了觀眾會看新聞頻道，為的不是以小時計的無趣報導，而是扣人心弦的狗血與高潮。

一九八二年，CNN推出了Head Line News這個只報頭條新聞的頻道。因為專做新聞，所以這個頻道理應會每三十分鐘輪迴一遍重大要聞，但當然這樣就太乾了，一般的觀眾恐怕會受不了，所以很自然地，身為八卦教主的影藝記者南西・葛蕾斯（Nancy Grace）開始常駐被縮寫成HLN的這個頻道（這就像肯德基把英文名字從Kentucky Fried Chicken改成KFC來呼嚨他們對雞所下的毒手一樣，畢竟把雞的肉體拿去油炸，實在太心狠手辣了，而改HLN則是希望沖淡News一字帶有的正統新聞色彩）。

HLN從此專門報導起腥羶色的新聞，中間穿插一些葛蕾斯大記者的鄉民式正義之聲。二〇〇八年在一則駭人聽聞的新聞之中，佛羅里達一名名叫凱西・安東尼（Casey Anthony）的母親遭指控殺害了她才剛會走路的女兒。這是一則令人非常不舒服的新聞，千百萬美國人就像辛普森殺妻案重演一般再次卯起來選邊站。但HLN不單單是報導安東尼女士的審判發展，葛蕾斯等一干記者還把此案當成作文題目，足足榨出了**五百條**所謂的新聞。[13]等到二〇一一年，安東尼女士獲無罪開釋時，HLN的忠實觀眾已能對佛羅里達州的殺人刑責如數家珍，這已經超了美國憲法之下他們靠自身所能企及的境界。

要討論新聞變革與專業之死的交集，就不能不提福斯新聞網在一九九六年登場時所代表的革命性改變。做為保守派媒體大將羅傑．艾爾斯（Roger Ailes）所催生出的產物，福斯的新聞報得比別人快，新聞本身比別人炫炮，而其主播也肯定比同業的顏質高，畢竟他們找來了貨真價實的選美皇后來唸稿，而且還不只一位。這在美國，是個標標準準的行銷成功範例，因為這類行銷中最好跟最壞的地方，福斯經驗都沒有漏掉（艾爾斯的下場也幾乎可以說是為了電視鞠躬盡瘁，因為他在二〇一六年被迫離開福斯，正是因為他一手創造的電視台報了他涉嫌多次性騷擾的新聞，而且還報得非常仔細，一點都沒客氣）。

但福斯的發展史之所以與專業之死有所交集，是因為一項很重要的事實：福斯的出現以其獨特的方式，徹底地呈現出了不同黨派的民眾是如何在新興的電子市集中挑選新聞的來源。林白想靠廣播跟非電視網節目做到而壯志未酬的事情，艾爾斯靠福斯電視網做到了。不過即便艾爾斯沒有創造出福斯電視網，那別人也會跳出來弄一個類似的東西，因為談話性廣播節目已經證明了一件事情，那就是這類媒體有它的市場。正如保守派作者與福斯新聞評論員查爾斯．克勞特漢默（Charles Krauthammer）老愛開玩笑說的，艾爾斯「發現了一群小眾利基觀眾：一半的美國人」。

新聞名義上不涉足政治的最後中立性，就由福斯鎚下了其棺木上最後的一寸釘。保守派刊物《優先事項》（*First Things*）的編輯R．R．雷諾(R. R. Reno）在二〇一六年寫道羅傑．艾爾斯「搞不好是近一個世代以來，政治娛樂化的趨勢背後最大的推手」，但其實這位推手身旁也有不少的幫手。

> 除了福斯以外，MSNBC等電視網也各自發展出了他們的政治口水戰節目，你可以將之想像成動口不動手的美式職業摔角。名嘴在節目上叫囂的叫囂，插話的插話，斯文掃地的事情做好做滿。觀眾則看得饒富興味，廣告賣得嚇嚇叫，錢大筆大筆地進來。[14]

福斯把「公正與平衡」的口號喊得震天價響，但那只是用來噹傳統媒體有多偽善的藤條，包括CNN。畢竟成立至今，CNN也算得上是資深的傳統媒體了，而福斯看不慣的便是含CNN在內的傳統媒體都主打自己超越立場而中立客觀。福斯就跟廣播上的保守派主持人一樣，都定位自己是主流媒體以外的另類選擇。福斯自詡為把關者，他們監督的是傳統媒體組成的「俱樂部」，一個福斯自稱並非其中一員，同時也沒有福斯任何把柄的俱樂部。

當然，以為福斯電視網能出淤泥而不染，或是各大新聞網沒有政治立場，都永遠是一種迷思。媒體的偏見不但確實存在，而且還形形色色外加無所不在。福斯就跟其他的新聞網一樣，都想要在客觀的新聞報導與主觀的評論節目之間畫一條線。但也像其他的電視網一樣，福斯也經常做不到這一點。CNN、福斯、MSNBC與其他主要的新聞網，都有非常高水準的新聞部組織，但他們也都各自有其不同程度的偏見，畢竟他們總是有不同的收視群要迎合。在爭取收視者的競賽中，光是把乾乾的新聞放在電視上，是成不了氣候的。

福斯的影響力比較大，是因為其收視族群就比較大，但如今所有的電視網都會在節目表中排入有黨派立場存在的「資訊娛樂」（infotainment）節目。而各家大電視網共有的一個大問題，就是其從新聞到娛樂的「無縫接軌」，幾乎沒有觀眾感覺得出來：日間先播一些風花雪月無關痛癢的節目內容，到了下午是昨日新聞的追蹤與一些談話性節目，然後晚上變成硬派的新聞播送，最後深夜又是綜藝性的節目安排。而這種種轉折都只在短短幾個小時發生。

在談話性廣播節目興起與有線電視加入的同時，網際網路也愈發寬廣而快速，而網路除了使大型的新聞機構得以有新的空間得以揮灑之外，也讓懷抱記者夢的素人能加入這場戰局。網路與新聞媒體的各自擴張，就已經夠讓專家頭疼了，新聞與網路合體的綜效更是令專家無法招架。專家不是不想跟素人溝通，問題是素人覺得在搭捷運時看看手機，就等於是掌握天下事的脈動了。

誰也不要相信

將近三十年來，我幾乎每堂課開始都會先對大學部與研究所的學生交代一件事情，那就是不論他們每天忙什麼，都要養成吸收新聞的習慣，而且要注意新聞內容的平衡，就像吃東西要注意營養均衡。我叫他們要至少看兩家新聞網，然後要訂閱至少一份他們長期與之觀點不同的期刊，網路報也可以。

我很懷疑自己這話有沒有影響力。我的學生若是典型的美國人，那他們多半會收看或閱讀跟自己看法相同的媒體。比方說二〇一四年，智庫皮尤的一份調查問美國人「最信任哪一家電視新聞媒體能提供準確的政治與時事資訊」，結果就跟我們會對一個零碎媒體市場的預判一模一樣：大家都是倒向跟自己觀念一樣的地方。

綜觀全體美國人，公開承認自己是保守派媒體的福斯新聞網要在整體「最受信任」的項目上略勝傳統無線電視網一籌（也就是ABC、CBS與NBC這組「老三台」），但有線電視的CNN也只差一點點，排名第三。整體而言，十位受訪者中有四人以上會說他們「最為信任」福斯或CNN，但光看自認為是保守派的受訪者，福斯毫無懸念地斬獲「最受信任」的殊榮，比例高達百分之四十八。自認為是溫和派的受訪者平均分為兩半，一半最信任老三台，一半最信任CNN，比例各為百分之二十五與二十三，相當於並列第一，至於福斯與公共電視則分別排名二三。在自認為是自由派的受訪者中，老三台最受青睞，最信任比例有百分之二十四，CNN與公共電視則大致並列第二，受信任比率分別為百分之十六與十七。

這項調查中最令人驚訝的一點，是長年由強・史都華（Jon Stewart）主持的《每日秀》（The Daily Show）＊竟然以諷刺的脫口秀之姿悍然上榜。自由派的受訪者有百分之十七點名每日秀是他們最信任的新聞來源，而這也讓強・史都華能與CNN和公共電視平起平坐，同時還甚至贏過左傾的MSNBC七個百分點。MSNBC打出的口號是意義不明的「挺身而出」（lean forward），而他們在二〇一四年是最不受民眾信任的新聞媒體：不論是哪一種政治傾向的受訪者，MSNBC都穩穩地吊車尾，甚至連強・史都華都在保守派受訪者中小贏MSNBC一個百分點。

這項訪問的結果中，可以看到有代溝在產生作用，主要是年輕的觀眾會比年長者更樂於收看非傳統的資訊來源。但新聞朝向娛樂變形的趨勢，則是在每個年齡層都看得到其影響。關注時事，已經成為後現代的一種嘲諷與世故的練習。在這個誰都不能相信的年代，「真相」跟「資訊」這些詞彙，已經成了每人一把號，各吹各的調，每個人有每個人的版本。一如約翰・霍普金斯大學（Johns Hopkins University）教授艾略特・科漢（Eliot Cohen）在二〇一六年所寫到過的，一個世代看的是華特・克隆凱跟大衛・布林克利（David Brinkley）報的新聞，另一個世代則是看《每日秀》的強・史都華跟《柯伯報到》（The Late Show with Stephen Colbert）史提芬・柯伯（Stephen Colbert）等脫口秀笑匠取得資訊，「這當中的差別，就相當

＊二〇一五年初由崔佛・諾亞（Trevor Noah）接手主持棒。

於一邊是在跟年輕氣盛的嘻哈客打打鬧鬧，一邊是在聽嚴肅的大人發表言論」。[15]

這類的抱怨，自然聽來就像是更年期中年人會唸唸叨叨的事情，反正他們整天什麼都看不順眼。但也有些人跳出來說電視新聞就是都太千篇一律了，所以年輕人才會轉台去另尋新歡。一如二〇一六年，詹姆斯・普洛斯（James Poulos）這名作家（暨差一點就不夠老的X世代*成員）在洛杉磯所說：「嬰兒潮的人從完全不相信三十歲以下的毛頭小子，變成對相貌堂堂、西裝畢挺的白痴所說照單全收，這當中的轉變真的是令人匪夷所思。」強・史都華或許搞笑，但他的年輕觀眾恐怕比什麼電視新聞都不看的同齡者，還來得常識多一些。

世間有這麼多的電視網跟名人，不是問題所在，問題在於觀眾從這當中選擇了收視對象後，就覺得自己什麼都懂了。現代媒體充斥著為人量身訂做的選項，簡直就是確認偏誤的好市多，任何一種看事情的特殊角度，都可以在二十一世紀得到滿足。但這也就代表如今的美國人不僅**所知不多**，而且他們僅有的知識**還是錯的**。

知道得不多跟知道得不對，是兩款差別甚鉅的弊病。政治學者安・普魯塔（Anne Pluta）引述了伊利諾斯大學（University of Illinois）在二〇〇〇年所做了一項關於公眾知識的研究，她表示研究結果顯示「一無所知的公民就是白紙一張，而被誤導的公民會身懷與證據跟專家意見衝突的觀點」。後者不僅僅會「用本身的信念體系來腦補自己知識面的缺口」，而且假以時日，這些主觀信念還會「與確實的資料混為一談」。而當然，錯得最離譜的公民，「也往往是最有自信，黨派色彩最強的一群」。16

美國人之所以已經不太看新聞或類新聞的節目，就算看了也不是太相信，上頭所說就是一個原因。太多人在打開電視新聞的同時，內心就已經懷抱著定見了，他們開電視並不是要擷取新知，而是想在同溫層裡獲得確認，而一旦接觸到自己不認同的資訊，他們就會跑回習慣的頻道取暖，因為他們會覺得舉凡自己聽來刺耳的發言，不是愚見就是謊言。在早期，民眾想聽到另類的發言，也沒有那麼多機會，畢竟頻道數就那麼一丁點，街頭巷尾也只能湊合著看那不見得符合自己偏見的一兩台度日。惟到了今日，電視打開已經動輒上百甚至數百個頻道，你在乎的事情多冷僻，你的偏見多偏都不用擔心，一定有幾台能讓你看得滿意。

觀眾的這種心態，加上為了這種心態服務的媒體市場，聯手在素人心中創造出了一種綜合了莫名自信與深沉世故的奇妙態度。一旦養成這種態度，專家如何想要教育自己的公民同胞，也只能束手無策。如果大多數人都已經覺得自己「很懂了」，那專家還能說什麼呢？專家沒辦法當客觀訊息的使者，因為民眾好一點的忽略你，狠一點的圍剿你。民眾不怎麼掌握時事已經夠糟了，更糟的是他們還不相信自己看進去的那一點點新聞。民眾只會四處逛，直到挑到自己喜歡的媒體立場為止。

＊一九六六到一九八〇年出生的人，相對於一九八〇到二〇〇〇年出生者被稱為Y世代或千禧世代。

在某個程度上，美國人對於媒體的不信任感只是一個症狀，這之上真正的大毛病是：美國人愈來愈誰也不信任。他們看待所有叫得出名字的機關團體，包括媒體機構，都充滿了不屑。把媒體當成過街老鼠，成了全民運動，或至少大家在嘴巴上都會這麼講些難聽的話。按照民調公司的資料，新聞機構在美國是最不受到信任的一種組織。二〇一四年，蓋洛普一份民調顯示每十個美國人裡，只有四個人覺得媒體所報導的新聞「完整、準確而公正」，這是有史以來最差的成績。[17]

當然，民眾並不是真正憎恨全體的媒體，他們只是憎恨新聞報得讓他們不開心，切入角度不合他們意的那些媒體。二〇一二年，智庫皮尤的一份研究點出有三分之二的美國人認為新聞機構普遍「經常不夠精確」，但若被問到自己「最常看的新聞機構」，那這個數據就會降至三分之一以下。[18] 一如不少觀察家在數年間所指出的，這種現象就如同每個人都聲稱把國會當成眼中釘，但他們內心的OS是自己把跟自己政治立場不同的議員當成眼中釘。同樣地當有人說自己恨媒體入骨，他們並不是都不看電視新聞也不翻開任何一份報紙，他們只是專門看自己認同的那些電視新聞跟報紙。

在民主社會裡，這種程度的世故，或者說「以小人之心度媒體之腹」，是有毒的。全體的公民，包含專家，都有攝取新聞的需要。天下事就像接力棒一樣在記者的手中傳來傳去，最後傳到我們手裡。媒體就像個事實的水庫，我們可以從中取材來形塑自己的許多意見、觀點與信念。我們必須仰賴媒體記者的判斷與客觀，因為他們的報導常是我們與新鮮事物之間的「第一類接觸」。放眼世界，記者的表現還是可圈可點的，更別說他們不少人還經常在搏命演出，只為了在我們與世界之間搭起橋梁。然而記者們這麼努力才送上的新聞，卻得不到大多數美國人的信任。

觀眾比專家懂嗎？

觀眾與讀者的疑心病這麼重，說得過去嗎？忝為某個領域的專家，我的直覺要我相信記者也是他們所屬領域的專業人士，所以他們肯定知道自己在做什麼。整體而言，我對多數記者的報導內容與文筆都相當信任。同時我也相信僱用這些記者的編輯與製作人不是隨便在路上拉人，他們會選擇這些記者，一定有他們的理由。但也跟大多數人一樣，我並沒有接受過新聞工作的訓練，對自己所閱讀的主題也大多沒有專業可言。

萬一記者也欠缺對報導主題的專業，那能力的問題就會浮上檯面。記者無疑可以是專家。某些駐外的特派員是外文的專家，對駐地的語言與文化都有深刻的理解。某些科學線的記者本身就具有科學家的身分，或者是有一定程度的理科教育背景。甚至有跑國會山莊的華府記者可以比參眾議員更加對立法流程如數家珍。

但同樣地也有記者以為加薩有座橋連到約旦河西岸，或是伊夫林跟伊芙琳傻傻分不清楚。這些記者程度會差，不是因為新聞科系吸引到笨蛋來就讀，而是因為在這個什麼都是新聞，任誰都是記者的年代，入行的門檻無可避免地會被拉低。曾經新聞科系也不是誰要讀都收的，但現在不讀新聞系也可以當記者了，入行的隘口可以說是門戶洞開。你可以想像假設醫科、司法、飛航與考古等專業都一夕之間開放ＤＩＹ，那會是什麼模樣，新聞專業的現況就是那樣。

會把事情搞成這樣，得多少歸咎於現在非常常見的一種現象，那就是原本是一門「技術」的東西，遭到了「學術化」。如果是技術，那就是有師父長年帶著學徒修練。以記者而言，剛入行者必須要在恩師的身邊從訃聞寫起，也許跑點枯燥乏味的市政會議消息，但如今新聞與傳播科系已經廣見於大學的學士層級。這些科系與學程會年復一年把年輕而涉世未深的畢業生送進社會，而他們對自己採訪的主題自然可能感到陌生。他們或許在學校裡習得了新聞報導的起承轉合，但他們並不清楚這一行的日常作息與不成文的行規。這當中許多人從高中起都習慣了把自己的內心囈語貼到網誌上，由此他們根本分不清什麼只是部落客，什麼才是真正在當記者。

在此同時資深的記者則在新聞編輯室裡日漸被邊緣，因為上頭要他們騰出空間來給真正有點衝勁的年輕一輩。對此《國家》（*The Nation*）雜誌的撰稿者戴爾・馬哈里吉（Dale

Maharidge）在二〇一六年是這麼說的：

傳統的新聞工作是一門「技藝」。今日這種強調個人特色的新聞報導，包括強調部落格的經營、收集別人的努力，勤於編排社群媒體上的門面等，看在老派記者的眼裡就像外星人在做的事情。話說就連媒體高層也不乏這樣的偏見。一位全美級大型出版品的編輯本身年紀也是四十開外，他曾私下對我說他不太想僱用老記者，理由是「他們仍停留在一周一則新聞的舊思維裡」，而且不願意用社群媒體。[19]

「外貌協會」式的新聞市場走向（形式重於內容），業界對於速度的追求，乃至於源於現代大學校園的流行偏見，堪稱錯誤資訊的三劍客。這就難怪像喬．安格爾（Joel Engel）這樣有經驗的作家兼《紐約時報》、《洛杉磯時報》記者，會感嘆美國還不如回到那個「記者經常才高中畢業而已的年代」。

仰賴社群媒體做為主要資訊來源的廣大閱聽人，如今會接收到什麼樣的資訊，就取決於這些「幼稚園記者」的一念之間。就以臉書而言，其幕後的企業就會使用新聞編排來決定用戶頁面上跳出什麼樣的新聞輸入。根據二〇一六年由Gizmodo.com網站爆料所言，臉書一方面只給這些編排記者低階約聘的待遇，薪水少得可憐，但一方面又給他們新聞的生殺大權：

臉書頁面上名為「趨勢話題」（What's Trending）＊的新聞區塊，背後是由其內部二字頭或三十出頭的員工來掌理，當中不少人都是常春藤聯盟或哥倫比亞大學與紐約大學等東岸名校出身。他們來到臉書之前待過像《紐約每日新聞》（*New York Daily News*）、彭博社、MSNBC與英國《衛報》（*The Guardian*）等有頭有臉的新聞機構，離職之後則可能前往《紐約客》、Mashable新聞網站與英國的天空體育台（Sky Sports）等媒體任職。

根據若干名曾接受Gizmodo網站訪問的前成員表示，這個負責編排臉書「趨勢話題」的小組有權選擇讓哪些新聞上榜。更重要的是，他們可以決定各則趨勢新聞的標題將連出到哪一個媒體或新聞網站。「我們決定了當下什麼叫做趨勢，」其中一名前成員說。「怎樣算得上趨勢新聞，怎樣又不算，真的沒有什麼客觀的衡量標準，一切都是編排小組說了算。」[20]

對此很直觀的因應之道，就是不要把臉書當成新聞的主要來源。但就是要這麼做的人，也不多啦，大概就數以百萬計而已，而這些人也往往把推特當新聞在看。說到推特，這傢伙也同樣在實驗用演算法來左右你的推特新聞串流中出現哪些東西，以及誰先誰後。

不過做為「平衡報導」，我在這也要替這些年輕的記者說兩句話，他們也實在是難為，畢竟市場的現況就是這樣，他們也無力回天。一如Slate.com記者威爾・薩勒丹（Will Saletan）

跟我分享的，複雜的新聞處理必然耗時，信口吐出可以創造點擊率的標題就只是便宜行事。薩勒丹曾花費了一年的時間追蹤基因改造作物（GMOs）的食安疑慮，而這是一個比疫苗爭議更能凸顯無知戰勝科學的議題。[21]「在這個速食新聞已被廣為接受的世道中，大家實在不好把這麼大的題目跟責任加諸年輕人之身。」薩勒丹這麼說，是在他的報導由Slate.com公諸於世，戳破了反對基因改造生物的偽科學之後。這類報導不僅需要長期關注，而且還得有一腔熱血願意去研究，去爬梳各種枯燥的細節。一如薩勒丹所言，「你真的必須要是個勸不動的混帳，才有可能堅持在像基因改造生物這種雖然能靠政治煽情，但深究起來畢竟非常『理工』而無趣的議題上。」

有些錯誤看似無傷大雅，而且還令人莞爾。就以「巧克力能幫你減肥」的知名烏龍為例，信口開河者壓根沒想到他們能把這謊言的牛皮吹到這麼大。他們以為「沒有理科背景的記者」會去跟正牌的科學家確認，然後科學家就會告訴他們這假研究「穿鑿附會到一個可笑的境地」。沒想到他們錯估了這些記者：跑去跟科學家確認的記者，一個都沒有。「假新聞要成功」，巧克力詐騙者後來表示，「關鍵在於利用記者那令人難以置信的懶散。只要你懂得資訊陷阱該怎麼擺，他們就會自己跳進來，然後你就可以讓自己一手策畫的假新聞登上版面，

＊此功能並未在台灣的臉書服務中推出。

而且那假新聞會完全就是你希望的『形狀』，就好像稿子是你親手寫的一樣。其實你也等於是自己在寫稿了啦，畢竟很多記者所謂的寫稿，也就是剪下貼上罷了。」[22]

胡扯巧克力是減重妙方很蠢，惟這並不會傷害到太多人（就算沒有這個冠冕堂皇的減重理由，巧克力成癮者也不會少吃任何一點）。但如果今天假新聞的主題是嚴肅一點的東西，那不求甚解加上帶有偏見的記者，就可能讓看新聞變成一件弊大於利的事情，讀者所知不但不得清明，反而還更加混濁。作家喬許・弗斯特（Joshua Foust）曾在數年前盯上過新聞界一種「置入記者」（embedding）的作法，也就是把記者派到海外去跟美軍一起駐點，進而創造出一種這些記者「身經百戰」的假象，但其實這些人都是地理學的草包：

> 多到不像話的特派員根本對自己去採訪的目的地一無所知：不論今天採訪的對象是喬治亞共和國或阿富汗，媒體的報導裡都嚴重欠缺基本的常識（在喬治亞共和國，一名自由記者告訴我說有正職記者問官員說：「阿布哈茲（Abkhazia）＊在哪裡？」）。我個人的經驗是阿富汗的情況也好不到哪裡去，那些記者的思維似乎是：「我這次只是去蹲點一星期，所以不用做太多功課——去那邊邊做邊學即可。」[23]

欠缺了相關知識打底，年輕的記者就只能吃老本地靠在大學念的新聞學度日，而大學的新聞系教育按照喬．安格爾的說法，就是一種「同質化的過程」，一種對於制式作法的追求。這種生產線出品的年輕記者會「只看得到他們相信的事情」。

這種徹底的無知，甚至於是有違專業的作法，會重創有血有肉的真人與社群。比方說在二〇一四年，《滾石》（*Rolling Stone*）雜誌在新聞專業上摔了一大跤，原來是他們做了一則如今已成媒體負面教材的輪暴事件新聞。話說《滾石》的一名記者先想好了要以美國名門大學為背景做一則性暴力的報導，然後她便找上了維吉尼亞大學。新聞寫好之後，她的編輯台上司便將之刊登了出來，內容鉅細靡遺。但紙很快就包不住了火，這一切都是場騙局，緊接而來的是被告上法院而名聲掃地。

《滾石》雜誌在壓力中撤下了這則新聞，並主動請哥倫比亞大學的新聞學院（Columbia School of Journalism）展開調查。哥大調查小組的結論是這名記者莎賓娜．爾德利（Sabrina Erdeley）與各主管編輯違反了大大小小的新聞倫理，都只是為了一則爆點大到他們捨不得去確認是否為真的新聞。[24]這個毀謗案纏訟了好幾年，最後由在報導中被點名未於第一時間通報的女性校務主管勝訴。

一開始會出現這則新聞，是記者從研究中得到的靈感，話說有研究顯示美國每四個（有

＊喬治亞共和國境內在鬧獨立的地區。

的說是五個）女大生，就有一人會成為性暴力的受害者。像這樣的危言聳聽，讓《滾石》雜誌得以沒有實證地興風作浪，話說不論是這些所謂的研究，還有這些研究所提出的數據，其實都相當值得質疑。如Slate.com的艾蜜莉·尤非（Emily Yoffe）在二〇一四年所寫道：「若果真每四個美國女大生就有一人被強暴，那就代表美國年輕女性在以與剛果並駕齊驅的速度被性侵。而在剛果，性侵不只是性侵，性侵是被當做一種戰爭武器使用的。」[25]另外一項同樣混淆視聽的研究，則後來被發現在「大學學齡男性」中納入了最老達到七十一歲的特例（美國平均男性大學學齡才二十六歲多而已），而且研究中這些「大學學齡男性」，沒一個在大學校園裡生活過。但這何足掛齒：所謂四分之一的受害機會，已經從客觀數據昇華到精美口號的崇高地位了，任何人把這項「數據」搬出來主張什麼事情，都無可厚非地會說：「電視新聞裡是這麼說的。」

美國媒體老愛掛在嘴邊，堪可與「四分之一的女大生被強暴」等量齊觀的另外一則謬稱，是美國退伍軍人的自殺率高得嚇人，新聞說這是因為他們受不了歷經兩次大型戰事的壓力。「每天二十二個」，意思是每二十四小時就有二十二個退伍軍人自戕，已經成了退伍軍人服務機構與反戰團體的口頭禪兼神主牌。二〇一三年以來，五花八門的故事在電子與平面媒體上傾巢而出，說的都是退伍軍人自殺這種「流行病」，聳動的標題下登的是自殺者生前的軍裝照片，當中有男有女，而且都還年輕。這些報導想傳達的是一個很明確的訊息：長時間在火線前服役，正逼著美軍的戰士們步上絕路，而鐵石心腸的美國政府對此竟不聞不問。

我第一眼看到二十二這個數字，就萌生了想把原始研究翻出來瞧瞧的心情。與軍官互動也是我工作中的日常，而且當中許多人都親身上過戰場。另外年輕時短暫的志工經歷，也讓我當過認證的自殺防治輔導者。做為一個多少在自殺防治上有點經驗的人，我自然關心這個議題；做為工作上必須接觸軍事人員的教師，我會擔心戰爭學院裡我的學生跟朋友；做為一位社會學學者，我看不慣不可能成立的數據在外頭招搖撞騙。

很不幸的是，媒體並沒有幫忙撥亂反正。事實上，媒體根本就是亂源之一。確實進入二十一世紀，退伍軍人自殺的變多了，但這有一部分原因是這年頭，**整個社會**都可見到自殺者增加了（箇中原因流行病學界還莫衷一是），而退伍軍人當然也是社會的一部分。更亂的是那些主題是「退伍軍人」自殺的研究根本胡做一通，因為只要任何時期以任何身分待過部隊的人，不論你是服預備役或在長期第一線的槍林彈雨，都會被這些研究列為「退伍軍人」。換句話說，一個剛從戰區返鄉的年輕士兵，跟三十年前在在家附近國民軍待過幾年的中年男子，都會因為在任何一個時間點上自殺，而被列為是這種新型「流行病」的證據，兩者沒有任何差異。

遭到輿論圍剿的美國退伍軍人事務部（Veterans Administration）原本就不是非常討人喜歡的政府部門，但此時也只能勉力表示根據二〇一二年一份頗具規模的研究，退伍軍人的自殺件數自一九九九年以來並未有太大的波動。《紐約時報》很公允地報導了這項研究，並為此下了一個標題是「美國自殺增加，退伍軍人**占比**下滑」。但《華盛頓郵報》的標題正好指向完全相反的結論：「退伍軍人事務部研究發現退伍者自殺**人數**增加」。神奇的是兩個標題說的是同一份研究，且技術上兩個標題都符合事實。

一些媒體訪問了為這份研究操刀的科學家，但本尊的說法並沒有能扭轉乾坤。「社會上有一種觀念認為退伍軍人自殺是當下的流行病，這點我認為與事實不符。」進行這研究的流行病學者羅伯．波薩爾特（Robert Bossarte）如是說。「自殺率在美國確實有所上升，而退伍軍人自然是美國的一分子。」[26] 波薩爾特的這個說法，多數媒體都未認真加以引述。事實上，媒體還忽視了很多極具參考價值的對比指標，比方說美國整體的自殺率，以及與年輕戰鬥士兵同年齡層的男性自殺率。此外媒體還很方便地未將軍職跟其他行業做個比較，這恐怕是擔心軍職的自殺率會被醫生等高危險群給比下去，到時候退伍軍人的自殺問題就沒那麼緊急，也沒那麼具有新聞性了。

不足取的報導未見稍歇，主要是後續又出現了一系列追加的報導，內容指稱軍事人員的自殺件數在二〇一二年，甚至超越了在戰鬥中陣亡的人數。這些報導想要傳達的訊息，自然是美國士兵對敵人的殺傷力比較小，對自己的殺傷力反而比較大。這幅光景自然叫人膽戰心驚，但有一個小問題：這說法在統計學上沒有意義。只要是美軍沒有大舉用兵的年份，「自殺死的多過戰死的」說法都會**自然成立**。

這是一個在沒有刀光劍影的年份你都可以使出來的統計學障眼法：不信你可以拿一九五〇年代末期與的美軍自殺人數與前線陣亡人數。我在這兒要肯定一下《時代》雜誌，因為他們登的一篇文章講對了事實，而且還豪不避諱地下了個直截了當的篇名是「軍人自殺超越陣亡人數——但這是因為仗打完了」。[27]只不過話又說回來，任何人只要稍微動一下腦筋，應該都不會被這樣的說法唬住。這種小事還得勞煩地位崇高的《時代》雜誌出來主持公道，本身就很莫名其妙。

這當中的重點在於關心退伍軍人與自殺問題的人在讀過這些報導的之前與之後，他們對現況所知並沒有什麼長進。但他們覺得有，所以說任何想要質疑這股民怨的專家，我只能說祝他們好運，現在想要用更細緻的分析去對抗這股非黑即白的風氣，真的是要非常有勇氣。社會上就是覺得退伍軍人都一個個在精神崩潰，接著就不想活了。他們覺得事實就是如此，沒什麼好說的，畢竟「**我有看報，而報紙上都是這樣寫的**」。

我們可以怎麼做

話說到底，我們該問的是記者能不能成為他們所報導的領域專家？如果不能，那專家可以怎麼扮演輔助的角色？我無法也無意在此對這些問題多所置喙，我只希望年輕一輩的記者可以設法充實自己在所屬報導領域中的相關背景。這種建議是廢話，但我真的不願意撈過界去教別人如何從事自己的專業。同時我心裡很清楚，不論記者把新聞的品質拉得再高，社會大眾在新聞攝取上挑食的習慣都不可能改掉。

但我還是有一件事情想提醒專家，然後對於新聞的消費者則有幾點希望他們能聽進去。對於專家，我想說的是他們要知道何時該硬起來說不。我一路走來所犯下比較嚴重的錯誤，都是在年輕的時候，那時的我總忍不住要把選擇權交到記者手中。大部分時候，我都很有自信自己所知多過記者或讀者，但那不是重點所在。重點在於我發現自己動輒會去冒一些沒必要冒的險。持平而言，記者多半都會尊重你的發言，並準確報導你的觀點——我只有幾次遇到過被突襲發問或被錯誤引用的情形——同時記者也多半會尊重你出於原則而拒絕對專業以外的問題發言。知道什麼時候該拒絕，是你身為專家的職責，不該推給記者。

新聞的消費者也不能閒著，我有四點建議給你們。我希望你們在面對新聞的時候可以拿出下面四種態度：要謙虛、格局要大、要相信人性、要有判斷力。

首先要謙虛。不論執筆者可能有什麼缺點，都請先在一開始假設對方在這主題上懂得比你多。或起碼嘗試記住在大部分的狀況下，寫新聞的人都花了你沒花的時間在這主題上面。若是你接觸任何媒體或任何新聞來源時，內心想的都是自己懂得不比對方少，那養成看新聞的習慣就於你沒有任何意義，只是徒然虛度光陰而已。

再來格局要大氣。三餐要變化。人不會整天吃一樣的東西，所以也請你不要整天都接收同一家媒體的消息。還在從事與美國政治相關的工作時，我會保持訂閱不少於六份刊物的狀態，而且這六份刊物會處於政治光譜上的不同位置。不要閉門造車：嘗試接觸不同國家的媒體，因為外國媒體往往會提供美國人一無所悉的觀察角度。而且不要說自己「沒有時間」，你一定有。

第三，不要覺得身旁都是壞人——或者至少不要咬死這一點。別人會存心來騙你，基本上都是很罕見的事情。確實，寫新聞的人內心不會是一張白紙，莎賓娜．爾德利之流也不會是個案；也確實你在報紙上看到或新聞上聽到的記者會誤植事實，而且還經常毫無自知。他們固然不是百科全書，但也不會全部都是詐騙集團。他們只是盡其所知及所能在做一份工作，而且他們當中有不少人會很開心知道你透過（不只一家）媒體在關注他們報導的主題。

最後，要有判斷力。在主流媒體上看到你覺得不對勁的消息，你的對策不應該是去網路上搜尋半吊子的網站。專事政治活動或者更等而下之地鎖定狂熱分子或蠢蛋的網站，對於你在搜尋準確資訊上絕對是有大害，最後你一定是得不償失。聰明的話，你就應該在「消費」媒體的時候問自己：這些東西是誰寫的？他們寫完有給編輯審過嗎？這份刊物或報紙願意獨立為自己的報導負責嗎，又或者他們只是某個政治活動的傳聲筒或側翼？他們的主張有得查證嗎？有媒體同業嘗試證實或推翻他們的報導嗎？

陰謀論者跟庸醫的愛用者，都絕對不會輕信與自身相左的說法，但我們大多數人不用這麼傻。記住：閱報跟注意時事，其實就是一門熟能生巧的技術。要成為一名優秀的新聞消費者與鑑賞家，你最好的辦法就是**天天看它**。

對於美國同胞在常識上之匱乏，對於他們的自戀、偏見如何妨礙他們學習成長，對於一個肯定無知而不去矯治之的高教產業，對於一個誤以為自己是娛樂圈的媒體界，乃至於對因為努力或經驗不足而把報導寫錯的記者，我一直都是火力四射而一點情面不講。對於害死專業以及挖知識體系牆角的那些機關團體，我也一向只戰不和，畢竟現在正是我們最需要知識體系能健全的時刻。

迄今我唯一還沒對其開刀的一個團體，就是專家。

但萬一專家錯了的時候，情況又當如何？專家的意見何時該聽，還是該當成耳邊風，誰來決定？嗯，我們下一章就來挑戰這個問題。

第六章

專家錯了的那一天

就算專家無異議通過，結論也一樣可能錯。

——美國哲學家伯特蘭．羅素（Bertrand Russell）

恕不接受專家應徵

很多人都聽過在十九世紀末，美國曾有所謂「恕不接受愛爾蘭裔應徵」（No Irish Need Apply）的徵人告示，而在二〇〇二年，一位知名的歷史學家撰文表示這是一個與事實不符的迷思。伊利諾斯大學教授理查．簡森(Richard Jensen）說這些告示的存在是出於人為的杜撰，是愛爾蘭移民出於一種被迫害的心態，代代相傳下來的一種迷思。而以訛傳訛久了，這說法就成了難以動搖的都會傳說。有長達十年以上的時間，多數歷史學家都接受了簡森在這個問題上的學術見解。反對者被（簡森親手或其他人）趕到一邊，然後被貼上死忠愛爾蘭裔美國人的標籤。

二〇一五年，一個看似標標準準的「專業之死」故事，登上了媒體的舞台，主角是一名八年級（相當於國二）的少女。這位蕾貝卡．弗瑞德（Rebecca Fried）小妹妹宣稱簡森教授說的不對，理由之一是她用Google做了一些研究。她一點也沒有失禮，但態度卻非常堅定。「他從事學術工作長達數十年，我還沒出生就在做了，所以我對他跟他的作品絕沒有一絲一毫的不敬之意。」她後來說。橫看豎看，這都像是常見的「天才兒童vs.資深教師」大戰：早熟的中學生指控大學老師沒做好功課，而這位老師還不是普通的老師，他是歷史學的榮譽教授。

真相大白之後，對的是小女生，而錯的是老教授。那樣的徵人告示不但曾經存在，而且數量還不少。

多年來，各方學者中不乏簡森的挑戰者，但這些人都是在歷史編纂學的脈絡中與之抗衡。而出了學術的象牙塔，簡森的主張很快就席捲了四界，大家都相信這就是愛爾蘭裔美國人在自導自演地裝可憐（簡森的原版聲明，自然是Vox最喜歡登的那種東西）。

就在學術圈內的抗議不成氣候，學術圈外大家沒有疑義之際，年輕的蕾貝卡做了一件腦袋清楚的人都會做的事情：她開始地毯式搜尋舊報紙的資料庫，結果她不但找到了這些歧視性告示的資料，而且按照《每日野獸報》的報導，「（她）先蒐集到幾筆報導，然後變成幾十筆，最後甚至更多。她把能去的報紙資料庫都去了一遭，然後她一琢磨，自己不可能是第一個想到的人，**這件事肯定有人做過，是吧？**」但弄了半天，這麼簡單的事實查證不僅簡森沒有做，而是根本從來沒有人做過，蕾貝卡是第一個。

面對中學生的質疑，簡森後來也不甘示弱地回擊，他宣稱自己沒有錯，只是措辭不夠審慎精準。圍繞著其論文的爭論根據《史密森尼》（*Smithsonian*）雜誌的報導，「或許仍在（網路上各）留言區裡吵得不可開交」，但弗瑞德小朋友的表現已經證明了「任何人只要有一顆好奇心，加上研究的嗅覺足夠靈敏，就沒有哪一個歷史定見不容挑戰。」[1]弗瑞德「小」姐現已進入高中就讀，而她也成了少數已經在《社會歷史期刊》（*Journal of Social History*）上有發表紀錄的高中女生。

一九七〇年代，美國一流的營養學家對政府提出了警示，他們說蛋跟一票食物吃了都可能會致命。「奧坎的剃刀」用在這裡再適當也不過了，因為我們可以很簡約地畫一條線，從農莊連到殯儀館。首先是蛋含有大量的膽固醇，膽固醇會塞住動脈血管，動脈塞住人就會心臟病發，心臟病發人就會死翹翹。所以結論很簡單：美國人應該徹底把膽固醇從飲食中放逐。

而他們也確實這麼做了。但接著，意想不到的事情發生了：飲食中少了膽固醇的美國人開始大幅變胖，而且還開始死於很多其他的疾病。繞了一大圈，原來蛋並不如想像中的十惡不赦，或其實只是跟其他食材一樣十惡不赦而已。二〇一五年，美國政府平反了雞蛋，有關單位改口說蛋其實可以正常吃，甚至於為了健康應該多吃。專欄作家（與雞蛋產地佛蒙特州的州民）傑佛瑞・諾曼（Geoffrey Norman）曾於當時寫道：

很多（變胖的）人都以為自己是在按照政府認可的飲食方式生活，所以蛋的消費才會一口氣下降超過三成，畢竟蛋已經被放到了官方的飲食黑名單上。但是蛋不能吃，不代表人可以不吃飯，所以他們只好拿其他的東西去頂替蛋的位置。而這些替代品就是讓他們發福的元凶。弄了半天，他們避之唯恐不及的雞蛋，並不會阻塞動脈血管讓人丟掉小命。反而被用來代替雞蛋的東西，極可能是他們罹患第二型糖尿病等重症的主因。[2]

造成雞蛋引發一場虛驚的，是一連串有瑕疵研究引發的連鎖反應，包括有些研究已經是將近半世紀前的骨董。當然不想吃蛋的人還是可以儘管不吃。事實上，現在已經有研究顯示早餐不吃雖然飽受科學家長期以來的抨擊，但其實並沒有想像中的糟糕。[3]

一九八二年，蘇聯一名頂尖的學者賽維林·比亞勒（Seweryn Bialer）對知名刊物《外交事務》（*Foreign Affairs*）的讀者發表了嚴峻的警語：蘇聯絕對不是表面上看來的外強中乾。

如今的蘇聯，並未身處於真正的系統性危機當中，未來的十年也不至於，要知道蘇聯仍蘊藏著豐厚的一種無形資本叫做「政治與社會穩定」，預估這藏量仍可支撐蘇聯度過最嚴峻的難關。蘇聯的經濟，就跟任何一個由睿智專業人士所操盤的巨大經濟體一般，都不至於破產。或許運作效率會差些，或許偶爾腳步遲滯一些，甚至於會有連續一兩年的經濟規模萎縮，但就像蘇聯的政治體系不會垮台一樣，蘇聯的經濟也不會崩潰。[4]

此話既出的一年之後，比亞勒贏得了美國麥克阿瑟基金會頒發的「天才」（Genius）獎助金。再隔兩年，蘇聯共黨很顯然面臨到真正的系統性危機，而他們便於此時選擇了戈巴契夫（Mikhail Gorbachev）擔任他們的新領導人，推倒了蘇聯解體的第一張骨牌。就在比亞勒對西方「搖著看不見的食指，說著不不不」的發言之後還不到八年，蘇維埃社會主義共和國聯邦就成了歷史。

在蘇聯垮台的最後幾個月裡，麻省理工學院一名教授史蒂芬．梅爾（Stephen Meyer）在美國參議院外交關係委員會中作證。當時美國政壇觀察蘇聯情勢，大咖們非常擔心的是其軍中數千筆核武的安危，畢竟這些彈頭都對準了美國。出席聽證會的梅爾教授做為所屬世代的蘇聯軍事權威，要在場的政治領袖稍安勿躁：一切都在戈巴契夫的掌控當中。「軍事政變的跡象」在蘇聯境內，他對出席的參議員諸公保證，「都只是憑空臆測罷了」。[5]

梅爾作證的那天是一九九一年的六月六日。九週之後，戈巴契夫就在政變中失勢，而推翻他的組織首腦分別是蘇聯國防部長，以及令人聞風喪膽的蘇聯國家安全委員會（KGB）頭頭。政變一起，蘇聯陷入亂局，莫斯科街頭出現了坦克的身影。但無妨：蘇聯解體一年之後，梅爾就完全抽離了對蘇聯跟核武的學術領域，改行去研究生物多樣性。從此一直到他於二〇〇六年英年早逝為止，梅爾教授都一直在麻塞諸塞州漁業與野生動物局（Massachusetts Department of Fisheries and Wildlife）的各個委員會中服務。

像比亞勒跟梅爾這樣的狀況，很難說是個案。若干年後按照歷史學者尼克．格沃斯戴夫（Nick Gvosdev）的觀察，不少蘇聯專家所秉持的都不是「現地事實的客觀分析」，而是他們主觀認定或一廂情願想相信的東西。對此，兩名國際關係學者也直言除了比亞勒跟梅爾很自以為是外，其他人也沒有比較客觀正確。「按照學界自身的標準，（學術）圈內的表現可以說是非常難看，」李察．奈德．勒波（Richard Ned Lebow）與湯瑪斯．李斯．卡本（Thomas Risse Kappen）這兩位教授在一九九五年如此寫道。「現有的各種國際關係理論，沒一個準確判斷出情勢會如此演變。」[6]

專家不但會錯，而且還經常錯，一天到晚錯。而專家犯錯的後果，輕者讓人連聲抱歉，重則會造成浪費的時間與金錢無法挽回。甚至於在極少數極端的案例裡，專家的誤判會造成人命損失與國際性的災難。惟儘管如此，專家還是一而再再而三地請民眾要相信他們的判斷。而專家會好意思要大家對他們有信心，不只是因為專家錯誤相對稀少，也是因為專家懂得從錯誤中學習。

從清晨到日暮，相信專家是素人終年沒得選擇的選擇。我們的生活鑲嵌在由社會與政府機關織就成的網中，而這張網的用意就在於確保專家不是徒有專家之名，而是真的能發揮他們宣稱有的能力。大學、各種認證組織、發照委員會、官方的檢查員，其存在的宗旨都是要讓專業標準得以獲得維繫。整體而言，這群把關者的工作表現不錯。我們會因為在新聞裡聽到庸醫害死病人而震驚不已，正好說明了在這個有近百萬醫生執業的美國，這種駭人聽聞的事情有多麼罕見。

然而，日常對於專家的信任，是出於實務上的必須。我們信任專家，就跟信任身邊的每個人一樣。我們搭公車，會相信司機沒有酒駕，我們上餐廳，會假設外場的手都有洗而不髒。但這跟相信專家制定公共政策，有其本質上的差別：相信醫生會開給我們正確的處方，是一回事，相信公衛專家會正確判斷美國該不該有健保制度，又是另一回事；相信大學教授會把正確的二戰歷史教給我們的寶貝子女是一回事，相信歷史學者會就是戰是和的決定給我們的三軍統帥建議，又是另一回事。

論及這些國家大政，就沒有什麼證書可以出示了。萬一專家判斷錯誤，他們沒有什麼罰鍰可以繳，也沒有執照可以吊銷。說起來，專家根本不太會因為看走眼而直接遭到問責，所以民眾會擔心專家的影響力過大，也是可以理解的。在民主制度下，接受（或拒絕）專家意見的民選官員，才是會被究責的對象，這點我們會在最後一章談。但究責只能是在事後做的事情，事後對該負責的人開刀，或許能讓人在內心感到滿足，但辦人並無益於療傷止痛或弭平衝突。整體來說，專家出錯是怎麼個出法呢？「世上的奇觀之一，」記者莎里娜・齊托（Salena Zito）曾說，「就是看到專家對自身的專業領域顯得狀況外。」這一點對於平民百姓而言，驚嚇程度可以說直逼坐大怒神。遇到專家失手時，公民應該要怎麼因應呢？他們該如何維繫對於專家這個族群的信心呢？反之，專家在犯錯時，會衍生出什麼樣的責任呢？專家要如何去修補他們與「社會」這名客戶的關係呢？

失敗的各種面貌

專家的失敗，可以細分成許多種。首先最無辜也最常見到的一種，我們可以將之想成是科學本來就會出的錯誤。個人或甚至是整個行業會在重大問題上出錯，有兩種可能，一個是單純的失誤，一個是整個領域所尚未突破的先天局限。專家會觀察現象或檢視問題，然後提出理論與解方，最後再就這些理論與解方進行測試。在這樣的過程中，專家有時候會對，有時候會錯，而一路上他們會歷經一條又一條走不通的死巷與做不出來的實驗。有些錯誤會逃過專家的檢查，甚至被其他愈幫愈忙的專家給攪和得更加複雜。

一整個世代的美國人會為了不吃蛋而變肥，就是這樣的一個過程。美國第一次嘗試發射彗星會以發射台大爆炸收場，也是同一種事情。外交政策的頂尖專家會在幾十年間認定東西德不可能和平統一，最後卻不得不在慶祝自由的柏林煙火中修正觀念，也是這樣的一種前因後果。

科學，其實也是一種「做中學」。美國發明原子彈（第一代核彈）是在一九四五年，但要再耗時十年，歷經無數次試爆之後，各國的科學家與學者才比較了解到EMP（電磁脈衝）的作用，也才知道核爆會產生這種看不見的效應來肆虐電子設備。至於民眾對EMP產生概念，則要等到一九六二年，也就是美國在太平洋核試造成數百英里外的夏威夷路燈全滅、電話也不通的那一年。科學家不是沒想到過EMP會有這種效果，只不過他們低估了其規模。

對於這一類的「失敗」，即便是專家也真的無能為力，因為與其說這是一種失敗，還不如說這是科學或學術研究中必然會存在的一環。模稜兩可的灰色地帶，會讓一般民眾覺得如坐針氈，因為比起若如何才能如何的條件式，我們喜歡的是懶人包一般非黑即白的確切答案。但科學不光是結論，科學還是一種程序、一個過程。科學必須謹遵一而再、再而三的測試，必須符合一整套的規定，而根據這些規定，現有的理論只能被更新、更好的理論所取代。素人會期待專家百發百中而永遠不錯，但這是種不切實際的期待。專家要是有辦法做到這種程度，那他們何必辛辛苦苦在研究室或實驗室裡忙進忙出。政策專家要是有天眼通或像上帝一樣全知全能，那政府哪還會有財政赤字，戰爭又怎麼會在沒有狂人在挑釁時照樣發生？

有的時候，專家犯錯會產生「塞翁失馬，焉知非福」的**正面效果**，但比起那些造成生命財產損失的負面錯誤會遺臭萬年，這些意外變成好事的錯誤真的是乏人問津，知道的人屈指可數。比方說科學家發明口服避孕藥，是想要幫助女性減少意外懷孕，至於降低罹患卵巢癌的機率則不是他們的主要考量，惟顯然某些避孕藥的避孕效果很差，但卻有「預防卵巢癌」這種完美的「副作用」，而且效果還非常好。對某些女性而言，口服藥的避孕效果不好，但對另外一些女性而言，同樣的避孕藥卻能讓她們活久一點。如果避孕藥既不能避孕，反而還會**增加**人罹癌的風險，那科學界肯定會被罵慘，但當避孕藥雖然不能避孕，但是卻能保護人不罹患癌症時，這件事在半世紀前卻沒有人知道。畢竟不只這件事，很多事情都是「好事不出門，壞事傳千里」。

同樣地在一九五〇年代的尾聲，專家曾經預測核武軍備競賽將在國際間全面爆發，事實證明他們錯了。但這些專家會錯，有至少一部分的原因在於他們低估了自身影響力讓核武擴散受限的程度。甘迺迪總統曾擔心到了一九七〇年代，世界上會有多達二十五個核武國家（結果是截至二〇一七年，全球僅有十個國家躋身這個俱樂部，其中之一的南非還在好不容易技術突破後又回頭是岸，宣布放棄了核武）。[7] 甘迺迪總統的預測，根據的是頂尖專家幕僚的建議，而其預測既非不可能，也並無不合理之處。事實上就是因為專家提出了警訊，促成了相關政策的擬定，最後才使得最壞的局面得以避免。

話說到底，專家不能保證所有事都是喜劇收場。他們無法承諾自己永不犯錯或在思考時不掉進凡人都很容易掉進的陷阱。他們能保證的，只有遵循科學原則方法，進而把犯錯跟掉進思考陷阱的機率降到比素人低很多。想享受某種專業帶來的好處，我們就得同時接受他們的不完美，就得接受他們還是有一定犯錯的風險。

專家錯誤還有其他的變形，而且這些變形會比較令人擔心。比方說專家會因為撈過界而犯錯。撈過界不僅是錯誤的溫床，還很容易會讓其他領域的專家抓狂。在某些狀況下，撈過界的情形會非常顯而易見，比方說藝人是唱歌跳舞演戲的專家，這點不在話下，但他們有時候會真以為「戲如人生」，然後就自顧自當起社會大眾的張老師。

專業與專業間的界線不見得永遠那麼一刀切，這時候誰比較專業就變成一個**相對**的問題。生物學者不是醫生，但普遍而言，生物學者會比平民百姓相對了解醫學問題，惟這並不代表遇到任何醫學相關問題，讀生命科學的都一定能贏過不是醫生的人。我們只要夠努力、夠認真，願意花時間去讀糖尿病的資料，那就有機會比植物學家（也算生物學者）講得更頭頭是道。研究領域專精而狹隘的專家，不見得能在專業外的事情上強過任何人。事實上脫離其專業，他或她就是個普通人。不要看到某人優異的學經歷一堆，就以為他**說什麼都對**。

另外一種狀況是專家沒有撈過界，但他們不想光是對已經發生的事情提出解釋，他們想要更上一層樓，對還沒發生的事情加以預判。預測未來，其實就違反了科學的基本原則，因為科學的任務就是解釋過去，而不是預測未來。只不過社會上對這兩者的需求正好相反，預判若是一種商品，那它的市場要遠遠大於解釋。更糟的是一旦專家預判失準，那一般人就會將其解讀為專業沒有存在的價值。

專家在這點上顯得相當為難，因為不論他們如何費盡唇舌地強調自己不是算命的，民眾與官員都聽不進去，他們就是想要你當算命仙（而且專家明明清楚自己不應該，最後還是會順應民情，恭敬不如從命）。這在專家與他們所服務的民眾跟官僚之間，形成了一股自然而無解的張力，因為多數人都會寧可預知問題，進而趨吉避凶來躲掉問題，至於已經發生的問題是怎麼發生的，他們比較沒有興趣。預先的診斷即便帶有猜測的成分，也比百分百正確的驗屍結果更受人歡迎。

最後一種壓軸的專家失敗，就是徹徹底底的欺騙與瀆職了。這種狀況算是最為少見，但一旦發生卻最是危險。會發生這種狀況，是因為專家出於自私的理由而去竄改研究結果，其中最常見的就是專家平常太混又擔心前途不保，最後只好鋌而走險。這些不肖的專家會如此膽大妄為，一方面是賭素人看不出來他們的把戲，一方面是賭同僚要嘛沒注意到，要嘛誤以為這只是無心之過。這種專家失誤的用心最不可取，但也最好處理，所以我們就從這一種說起專家出錯時的因應之道。

專家墮落了，該怎麼辦？

二十一世紀初對科學家來說，不算是一段很光彩的日子，在科學期刊上發表後被撤回的論文比例，堪稱史上最高。至於詐欺或行為不檢的情形，如今更在科學家中屢見不鮮。

何謂專家騙人並不難定義，但要指認出來卻非易事。顯然越界的行為不檢，包括研究人員或學者偽造研究結果，或是外界眼中的專家謊稱自己擁有實際上不存在的資歷或證照（科學家簡稱上述行為叫做FFP，也就是「偽造、竄改與抄襲」這三種狀況的英文縮寫）。這類的行為不當之所以難以察覺，是因為專家的所作所為需要其他專家出來指認。素人既沒有能力參與科學研究，也經常懶得仔細檢查一下牆上掛的證書真偽。

有的時候，我們以為的專家根本不是專家。是人都會說謊，而且還可能是漫天大謊，尤其愛說跟自己經歷有關的謊。像是因為好萊塢電影《神鬼交鋒》（*Catch Me If You Can*）而為人所熟知的大說謊家法蘭克．艾巴內爾（Frank Abagnale），就曾在一九六〇年代上演過這種性質的欺世盜名大戲，包括曾經假扮客機機師與主治醫師。一種常發生但不易察覺的欺騙，是真正的專家用假的榮譽或誇大不實來強化他們的資歷。他們可能對外宣稱自己是某個專業協會的會員，有與談過某場座談會或研討會的經驗，頭頂著某個獎項或頭銜，乃至於其他能為自己增光、錦上添花的榮耀，但其實一切都是自己憑空捏造。這種人不容易被「抓包」，他

了這件事情。但在平日的學術界裡，多數的專業行為失當都是石沉大海，不會引人注意，惟二〇一四年的一項同性婚姻研究是另外一件例外。該項研究會引發社會側目，進而被發現當中有整批的偽造資料，是因為其結論宣稱恐同可以透過輔導消除，而這在政治上的效應可說不容小覷。但話說回來，絕大多數的研究都不會這麼引人入勝，所以當中的資料真假也少有人關心。

惟一件事情的知名度不高，不代表其危害不巨。二〇一一年，哥倫比亞大學有一名領美國政府補助的博士後研究員，他被發現偽造了與阿茲海默症相關的細胞生物學研究結果。事發之後，該名研究員接受了三年不得接受聯邦補助的懲戒，但傷害已經造成，因為他的論文已經被學術界引用了至少一百五十遍。二〇一六年，一名西班牙女性學者遭到所屬的機構解聘，理由也是她在心血管疾病的研究中涉嫌詐欺。

如果這些案例的口味都不夠重，那請容我跟大家介紹安德魯．威克菲爾德（Andrew Wakefield）這名醫生。他發表了一份甚具爭議的研究成果，當中指稱疫苗有引發自閉症的風險，結果二〇一〇年，他的醫師執照在英國遭到吊銷。英國的醫療主管當局宣稱他們拔掉威克菲爾德的醫師資格，不是因為他的論文結論具有爭議性，而是因為他違反了學術行為準則的低標。英國醫學總會（General Medical Council）認定威克菲爾德「對兒童進行不符醫學倫理的侵入式研究，行為違反個別兒童在臨床上的最佳利益，未依規定揭露財務上的利益衝突，以及不當挪用研究款項」。[8]

和沃德・邱吉爾案一樣，威克菲爾德的支持者也主張他是輿論獵巫的受害者，但研究成果未獲社會肯定，並不等於行為不當。比方說彼得・杜埃斯伯格做為否定愛滋病真實性的一員大將，在加州大學柏克萊分校的教職就穩穩的。他固然於二〇一〇年遭到批評者指控涉嫌學術行為不當，但校方介入後查無實據，所以杜埃斯伯格也得以全身而退。

惟不論怎麼說，不能改變的事實是：在公開發表的學術論文中，有相當可觀之數輕則立論不穩，重則資訊不實。對於我們一般人來說，僅有的一絲安慰是這些不該出現的狀況能得以公諸於世，是因為各領域的科學家們坦承不諱。二〇〇五年，一項研究問了科學家一個很敏感的問題，那就是他們是否在研究中有過不好向人啟齒的行為，結果有百分之二的科學家自爆曾經捏造、竄改或「調整」資料過至少一回；百分之十四的科學家說他們目睹過同僚有這樣的行為。被問到與徹底造假等天條只有一線之隔的嚴重行為不當，三分之一的受訪者承認自己有涉入過處於灰色地帶但仍屬有違良心的作法，包括對與自己看法相左的發現視而不見。破七成的受訪者宣稱曾看過同僚有這類的嚴重行為不當。[9]

多數這些行為不當，都不會被民眾知道，因為學術的東西真的有夠枯燥無聊。大家可能都看過《永不妥協》（*Erin Brockovich*）或《驚爆內幕》（*The Insider*）這些改編自真人真事的電影，裡頭都把大型詐欺案的曲折離奇演得熱血無比，但實際上在科學期刊上被撤下的論文，多數都是因為出了一些芝麻綠豆大的差錯或資料出入，而且研究主題本身都非常鑽、非常窄。另外在各種科學領域中，似乎以自然科學最容易惹上麻煩，但這可能只是因為自然科學的研究比較方便驗證。

確實，自然科學可以說他們的論文被撤的數量多，是因為學者們的自律與外部的監督使然。影響力位居翹楚的科學與醫學期刊，比方說像《新英格蘭醫學期刊》(*New England Journal of Medicine*)，其中論文發表後又被撤下的比率都最高，惟真正的原因無人能確定。[10] 若這是因為刊物內部檢查的人多，那我們應該感到振奮。但另外一個可能的原因是想抄捷徑登上大期刊的不肖分子變多了，那我們可就得感到寒心了。還有第三種可能是登在頂尖期刊上的效應：因為目標大，讀者多，所以總是會有人在自身的研究工作上用到期刊裡的論文內容，而這就代表紙終將包不住火。

任何科學研究裡的金科玉律，都是說一項實驗要能複製，或起碼要能重建。這就是何以科學家與學者會使用注腳說明：這並不全然是因為他們想要以此做為保險來避免遭到剽竊——雖然這也是一部分的原因啦——而主要是因為想讓他們的研究者同僚可以循著注腳的「麵包屑」來嘗試達成相同的結論。如果科學家的著作都是自己從無到有編出來的，那這就會讓其結論難以複製了，而科學研究或試驗一旦複製不出來，他們的研究聲譽就會下降，甚至於會被判定是虛構的研究。

問題是，論文的確認過程往往從一開始便假設其他人會去嘗試複製研究。一般而言，同儕審查並不包括複製實驗的過程，負責審查者只會讀過受審者的論文，並且假設其遵守基本的研究標準與流程。他們只會從閱讀的過程中去判斷論文的主題夠不夠重要，實驗數據品質高不高，乃至於研究提出的證據支不支持最終的結論。

當然，實驗的可複製性要求做為研究真偽的支柱，似乎比較適用於物理或化學這樣硬派的科學，換成是社會科學，比方說社會學或心理學，其研究往往是以人類做為研究的對象，所以要複製的難度自然高。最起碼，自然科學可以說自己有比較明確的標準：如果某人公開說特定的塑膠會在一百度融化，那其他人都可以把本生燈點起來，然後拿同樣的塑膠去燒看看。但若今天是要找一百個學生志願者來參與某項調查或演練某種情境，那事情就會麻煩很多。因為後者做出來的結果可能只是某個時空或某個區域的切片，或者也可能因為某些因素而遭到不同程度、不同方向的扭曲。研究的設計自然應該要能考慮到這些變數並加以平衡，但實際上能不能做到這麼客觀公正，還是只有去嘗試複製才能見分曉。

事實上，還有真有一群學者嘗試過複製心理學領域的研究，而做出來的結果可以說令人大吃一驚，而這麼說還是客氣了。根據《紐約時報》在二〇一五年的報導，這群學者「拚了老命」從三本頂尖心理學期刊中挑了一百項發表的研究來加以複製，結果發現有半數以上的結論禁不起重新檢驗。

進行這次分析的是研究型的心理學者，當中許多人都是志願要以自己的時間去複檢他們認為重要的研究作品……被挑中要接受複檢的研究，都是公認非常核心的心理學知識，科學家平日都是根據這些知識去理解人格、人際關係、學習與記憶的運作過程。治療師與教育者也常仰賴這些知識去決定自己對個案或學生的輔導方式。所以說當這麼多研究的真實性出現問題，以其做為基礎的相關研究也可能出現危機。[11]

複檢呈現如此不堪的結果，自然令人憂心，但我們就可以下結論說這些研究是騙局嗎？研究做得差，不等於研究作假，所以也不等於學術上的行為不當。在這次接受複檢的不少研究當中，問題並不是出在複製出來的結果不一樣，而是研究本身連複製都做不到。這麼說的意思是這些研究的結論固然有用，但其他學者並無法一而再、再而三地重做這些跟人有關的研究。

事實上，這些被複檢的心理學研究可能根本並不差。因為正所謂「螳螂捕蟬，黃雀在後」，另一群學者又把這次的複檢研究拿來審視了一番——不用覺得怪，科學本來就是這樣「互相漏氣求進步」，結果這一群學者的結論按哈佛教授蓋瑞・金（Gary King）所說，是「一點都不公平，甚至可以說不負責任」。蓋瑞・金說可複製性固然是一個「極其重要」的問題，值得所有學者「念茲在茲」，但「心理學家在研究中造假並非事實」。[12]這一整個過程，包括第一輪的質疑，以及第一輪質疑遭到的第二輪質疑，通通都進了他們該進去的地方：《科學》（*Science*）期刊當中。進了科學刊物，專家們就可以繼續評估各方的說法，追求真相的分析工作也可持續下去。

那自然科學是不是就比社會科學抓出了更多有問題或造假的研究呢？好像也沒有。癌症學者曾嘗試複製自身領域內的研究，結果他們也遇到了跟心理學家一樣的問題。丹尼爾·恩伯（Daniel Engber）做為Slate.com的撰稿者，曾經在二〇一六年報導過一組生醫研究也同樣遇到「複製不能」的危機，就跟前述的心理學狀況一樣。丹尼爾·恩伯表示有統計顯示「至少半數的這些生醫研究有結論基礎不夠堅實的問題，而且恐怕也無法在其他實驗室中複製出來。這些癌症研究不僅沒找出有效的療法，甚至連一點值得參考的數據都沒得出來。」[13] 而這些癌症研究之所以無法複製，是因為遇到了跟社科學者基本相同的困擾：研究撰寫太過草率以致資料不足、時間相隔太久、無法重現原始實驗時的時空條件等。

再來我們把焦點從有詐騙之嫌的研究，轉換到可能只是丟三落四、做得馬馬虎虎的研究。這個複雜的問題要在這裡講個清楚，真的是相當吃力，但學術界中會產生「複製危機」，還真的並不能簡單地推給「詐欺」二字。除了物理性與時間性的條件限制，讓實驗的情境不可能完美複製以外，其他的問題還包括撥付補助款的單位監督不周，學術單位要學者做出（任何一點）成果的沉重壓力，乃至於學者間有一種陋習是研究做完了、發表了，就打包成垃圾扔了。

社科與人文領域的研究會格外難以複製，是因為文科的研究不是本於實驗的流程，而是奠基於專家對於特定文本或事件的見解與詮釋。一本文學批評的著作，就已經在書名跟你說得很清楚了，其內容就是在提出主觀的批判，主觀的批判肯定不是客觀的科學。但即便如此，文學批評仍是得由對主題有深刻了解的專家來做。同樣地，古巴飛彈危機的研究也跟自然科學類的實驗不同。我們不可能重跑一遍、兩遍、三遍一九六二年的飛彈危機，所以論文作者所呈現的，其實是他在檢視過危機結局後的專家意見，也就是對歷史事件的一種剖析與拆解。這類研究的結論難保不會漏洞百出，但這些可吐槽之處只是日後繼續翻案或討論的題材，而不是專家行為不當的弊案。

當然，社會與人文領域裡確實也不是沒發生過驚天動地的學術詐騙案。二〇〇〇年，喬治亞州埃默里大學（Emory University）有名叫作麥可．貝勒希爾（Michael Bellesiles）的歷史學者贏得了哥倫比亞大學頒授地位非常崇高的班克洛夫特獎（Bancroft Prize），而他得獎的著作是一本名為《武裝美國》（暫譯）（*Arming America*）的專書。在這本書裡，貝勒希爾針對美國人擁槍觀念的歷史淵源，提出了與傳統上不同的觀點。他不認為美國人擁槍是起源於十八世紀殖民時代的早期經驗，而是因為十九世紀中期後多重因素的影響。這項研究一問世，立刻引起了正反兩派的針鋒相對，畢竟這本書認為美國民眾的擁槍文化並非「自古皆然」。

這項原本也應該像路人一般被無視的研究，又靠著甚具爭議的主體登上了檯面，倡議槍枝管制與支持擁槍的兩個陣營，一瞬間就以本書為楚河漢界，誓不兩立地對峙了起來。但當學界開始確認貝勒希爾立論資料時，他們發現這些這傢伙不是誤用了真正存在的資料，就是捏造了根本不存在的假資料。哥大撤回了已經頒發的班克洛夫特獎，埃默里大學則進行了內部調查。埃大調查的結果發現貝勒希爾的研究漏洞固然可多少歸咎於其能力的不足，但他的學術誠信也不是沒有可議之處。貝勒希爾狼狽辭去了教職，他的書被原本的出版商拋棄，惟後來有小型的商業出版社願意幫他再版。

二〇一二年，一名叫作大衛・巴頓（David Barton）的作者出了本書談湯瑪斯・傑佛遜（Thomas Jefferson）。巴頓並無歷史學者的專業背景，他的名氣主要來自於他在福音運動中的地位（二〇〇五年，《時代》雜誌將其做為福音派的影響力列在全美前二十五）。他的書吸引了來自保守派大老的肯定與背書，包括在二〇一二年角逐過共和黨總統候選人提名的邁可・哈克比（Mike Huckabee）與歷史學者出身的政治人物紐特・金瑞奇（Newt Gingrich）。

除了巴頓本身的名氣以外，巴頓的作品也跟貝勒希爾的槍枝研究一樣是靠政治上的爭議獲得矚目。這本書從書名就開始咬文嚼字：《傑佛遜的謊言：關於湯瑪斯・傑佛遜，你一直抱持的迷思大爆料》（暫譯）（*The Jefferson Lies: Exposing the Myths You've Always Believed about Thomas Jefferson*）。巴頓的書主張現代歷史學家不僅對傑佛遜的私生活大肆抹黑，而且還忽視了他其實不少信念與現代保守派的觀點站在同一陣線。但有鑑於傑佛遜對於法國革命的欽羨之情，加上他後來與自由主義過從甚密（別忘了他有一位保守派的政敵約翰．亞當斯〔John Adams〕），我必須說巴頓的這種說法相當大膽。

學者多未將這本書放在心上，畢竟這書出自業餘人士之手，而且發行人又是不具學術色彩的宗教性出版社。不過這本書的目標讀者原就不是學者，而是一群原本就已經嗷嗷待哺的粉絲。而巴頓也沒讓這群死忠的讀者失望：《傑佛遜的謊言》甫上市就空降《紐約時報》的暢銷榜。

這本書的內容隨即遭受質疑，但出聲的並不是某研究型大學裡的無神論自由派人士，而是在賓州格羅夫城市學院（Grove City College）這間小型基督教學校裡任職的兩名學者。經過細究，巴頓的不少說法都站不住腳。「歷史新聞網」（History News Network）做為喬治華盛頓大學（George Washington University）為歷史學者設的網路寫作暨發表平台，其讀者後來將《傑佛遜的謊言》選為「紙本書裡最不可信的作品」，而更狠的是發行過該書的出版社後來一致同意這書錯誤實在太嚴重，所以他們決定要從通路終將該書全面回收。《亞特蘭大月刊》的撰稿者兼法學教授蓋瑞特．埃帕斯（Garret Epps）在批評此事時可說一點面子都不給，他說：「（巴頓）大部分的書都是自力出版的，所以能回收的不多，但是基督教學者與基督教書商對他的駁斥，將會是他得揹負一生的羞恥。」[14]

在我舉的這麼多例子當中，當事人的欺騙與行為不檢都被攤在了陽光下。但對素人來說，善惡終有報的結果根本無關緊要，他們真正放在心上的問題是學術研究可不可信。

從某個程度上來說，素人這麼想是問錯了問題，因為一個主題領域的興衰，極少會取決於單一研究的成敗，就像一般人的生活也不太可能因為特定研究——比方說細胞研究——做不出來而受到影響。當一組研究共同以某種藥品或療法為目標時，其延伸的安全性與藥效研究也會伴隨啟動。要造假一項研究是一回事，但你說要數百個研究一同造假，然後得出一個從頭假到底的邪惡結論，就是完全不同等級的事情了。

同樣地，在公共政策的領域裡，專家的地位得一磚一瓦堆疊起來，而一個研究只能是一塊磚。即便有某個學者因著某本書或文章而在政策社群中橫空出世，他或她的影響力也只來自於其筆下的那個點子可能很新穎，而不在於他或她的想法具有科學上的可複製性。在社會科學裡，就如同在一板一眼的自然科學裡一樣，極少有單一研究可以不至少經過其他專家的把關就影響到平民百姓的日常生活。

但不論在什麼樣的領域裡，研究的詐欺都會產生一種效果，那就是浪費時間跟扯學術進步的後腿。你可以想像在一組複雜方程式裡的開頭埋下一個錯誤，那之後的計算只能是一蹋糊塗。同樣地，個別謊言或行為不檢，也會讓整組研究停滯不前，直到那個不小心——或故意——砸鍋的人被抓出來為止。當然每當有這樣的醜聞爆發出來，大眾都一定想問，也應該要問這劣行的規模與影響有多大，尤其如果這研究花的是納稅錢的話。

我以為你是醫科預班生，不是嗎？

除了恣意妄為的惡意詐欺，以及能力不足造成辦事不力以外，這世上還有其他種類的專家失誤。其中一種最常見的就是專家會認為自己既然在專業上比多數人聰明，那他們應該在每件事上都比所有人聰明吧。他們當自己的專業知識是萬用鑰匙，動輒對天下事大放厥詞（我先招了，自己也幹過種種渾事），他們漂亮的博士帽就像佛光普照，一戴上去就覺得自己什麼都知道。

這類專家就像經典喜劇片《動物屋》（*Animal House*）裡的艾瑞克・史特萊頓（Eric Stratton）一樣。當他在學生法庭起身要為兄弟會的所作所為辯護時，他的朋友問他知不知道自己在做啥。「放輕鬆，我是法律預科生。」艾瑞克要朋友放心。「你不是醫科預科生嗎？」其中一個朋友感到納悶。「哎呀，都一樣啦！」史特萊頓回答。

這種過度自信，導致了專家不僅會撈過界做些偏離專業的發言，而且還會在本身的領域裡誇大自己的能力所及。專家或專業人士，就跟三百六十五行的每個人一樣，都會望向自己來時路上的豐功偉業，而認定自己就是學富五車，然後志得意滿的他們就會自我膨脹而堅拒說出那所有專家都恨之入骨的一句話：「我不知道。」沒有人會想在人前一副驢樣，或被人點名自己怎麼連**什麼什麼**都不知道。素人跟專家都同樣會不懂裝懂，但專家更理應知道不該膨風。

無法謹守專業的界線，可能有幾種原因，當中包括無心之過或虛榮心作祟。但有的時候，跨界耍帥只是名氣造成的一種「隨機犯案」。其中最糟糕的就是藝人（沒錯，藝人也是專家，不然你以為演員訓練班裡的師資是誰，工程師嗎？）藝人的名氣讓他們能參與到熱門的議題或爭議，同時真正的專家與官員也往往樂於與藝人合作，畢竟遇到名人來電，我們的第一個反應都是這電話不能不接。

但跟名人講上話，不代表你能教育他們。而這也創造出了一個很詭異的情況是A領域（詮釋角色或載歌載舞）的專家，開始對B、C、D領域的事情大放厥詞。這個奇特的現象在美國的歷史相對較短，但也早在推特或個人網站可讓人暢所欲言之前，就已經出現了。

一九八五年，加州一名國會議員東尼・柯爾賀（Tony Coelho）邀請了珍・芳達（Jane Fonda）、西西・史派克（Sissy Spacek）與潔西卡・蘭芝（Jessica Lange）三名好萊塢女星到國會農業委員會（House Agriculture Committee），請三人就農場問題進行聽證會。這三位演員憑什麼就農場問題作證呢？原來三人分別在一九八〇年代的三部熱門電影中，演過農夫的太太。這整件事自然只是譁眾取寵的噱頭，而被問到為什麼要這樣做時，民主黨的這位柯爾賀議員把共和黨的雷根拉了出來，主要是要把也演過戲的雷根總統當成墊背：「對於農業問題，她們三個應該比白宮裡的那個演員還更懂一點吧。」[15]

但這並非個案。長年以來，名人老喜歡在他們只懂皮毛的爭議上大做文章。他們興風作浪，他們掀起虛驚一場，他們讓百千萬對他們言聽計從的粉絲被牽著鼻子走。

在覺得受夠了的許多專家裡，有一位是加拿大的健康政策權威提摩西・高菲爾德（Timothy Caulfield）。他寫了一整本書痛批名人對於知識體系的無理攻擊，其中他還特別點了一位女星的名，因為這本書的書名就叫作《葛妮絲・派特洛說的全錯嗎？名人文化與科學的衝突》（暫譯）（*Is Gwyneth Paltrow Wrong about Everything? When Celebrity Culture and Science Clash*）。（就是我在第四章討論過的，那位養生建議異於常人的葛妮絲・派特洛，但我真的不是要找她麻煩）。二〇一六年，高菲爾德在一次受訪中是這麼說的：

> 你找個人問問，葛妮絲・派特洛談乳癌可信嗎？大部分人會說不。那由她來談營養學呢？多數人會半信半疑。但因為她的「文化足跡」實在太大，加上她自建了個人品牌，所以民眾最終還是會買單。
>
> 另外就是有「現成偏誤」（availability bias）的問題：名人實在是無所不在。光是他們無敵的曝光率，他們一言一行的影響力就難以估計。一邊是她（葛妮絲・派特洛）在

《時人》（*People*）雜誌上聊無麩食物的照片，一邊是實際上的科學數據，你覺得哪一邊比較吸睛？由此名人的影響力已不言可喻。[16]

這樣的狀況絕非無關痛癢。不少爸媽遲遲不帶孩子去接種疫苗，就是因為聽了珍妮・麥卡錫的發言，而她其實只是個自稱在「Google大學」好好進修過的《花花公子》女郎。葛妮絲・派特洛跟珍妮・麥卡錫雖然蠢，但媒體的曝光量卻大勝，腫瘤學家或流行病學者雖然言之有理，卻少有人有機會或耐心去細細聆聽。

在開放而民主的社會裡，表達意見並採取行動是每個人的權利，這就是所謂的「行動主義」（activism），但是所謂的行動主義與名人濫用名氣，是兩碼子事情。素人發起行動主義，必須連帶加入他們覺得正確的專家陣營，然後倡議他們認為較理想的政策主張。但當名人將專家意見代換成自身的判斷，就是要求大眾只憑名人有名就相信他們。這就跟微生物學者對現代藝術發表意見沒有差別，也像經濟學家在評論藥學。

有些時候專家會撈過界，是因為他們覺得自己插手的領域跟自己的有些淵源，所以稍微多嘴應該不算大罪。這尤其容易發生在已於自身領域中闖出名號的專家身上。但隨著社會愈變愈複雜，集天才與通才於一身的狀況也經愈來愈難以想像。幽默作家亞莉山卓・佩崔（Alexandra Petri）曾寫到過：「班傑明・富蘭克林是最後一代通才的代表人物，通才的意思是你可以走到富蘭克林的面前說：『你發明了爐子，那請問你對稅制有什麼看法？』然後不用擔心他會腦袋打結。」[17]

一九七〇年代，諾貝爾化學獎得主萊納斯・鮑林（Linus Pauling）曾深信維他命C是某種仙丹妙藥。他四處宣傳要人大量攝取維他命C，他認為這是一種能抵禦感冒等各種疾病的「補品」。鮑林的說法並無真憑實據，但鮑林頭頂著諾貝爾化學獎的光環，所以他對於維他命的看法在很多人眼裡，算是其專業的延伸，一切都顯得合情合理。

但事實上，鮑林從一開始，就沒有把其化學專業上的科學標準用在對維他命C的推廣之上。他是在一九六〇年代尾聲開始服用維他命C，當時他是聽了爾文・史東（Irwin Stone）這名密醫的建議。爾文・史東說鮑林若能每天服用三千毫克的維他命C，也就是每日建議攝取量的五十倍，那他就可以多活二十五年。這名爾文・史東號稱「醫生」，但他其實拿得出來的，只有兩筆可疑的榮譽獎項，其中一筆來自某家未立案函授學校，另一筆則來自於一所教人推拿的院所。[18]

鮑林很心儀爾文・史東的說法，主觀上很想要相信爾文・史東，於是鮑林就開始猛吞維他命，而他也立即感受到了神效。旁人看起來，可能會猜測這當中有「安慰劑效應」在作祟，也就是一種心理作用讓在鮑林感覺身心舒暢。但畢竟鮑林不是一般人，而是對科學界貢獻卓著的諾貝爾獎名家，所以他的同僚也不敢任意侮之，而是認真把他的說法拿去測試了一下。

結果測試了半天，沒有任何實驗顯示維他命C有鮑林相信的效果，但鮑林根本聽不進去。賓州大學的小兒科醫師兼傳染病專家保羅．歐費特（Paul Offit）後來寫道：「雖然一個又一個的研究顯示他錯了，但鮑林還是不肯相信，他還是繼續於演講、撰文與著作中為維他命C請命。偶爾在鏡頭前出現感冒症狀時，他會說自己不是感冒，而是過敏。」

綜觀一九七〇年代，鮑林的說法沒有收斂，反而一天天更狂。他主張維他命是萬靈丹，也就是什麼病都可以吃，吃了都會有效。不論你今天是苦於癌症、心臟病、痲瘋，還是精神疾病，維他命C都可以幫到你。鮑林後來甚至變本加厲建議研究維他命C對愛滋病的療效。維他命的廠商自然對這位諾貝爾獎等級的門神非常滿意。果然沒有多久，維他命的補充品（包含「抗氧化劑」——現在的「無麩」或「非基改」有多紅，當年的「抗氧化」這三個字就有多紅）就成了一門很大的商機。

當然，這只是跟風而已，維他命不但沒有這麼神奇，而且吃多了還有其危險性，這包括會增加人罹患特定癌症或中風的機率。偏執的鮑林最後賠上的不僅是自己的聲譽，就連百千萬人的健康也變成陪葬品。按照歐費特的說法，「一個聰明到可以兩次拿到諾貝爾獎的男人」，卻也能「笨到變成世界級的庸醫教主」。直到今日，都還有人能看著戳破鮑林鬼話的實驗數據，然後繼續堅信超級大顆的維他命丸能治百病。

鮑林以九十三歲的高齡死於癌症，至於他是不是像爾文・史東「醫生」說的多活了二十五年，只能永世成謎。

有的時候，專家在經歷或成就的庇蔭之下，還可以跨界到一個更誇張的程度，包括他們可以左右重要的公共政策辯論。一九八三年的秋天，紐約市一家廣播電台播出了一個節目，當中談到了核武的軍備競賽。一九八〇年代初期適逢冷戰高峰，而一九八三年更是高峰中的高峰。那一年，蘇聯擊落了一架南韓的民航機，美蘇核武談判在日內瓦破局，而ABC更拍了一部用戲劇方式呈現的「類紀錄片」《浩劫之後》（*The Day After*）來講述核戰萬一爆發會產生什麼後果，結果首播就打破了當時的收視率紀錄。一九八三年的另外一個特別之處，在於緊接著就是選舉年。

我也是那個廣播節目聽眾的一員，主要是我當時人在紐約攻讀蘇聯事務，而且也希望能在公共政策中闖出片天。「雷根若是成功連任，」廣播節目裡的聲音用尖銳澳洲口音說著，「核戰就會在機率上成為必然之事。」這種核戰必然論，引起了我的注意，畢竟當時社會上普遍認為雷根連任不成問題。那這個把世界末日說得如此斬釘截鐵的澳洲口音——連**數學上的機率**都搬出來了——究竟屬於誰呢？

這個口音的主人，是海倫・柯迪考特（Helen Caldicott）博士，但她不是理論物理學的博士，也不是國際事務的博士，而是一名來自澳洲的小兒科醫師。她自陳對於核武的憂心，是源自她所讀過的內佛·舒特（Nevil Shute）小說，更精確地說是一九五六年的末世小說《世界就是這樣結束的》（*On the Beach*），畢竟這故事的背景就設定在澳洲。她後來說她覺得自己給孩子看病很沒意義，反正世界隨時都會變成一片灰燼。她在短時間內就成了軍備控制與核武政策辯論的意見領袖，但其實她根本完全沒有這些方面的學經歷。

明明毫無專業可言，柯迪考特卻總喜歡在極為技術性的議題上妄下定論。她會煞有介事地評論起美國飛彈發射井的抵禦能力、美國的民防措施，以及蘇聯外交政策機構的內部運作機制。她以美國為家近十年，然後在此間成了反核社群在媒體上的代言人。

她在醫學專業以外的影響力，於一九八五年達到了高點，因為那年她出了一本充斥著醫學術語的《飛彈欣羨》（暫譯）（*Missile Envy*）。這本書除了本身是對武器競賽問題的「診斷」，也在章節中用上了病因學（Etiology）、健檢、病例研究等醫學用語。其實這書名本身也是個「爆雷」的書名：身為小兒科醫師的她發現冷戰有其心理學上的根基，包括美蘇兩邊的男性都有這種愛比較誰飛彈比較「大支」的心情。她發現美國女性固然已經爭取到了投票權，但卻「幾乎都沒能善用自己的這項權利」。她說政府裡的女性，比方說當時的英國首相柴契爾夫人就未能「代表廣大睿智女性的本色」。[19]（我在紐約廣播上聽到的柯迪考特說得更直白：「柴契爾夫人根本不算女人。」）柯迪考特後來回到祖國澳洲參政，但沒有通過選舉的考驗。

像柯迪考特這樣的例子，在專家的圈子裡俯拾皆是，其中——至少以國際影響力而言來說——最出名的是麻省理工學院教授諾姆．杭士基（Noam Chomsky）這位在全球有百千萬讀者粉絲的指標人物。已經辭世的不算，杭士基據說是美國最常被引用的知識分子，畢竟他在政治與外交政策上可謂著作等身。但仔細去看，他在麻省理工教的其實是語言學。在語言學界，杭士基的地位是先驅，甚至是巨擘，但出了語言學，你要說他是外交政策的專家，那你要不要也說已故的美國國策顧問喬治．坎南（George Kennan）是人類語言起源的專家？不過回到現實面，杭士基教授在坊間的名氣還真的是主要來自於他的政治書寫，反倒是他的語言學專論不是那麼為一般人所知。確實這些年下來，我遇到不少大學生都知道有個杭士基，但他們都不清楚他其實是個語言學老師。

但就跟鮑林跟柯迪考特一樣，杭士基回應的是民眾在公眾論辯時的一種需求。素人面對到與自己看法不同的傳統科學或社會主流觀念，常常會覺得自己處於弱勢，於是他們會受某種專家光環的吸引，集結在某個辯才無礙的人物身後。關於維他命在人類飲食中所扮演的角色，醫師有義務去仔細研究；關於核武在人類社會中所代表的意義流變，民眾也應該參與思考。惟若你學術上領的是化學學位，或在職場上是小兒科醫師的身分，那在維他命或核武競賽這些算不得大眾的議題上，你的主張就跟自學者一樣不值得別人太過當真。

公眾對於這種撈過界的行為，可以說容忍到一個令人目瞪口呆的程度，而這本身就是一種很弔詭的狀況：素人一方面並不懂得尊重專家的專業，但另一方面卻又覺得專業某個程度上都是相通的，所以A領域的專家或知識分子當然可以插嘴B領域的事情，而且還很值得一聽。同一批人可能前一秒還對家庭醫師保證疫苗安全聽不進去，但後一秒又下單買了本醫師寫的核武議題著作。

很遺憾的是被問到專業以外的事情，少有專家能虛心地想到自己應該謙虛，應該迴避。這條底線我也曾經擅闖過，而為此我後悔至今。不說你不相信，我曾經跟人吵架的原因是對方堅持我完全有能力評論一個我已經明講自己不懂的主題。那是一種很妙的場面，因為我得跟對我充滿信心的記者或學生解釋說我之所以不想評論，是因為不懂裝懂去回答他們的問題，會是一種很不負責任的行為，其中又以學生特別難以安撫。正所謂「知之為知之，不知為不知」，承認自己不懂並非易事，但我真心希望不論是語言學教授、小兒科醫師，乃至於每一位專家，都可以身懷這樣的道德勇氣。

我預測！

一九六〇年代初期，有一名打著「神奇克里斯威爾」（Amazing Criswell）名號的藝人電視與廣播節目上的固定咖，而他上節目所用的哏，就是做一些超誇張的預測，而且為了做效果，他還自己發明了一句搭配用的台詞：「我預測！」就這樣他發表過各式各樣的預測，包括他曾經警告紐約最遲會在一九八〇年沉入海底，佛蒙特州會在一九八一年遭受核子攻擊，丹佛會於一九八九年毀於天災。克里斯威爾的演出完全是信口開河、胡說八道，但民眾們都聽得或看得很過癮。但克里斯威爾所沒有意想到的，是他的演藝生涯會在一九六〇年代尾聲無疾而終，他最後的一些作品是在低成本的性虐待電影中出演一些小角色，而導演則是他的朋友，也就是作品爛到一個境界卻反而因此出名的導演，小愛德華・D・伍德（Edward D. Wood, Jr.）[20]。

對於專家而言，預測是一個大麻煩，因為廣大的輿論超愛聽到預測，但專家通常都不是很善於此道，也不應該善於此道。科學的存在是為了解釋過去，而不是為了預測未來。但就像貓草對貓咪有著致命的吸引力一樣，某些專家也總是忍不住想要在撈過界之餘也當一下半仙。

專家跟素人一樣，都相信因為專家對於問題的掌握度較高，所以他們也一定能把未來預測得比較準。對理論科學的專家而言，這種說法又尤其說得通，主要是他們是透過實驗方法來判定實體世界會在何種條件下依他們的預測來變化。遇到有意料之外的因素介入，科學家就必須回到起點，重新調查過一遍。已故的科幻小說大師，同時也具有生化教授身分的艾西莫夫（Isaac Asimov）曾說過科學突破的背後有一句話能帶來最大的動力，但這句話恐怕不是「我知道了！」，而是「挖咧，怎麼會這樣！」。

但是有些專家會擁抱預測，甚至會以此做起生意來大發利市。比方說民調專家就會把自己的服務包裝成商品，然後賣給候選人或媒體等客戶來牟利。另外像行銷專家也會收錢為企業的新服務或新產品來試水溫。民調已經是項歷史悠久的業務，最早在一九三六年，就有《文摘》（*Literary Digest*）就（根據以自家讀者為主的民調）預測阿爾夫．蘭登（Alf Landon）會在總統大選中擊敗富蘭克林．羅斯福（Franklin Roosevelt）。到了今天，民意調查已經成了一門科學，包括科學應有的專家與期刊都一應俱全。有些民調專家有黨政色彩，他們會把民調做成有利於特定立場的結果，但大多數的民調專家都具有統計學的背景，也懂得如何運用方法來得出人致上足夠準確的預測。

不過民調或市調一旦出錯，就會錯得非常離譜。可口可樂公司曾在一九八〇年代中期推出過「新可樂」（New Cola），結果市場反應一敗塗地。當時的銷售之慘烈，讓「新可樂」一詞成了文化上的「模因」，也就是用來指稱「誤判民意」的一種新哏。時間拉近一點，活躍於政壇的民調單位與專家都曾在二十一世紀初的幾次重要預判中「揮棒落空」，包括二〇一四年的美國期中選舉與二〇一五年的英國總選舉。

事實上，二〇一五年有一項針對民調界進行的調查，結果發現民調人員自己也認為因為一連串的誤判，所以他們的名聲已經不如從前。有些民調從業人員認為這是媒體的偏見所致（媒體總是報憂不報喜，也總是落井下石多於雪中送炭），另有些民調專家則承認科技與民主化的發展讓民調對準確性的追求成為一大挑戰。「錯誤的民調，比正確的民調要有趣多了。」民調專家芭芭拉・卡瓦荷（Barbara Carvalho）對（本身也主打民調的）五三八新聞網這麼說。但另一位民調專家馬修・陶爾瑞（Matthew Towery）則在二〇一五年承認說：「很顯然，近三年來我們出了好幾次經典的大包。」[21]

此處的問題比較不在於民調——其準確性受限於實際參與者的人性——而在於民眾對於民調心懷不切實際的期待。民調並非未來會如何發展的書面保證。很多事情都會改變人的想法，包括無從預測起的事件到商業廣告。就像專家所從事的各種行為一樣，其表現的好壞應該看整體的趨勢，還有就是要看專家會不會虛心從錯誤中學習。同時每回可以被冠上「新可樂」汙名的失敗，其實都對應著數以千計的成功新品設計與準確的選舉預測。惟不變的事實是民眾總把你的失敗深深烙印在腦海，尤其如果事情結果令他們不滿意的話；至於你的成功不論再多筆，他們也毫無記性。

民眾對專家預測的期望過高，但也總會有專家覺得自己的天眼通到可以賣錢。長達幾十年的時間，政治學教授布魯斯・布埃諾・德・梅斯吉塔（Bruce Bueno de Mesquita）都一直在用其獨家軟體來替公私部門提供收費預測。近三十年來，梅斯吉塔教授的公司服務過大大小小的客戶，當中也包括美國中情局。中情局在一九九三年發表過一項研究，當中表明在數百次的預測當中，梅斯吉塔教授有高於局內分析師兩倍的機率可以「命中紅心」。

其他專家並無法檢驗梅斯吉塔教授的主張，因為梅斯吉塔用的預測方法並非發表論文裡寫得明明白白的研究方法，而是受到嚴密保護的公司資產。一如《紐約時報》在二〇〇九年的介紹中所言：

> 布埃諾·德·梅斯吉塔固然在學術期刊上發表過不少預測，但當中絕大多數都是祕密為企業或政府客戶服務，而這些企業與政府內部並無獨立的學者可以加以確認。「我們無法得知他到底是十次裡對九次，還是一百次裡對九次，抑或是一千次裡對九次。」（哈佛教授史蒂芬·）華特說。
>
> 對於中情局所作認為梅斯吉塔命中率有九成的研究，華特也不太以為然。「這不過是中情局的一名中階官僚在說：『這是個有用的工具。』」華特說。「這並不等於這名小官把重要國安幕僚布蘭特·史考克羅夫特（Brent Scowcroft）找來背書說：『在布希政府時期，我們任何事都要參考布埃諾的預測來做決定。』」[22]

布埃諾·德·梅斯吉塔的準確性不得而知，但真正的重點在於他的預測有人買單。每個決定都會影響人甚巨的組織團體——不論他們會影響到的是人命、金錢，還是兩者都有，都會無所不用其極地在下賭注之前搜尋各種資訊。一名專家若在此時跳出來說他或她可以窺見未來，那他們能贏得的商機，絕非其他虛懷若谷的專家可以比擬。

如梅斯吉塔之流的民調專家與顧問會收錢來預測事情，而這些建言值多少錢，取決於客戶。但還有其他專家跟公共知識分子也會預測，而專家預測的一次次失敗，都使得大眾對於學者跟專業人士的信心不斷流失。某些專家若早先未能預見蘇聯瓦解，或者錯誤承諾過伊拉克戰爭隨便打隨便贏，然後現在又跑回來對其他生死交關的事情發表意見，那輿論會有質疑聲浪也完全可以理解。

即便把專家**該不該**替人算命的問題先擱著，我們還是躲不開另外一個問題，那就是他們**事實上**就是一天到晚在替人算命，而且他們算出來的結果還都非常不準。在有個很多人讀過的「黑天鵝事件」研究中——黑天鵝事件指的是足以改變歷史的意外瞬間——納西姆．尼可拉斯．塔雷伯（Nassim Nicholas Taleb）痛斥了專家預測裡有滿滿的「知識傲慢」。

> 但我們的一舉一動，就像是自己有能力預測歷史事件一樣，尤有甚者，我們還會以為自己可以左右歷史的走向。不論是社福赤字還是油價波動，我們都能弄出今後三十年的預測，但我們怎麼就沒想到自己連明天夏天都看不準——我們在對政經事件預測上所累積的錯誤之巨，讓我每回回顧過往都得掐痛自己一下，不然我都會以為自己只是做了大夢一場。[23]

塔雷伯基於世事無常所提出的警語，是個很重要的觀察，但他對於「預測無用論」的堅持，卻顯得有點不食人間煙火。只要有一絲機會可以利用專業去預測未來，人類都不會簡簡單單地束手就擒，這就是人性。

所以說問題不在於專家應不應該插手預測，因為不論你怎麼認為，專家都不會歇手。專家所身處的社會與統治社會的人類領袖，都一定會要求專家把預測事情當成一種義務。我們真正應該當成是問題的，是專家應該在何時、以何種方法進行預測，還有就是當他們預測錯誤的時候，我們的下一步又該如何。

二〇〇五年，學者菲利浦·泰特拉克（Philip Tetlock）針對社會科學中的專家預測進行了資料的蒐集，結果他發現很多人懷疑之事竟然為真：「當我們以簡化至極的測量標準時——我說的是玩票的業餘人士、是射飛鏢的黑猩猩、也是綜合外插演算法——去測量專家的表現時，我們會發現專業極少能轉化成進位精密而具鑑別力的預測。」[24] 就這麼看來，專家預測未來的能力並不比賭場的輪盤強得了多少。泰特拉克的初步發現，證實了許多素人的懷疑為真，那就是專家其實也不太知道自己在幹什麼。

但是這種反應，恰恰證明了素人對於專業的理解有誤。正如泰特拉克本人所言，「極端的懷疑主義者很歡迎這樣的研究結果，但一旦看到我們發現專家在預測表現上呈現出穩定的趨勢時，他們就開始坐立難安了。極端的懷疑主義者會說我們不該有任何期待……但資料顯示專家在預測上的穩定表現，不是單用機率二字就能交代過去的。」[25]

事實上，泰特拉克並沒有拿專家去跟世界上的每一個人對比，而是拿他們去跟基本的「比例尺」做了對比，其中特別是包括了其他專家的預測。我們該問的不是專家是否預測事情跟一般人無甚差別，而是何以同樣是專家，預測起事情的表現會有高下之別。這是兩個截然不同的問題。或者如詹姆斯．索羅維基（《群眾智慧》一書作者）所點出的，他說「認知的多元性」非常重要——意思是多重視角有機會勝過看事情的單一角度，正所謂「三個臭皮匠，勝過一個諸葛亮」，但請注意這並不表示「你可以召集一群多元歸多元但卻什麼都不懂的烏合之眾，然後期待他們的集體智慧可以強過專家」。[26]

泰特拉克的發現不是專家敵不過路人的瞎猜，而是有某一類的專家似乎更能將知識應用在假說的建立上。泰特拉克使用英國思想家以撒．柏林（Isaiah Berlin）的「狐狸」與「豪豬」之辨來區分知識面廣泛而包山包海的通才專家（上通天文下知地理的狐狸），以及知識面狹隘但深入的專才專家（專攻一項絕技的豪豬）。泰特拉克的研究，是關於專家思考方式的經典研究，值得字斟句酌地細讀。但整體而言，他最有趣的一個發現可以濃縮如下：當專家想要從解釋過去跳到預測未來時，所有人都會不會太順遂，但一定要比的話，狐狸一般會在表現上贏過豪豬，至於理由則不只一項。

遇到困難，豪豬會全力把自身的專業外推出去，希望擴大解釋自己的專才去適用專業以外的情境，而狐狸則較能在面對全新優質資訊時整合更多的材料，用接納的態度來改變自身的想法。「狐狸那種自我批判，正反論點輪替的思考方式，」泰特拉克發現，「讓他們不至於過度沉迷於自身的預判，反之豪豬，尤其是優秀的豪豬，就很容易對自身的預測敝帚自珍。」[27]

技術類的專家，就是最具代表性的豪豬，他們不僅預測事情很不準，而且還不太懂得擴大自已的知識面來消化專業以外的資訊。專業領域有著非常明確界線的專家，會有一個問題，那就是只要出了自己的專業領域，他們就會顯得束手無策，這時候直覺就會要他們當起「馬蓋先」，拿自己手邊僅有的東西隨機應變。他們會明明自己手中的工具跟所面對的問題根本不合，卻還是硬著頭皮把「家私」給用下去。[28]像這樣硬上而得出來的預測不僅流於過度自信，而且也經常與實際的結果有相當出入。這類預測會難以命中目標，主要是因為科學家做為代表性的豪豬型專家，經常不懂得如何從他們狹長而高度複雜的專業跑道以外接收資訊、消化資訊。

這當中的教訓不僅值得專家學習，也值得我們所有素人學習，尤其是那些喜歡批判，甚至挑戰專家預測的素人。

首先第一點是即便專家預測錯誤，我們也不太能以此來評斷專業能力的好壞。專家不論是在做預測時，還是在剖析過去時，都會在其中加入大量的前提，畢竟這個世界並不那麼井然有序，而是時時都存在著不可預見的意外，而這些意外都會產生漣漪，進而對最終結果產生巨大的效應。一場心臟病發或一個意料之外的颶風，都可能以配角之姿讓歷史主線的走向急轉直下。惟素人往往會對這些假設性的前提或條件視而不見，但其實這些前提都非常不容小覷。這就是何以在看氣象的時候，民眾經常會只看到會下雨，而沒看到氣象局說的是有七成的降雨機率。一旦那三成的放晴機率成真，民眾不會覺得是氣象局洞燭先機，而會覺得氣象預測不準。

我這麼說，並不是要替個別的專家開脫，更不是說專家做為一個族群可以沒有責任地在見解上犯下大錯。一九七〇年代，沒有一個蘇聯專家可以預測到蘇聯會在一九九一年解體。反方的意見，也就是蘇聯政體不可能解體的看法，有大量的專家集結。而這種剛愎不僅代表嚴重的誤判，也長年為俄羅斯研究蒙上陰影，值得該領域的專家引以為鑑（只可惜他們好像還是學不乖：有長達二十年的時間，俄羅斯事務專家都沒學會應該相互監督，反而是自掃門前雪地對別人的錯誤睜一隻眼，閉一隻眼）。

但眼見專家預測錯誤，我們也不能溯及既往地否定專家所知比素人多。素人不應妄下結論地將專家的某個誤判當成證據，藉此來推翻專家所有的意見。亦即即便專家在某個預測上犯錯，我們也不能以偏概全地認定他們其他的判斷也同樣無效、同樣不值一哂。民調專家奈特・希爾沃（Nate Silver）之所以聲名大噪，是因為在二〇〇八與二〇一二年兩次總統大選中的預測神準。但他後來也坦承自己在二〇一六年看錯了共和黨候選人川普，原因是他設定的假設存在瑕疵。[29]川普現象實在出乎太多人的意料，但即便被川普如此擺了一道，希爾沃的其他見解依舊屹立不搖。專欄作家諾亞．羅斯曼（Noah Rothman）後來評論：「川普的表現，證明了政治學者多年來當成研究對象的規則，不少在今年的選舉中並不適用。但『我們對政治所知有部分偏差』，並不能直接解釋成『我們對政治一無所知』。」[30]

要某些專家出來為預測結果不如其他專家負責，不是不行。但把問題簡化成粗糙的是非題，然後說一般人猜對的機率也不輸專家，則是從根本上誤解了專家或專業所扮演的角色。真的說起來，這種不分青紅皂白也毫無鑑別力的問題，只是讓專家方便卸責而已。有個老笑話是這麼講的：英國一個老公務員在看盡二十世紀國際風雲之後，終於從外交部退休。「每天早上，」這位經驗豐富的前外交官說，「我都會去到首相的面前會報說**今天沒有世界大戰**。而我可以很驕傲地說在四十年的公務生涯中，我只錯過兩回而已。」若光看帳面數據，那這位老前輩的勝率還真的相當值得自豪。

專家提出建議與預測的目的不在於猜對銅板的正反，而在於幫助我們面對可能的未來能做出明智的判斷。在一九八〇年問蘇聯會不會在二〇〇〇年之前垮台，是一種是非題；在過去幾世紀中問我們該如何提高讓蘇聯和平解體（而降低流血衝突的）機率，是完全不同性質的申論題。

以我自身在蘇聯事務研究上的背景，嗅覺敏銳的讀者可能已經懷疑起我是否也是當年猜錯的蘇聯專家一員。這些讀者會懷疑我當年是否曾在學校裡打過嘴砲，而我也虛心接受這樣的質疑。

答案是，我並沒有猜錯蘇聯解體一事，但那只是因為我連猜的機會都沒有。我一九八八年才從研究所畢業，當時蘇聯的政體已經明顯出現裂隙。要輪到我對蘇聯政局看法犯下超離譜的錯誤，還得多等十年。誤判情勢的風險之高我深有體悟，畢竟我也有過自己必須挑起責任的失誤。

二〇〇〇年初，我在一篇文章中提到俄羅斯新領導人的崛起，我說的是當年還沒沒無聞的弗拉基米爾．普丁（Vladimir Putin）。當時我評論說普丁可望成為俄羅斯朝向民主進一步邁進的階梯。當然如今回首前程，我簡直是錯到不能再錯。普丁不但不是民主的階梯，反而根本就是個獨裁者，而且還是個持續對全球和平造成重大威脅的獨裁強人。自己**為什麼**會被他耍得團團轉，至今都仍是個讓我潛心研究或與同事討論時會提及的主題。我尤其會和志同道合的同事探究這個謎團。我們在二〇〇〇年時是從一開始就被普丁給騙了嗎？或者我們當初樂觀以待並沒有錯，只是普丁後來墮落了而我們沒有察覺嗎？還是說克里姆林宮裡發生了什麼不為外人所知的事情，以至於俄羅斯的整個領導階層都一起踏上了獨裁與國際威脅之路呢？

對於素人來說，這些問題其實怎樣都無所謂，素人本來就不用管到這麼細。而當年被逼到牆角，非得對普丁下個結論的時候（這是不少研究俄羅斯問題的專家宿命），我給了一個斬釘截鐵的定論，而沒有用比較有耐性而不那麼有趣的觀點去應付交差。換句話說，我並沒有說我們應該多觀察普丁一段時間。但事隔二十年，當初一場糊塗的預測，會讓我如今對俄羅斯的分析與建議變得一文不值嗎？經過這些年的歷練，我討論起普丁轉性的動機，會還比不上一個勤於閱讀的平民百姓嗎？

我對普丁的判斷曾經錯過，但不可改變的事實是一般人仍難以把複雜的俄羅斯政治說分明，更不可能在大學開一門課講授俄羅斯政治局勢入門。我跟同僚之所以會看錯普丁，是一個非常值得探討的問題，畢竟這能迫使我們去重新檢視當初的假設，並參與在專家社群中有如義務的辯論與自省。不少人對普丁非常悲觀，但這些朋友的悲觀並不是出於某種分析，而是反射性的恐俄反應或臆測，而這兩者都無助於國安政策的擬定。一項欠缺根據的判斷，就算是給你矇對了，也還是不如推理正確的錯誤判斷有參考價值，因為計算過程正確而最終答案錯誤的解題內容，仍值得我們加以分拆、解析、修正，最終重新得出正確的答案。

修補關係

說到專家的功能無法正常發揮，專家與素人都有責任要負。專業人士必須承認自己的錯誤，公開自己的錯誤，然後說明自己會採取哪些步驟去修正這些錯誤。素人則必須更加節制，不要動輒便要專家改行當靈媒，然後就是素人得自我教育，讓自己懂得無心之過與存心欺騙之間的差別。

整體而言，專家本來就會檢討自己的錯誤，但他們只會在私底下這麼做，不會公開為之，除非你平日會看醫學期刊，或是願意把某篇社會學論文的統計學分析找來讀，否則一般人根本不會知道專家事後都檢討了什麼。而且老實說，我覺得專家與學者也大多寧可素人不要這麼勤勞，因為太專業的東西素人幾乎都看不懂，到時候一知半解的意見不但不能釐清真相，反而會讓事實愈辯愈不明。

這個時候，我們就需要「公共知識分子」跳出來來多扮演一些角色了。所謂公共知識分子就是可以在專家跟素人間扮演橋梁的一群人。假設今天有一種新的醫學療法出現了，但在進行討論的不是不會說白話且根本握有既得利益的白色巨塔醫師，就是不具備科學背景可以檢視複雜科學主張真偽的記者，那這狀況就會對普羅大眾非常不利，因為這會騰出非常大的操作空間，讓業餘者、奸商、郎中與陰謀論者可以（通常在網路上）大展手腳牟利。

公共知識分子常被自家人揶揄說是在「譁眾取寵」，而這麼說其實也不算全錯。這個世界恐怕還真的不需要再多一個比爾・奈（Bill Nye）來當我們的「科學先生」（Science Guy），然後在他的科普電視秀中對全球氣候變遷發表一堆意見。或者在外交政策上，我們也不需要再有更多的退休官僚或中階退役軍官來在媒體上爭相發表一些看似深刻的言論，反正他們也不過就是因為現在媒體太多，而有時段或頻寬必須填滿而已。但如果公眾與專家之間的鴻溝太深，那最後就會變成專家只跟專家對話，而大眾則會被屏除在會影響他們人生的決策之外。

話說回來，公民仍是最應領銜主演的主角。公民必須自我教育，他們不僅應該對切身的問題有所認識，還應該去認識那些所謂的名嘴是什麼來頭。像泰特拉克，就主張我們應該要仔細去檢視名嘴與專家的來歷，藉此來鍛鍊自己，讓自己能夠對接收到的建議更有鑑別力。受眾進步了，名嘴或專家才會有「動機或壓力去提高自身產出的知識價值，而不會只是在同溫層裡重複受眾想聽到的東西」。[31]

把劣質名嘴的紀錄翻出來，也要民眾在乎才有用。若是民眾依舊習於透過電視螢幕被動接受資訊，又或者只會上網找自己想要看到的網頁內容，那再多的紀錄曝光也是枉然。素人必須要捫心自問一些重要的問題，包括他們是不是真心想要了解一個問題，是不是真的願意面對自己不樂於見到的事實。他們必須針對消息來源更加講究，必須對專家的背景一絲不苟。

一名素人若真的相信維他命C能夠治好癌症，那聲譽卓著的專家就難以與圖文並茂的網站頁面抗衡。沒做功課的公民若真心相信侵略外國（或在邊境蓋一堵牆）可以解決美國的問題，再大一落專家的分析也無法撼動他或她的心意。

素人必須認知到自己知道什麼跟不知道什麼，那都是自己應該負起責任的事情：推說這個世界太過複雜，或是資訊的來源太過龐雜，甚至於抱怨政治拽在看輕民眾的無名專家手裡，都是幼稚的卸責之詞。

民眾必須同時帶著懷疑與謙遜的心情去接觸專家的建議。哲學家伯特蘭・羅素在一九二八年的一篇文章中寫到過，素人必須對專家的發言進行評估，而且是要拿出自身的邏輯去謹慎推敲。

> 我所提倡的懷疑之心，必須符合以下三點：（一）當專家看法一致時，反面的意見便不能推定為真；（二）當專家看法有分歧時，非專家者不能認定任何一種看法為真；（三）當專家都認為資料不足以做出結論時，一般人也理應不要妄下斷言。

光是知道專家一致的看法為何，是不夠的。同樣重要的是我們必須接受專家一致認同的看法也有其局限，所以我們也不該逾越專家所言而做過多的引申。

再者，素人必須理解專家不是官員，官員才是政策的擬定者。專家只是對國家的領導階層提出建言，而他們的聲音比一般民眾有影響力而已，但最終決斷的畢竟不是他們。在民主社會裡，包括像在美國這種高度制度化與官僚化的共和國當中，都少有專家可以在政策判斷上獨斷獨行。相對之下，官僚下起市議會上至白宮，都對從藥物到國防等眾多關係到國計民生的重要決策，有著最後拍板的大權。如果素人拒絕負起身為公民的嚴肅責任，也不願透過學習去了解切身的議題，那民主就會變質成被科技官僚把持的專家政體。很多素人所擔心的，就是自己的家國會在不知不覺中淪為專家治國。

民眾若希望能借鑒專家的意見，但讓專業人士能謹守公僕的分寸而不要反客為主，那身為素人的他們就必須要接受自身的能力有限。人人都自認是專家，那民主制度就玩不下去了。確實，專家若覺得自己可以不聽民眾所言就把國家撐起來，那這是太過狂妄自大了。但反過來說，素人若自戀地覺得自己可以不靠學經歷都勝過自己的專家幫忙，就把一個龐大的先進的國家維持下去，那也未免太無知了。

如何在這當中找到平衡點，進而消解專家與社會大眾之間日益令人擔心的衝突，是我們壓軸要用最後一章來討論的問題。

結論

專家與民主

一支民族若想自治，就必須要先武裝自己，而知識的力量就是他們最好的武器。

——美國第四任總統詹姆斯．麥迪遜（James Madison）

我保留無知的權利，無知是西方的生活方式。

——小說《冷戰諜魂》（*The Spy Who Came In from the Cold*）

「專家爛死了」

二〇一六年，正當英國脫歐與否的辯論進行得如火如荼，倡議脫歐的陣營點名了（多數警告脫歐是錯誤之舉的）專家是庶民與選民之敵。邁可．葛夫（Michael Gove）做為英國脫歐的大將，曾主張說事實不若英國選民的感受重要。「我覺得這個國家的百姓，」他輕佻地說，「已經受夠專家了。」

但美國作家兼外交政策專家詹姆斯．特勞伯（James Traub），後來就此對葛夫加以反駁：

> 我在想「專家」二字由像葛夫這種「內行人」的口中說出，自然是一種用來諷刺人的詆毀之詞，畢竟他自己畢業於牛津，而且曾在保守黨執政時間擔任大臣多年。葛夫其實真正想說的，是民眾應該有用幻想來滿足自己的自由，不用受礙事的事實拖累。[1]

奈傑・法拉吉（Nigel Farage）是英國獨立黨（United Kingdom Independence Party）的黨魁，這顧名思義是一個「尊英攘外」的政黨，而這位黨魁的話說得更加過分。法拉吉說所謂的「專家」，其實根本是被英國政府收買或領歐盟錢的傳聲筒。[2]二〇一六年七月，英國脫歐的公投結果出爐，出走派以百分之五十二的些微過半勝出。

上述對於專家的攻訐，是一種策略，其目的是要利用眾多英國選民在政治上的常識不足，以及直覺上對於廣大反脫歐專家們的不信任感。只要能成功操弄無知民眾的反射性情緒，政客便能從中獲取政治利益。短短幾天，在票數順利統計出來之後，脫歐陣營便有不少人出來承認他們的主張要嘛誇大其辭，要嘛根本不符事實。「老實說，」支持脫歐的英國政治人物丹尼爾・翰南（Daniel Hannan）在電視上說，「如果觀眾認為他們現在既已投票決定，今後就不會有任何歐盟移民抵英的話，那他們可就要失望了。」翰南的發言激起了選民的反彈，因為他們顯然以為自己投下的一票代表某種涵義，但事實上根本不是那麼回事情。「有些人就是怎樣都不會滿意。」翰南先這麼回應，然後又說自己要「從推特上消失一個月」。[3]

英國要真正與歐盟一刀兩斷，還是好幾年以後的事情，但反智與伴隨而來對專業的不信任，卻在二〇一六年的美國總統大選中就等不及地扮演了核心的角色。二〇一六年初在威斯康辛的一場造勢活動裡，共和黨候選人川普對專家火力全開。在早先的每次辯論中，川普常在基本的選舉議題上被弄到啞口無言，而此時的他終於展開了反擊。「他們說：『喔，川普身邊沒有專家。』」他會這麼對支持者說。「但大家知道，我一直想跟他們說一句話……專家爛死了。他們說：『川普得找一個外交政策幕僚。』……但就算我真的沒有好了，我們現在有真的選得很糟嗎？」[4]

川普對於專家的這種不屑，是在利用美國大眾的一種迷思，主要是美國人一直覺得自己的生活操之在專家手裡，而這些專家不但愛管閒事，而且還管得很爛。川普在二〇一六年的崛起，得歸咎於不只一個原因，其中有些原因（比方說過多候選人的一團混仗之後，產生出的只是相對多數的贏家）只是時勢所致。但總之川普得以在最後登上大位，無疑是對專業敲響了最新也最響亮的一聲喪鐘。

從許多方面來看，川普的選舉過程都是他以一人之力單挑整個知識體系。在最早質疑歐巴馬出生地的那群人當中，川普赫然在列，事實上他曾要求歐巴馬證明自己的美國公民身分。他把《國家詢問報》（*National Enquirer*）當成寶，一天到晚引用這份八卦報紙的報導。他與反疫苗的運動為伍，他承認自己的外交政策是看周日晨間的電視分析擬定。二〇一六年初，最高法院法官安東寧・史卡利亞（Antonin Scalia）安詳辭世，但川普卻指稱其死因是人為因素，也就是遭人蓄意謀殺。他指控泰德・克魯茲（Ted Cruz）這位黨內競爭者的父親曾涉入「陰謀論之母」，也就是甘迺迪遭刺殺一案。

造勢演講中的口誤或出包，是候選人的一種職業風險——時任參議員的歐巴馬曾宣稱自己足跡踏遍美國五十七州——但川普在競舉過程中的無知，已經到了恣意妄為而且毫無空檔的程度。嚴肅政策上一些非常基本的問題，川普都完全無法回應，但他並沒有為自身的無知感到慚愧，反而還顯得有點興高采烈。被問到由「陸基、艦射與空投核彈能力」組成的「核三角」（nuclear triad），也就是任何人一旦當選美國總統後會掌控的強大核武軍火庫，川普的回答顯得閃爍其詞：「凡是跟核子有關的東西，我們都必須戒慎恐懼，必須非常小心。核子武器會左右整場戰局。」在不知道他在說啥的記者逼問之下，川普補了一句：「我覺得——我覺得對我來說，核子武器是真正的力量來源，我很看重核武的毀滅能力。」

這些胡言亂語，可不能打發成是口誤。川普一名發言人在被要求釐清川普所說為何意，但她卻打哈哈說川普所言不是重點。這位發言人，卡翠娜・皮爾森（Katrina Pierson）對福斯新聞網說大家只要知道一件事情，那就是川普很強悍就行了。「總統不敢用的話，那核三角威力再大又有何益？」她還這麼反問美國。跟皮爾森同場的一名來賓是律師兼政治評論員寇特・史里克特（Kurt Schlichter），他同時也是名退役的美軍上校，而且他在軍中的專長就包括化武與核武。還有一點不得不提，那就是不論從任何一種標準去評判，史里克特先生都是一名不折不扣的極端保守派。但即便是這樣的他，也顯然對卡翠娜的發言大表意外。「核三角存在的意義，就是要你怕，就是要你不敢去用它。」他這話用上了非常強調的語氣。

川普撐過了這一切，他拿下了共和黨的提名，並且最終在總統大選中勝出。這是因為到了最後，他還是跟特定的選民之間產生了共鳴，這群選民相信像什麼核三角這種東西，只是唬人把戲，不知道也沒有關係。

事實上選民不光是不在乎川普的無知或錯誤，他們有些人根本聽不出來川普哪裡無知、哪裡錯誤。心理學家大衛．鄧寧——前面提到跟同僚賈斯汀．克魯格共同發現「鄧寧—克魯格效應」，也就是愈笨的人愈感覺不到自己笨的那位鄧寧——他認為川普支持者之中就有這種效應在進行，甚至可以說二〇一六年這整場大選，都可以用鄧寧—克魯格效應的角度去理解：

> 眾多評論者都指出（川普）一路錯得臉不紅氣不喘是果，而他據稱有的自戀與自我中心性格為因。我的看法是剛好相反，我認為川普是因為看不出自己哪裡錯，所以才會讓自戀跟自我中心的個性一發不可收拾。
>
> 選民欠缺專業知識，固然可嘆，但只要選民們自知自己的公民知識不足，那我們就

還不用太過擔心。只要選民有自知之明，那他們就可以去彌補這一點。但鄧寧─克魯格效應告訴我們事情由不得我們這麼樂觀。鄧寧─克魯格效應顯示某些選民，特別是那些生活困頓的選民，會覺得川普的某些話還滿中聽的，至於川普胡說八道的那些東西，他們並沒有能力加以指認並要川普負責。[5]

換句話說，川普的支持者並沒有對他的口誤或無知放水，而是如鄧寧所說：「他們根本沒看出川普哪裡錯了。」

川普在二〇一六年最強大的支持，不意外地密集來自於教育程度偏低者。「我超愛教育程度不高的人」，川普在共和黨內華達州初選勝利後說得得意忘形，而他的這份愛也顯然得到了回應。[6]這群書讀得不多的美國人認為自己的人生正毀於一股無形的力量，而國家領導人身上只要顯現出一丁點知識力，都會讓人感覺非常可疑。這樣的一群人，在川普身上看到了希望。問題是這些川普支持者是哪來的這種被迫害妄想，他們怎麼會覺得政治菁英或他們在知識界的盟友會合謀來對付庶民百姓？

這有一部分的原因，在於他們觀察到政治菁英與知識分子的行為舉止。比方說在川普高呼專家無用論的一個月之後，歐巴馬總統的一名高階外交政策幕僚就坐實了外界對於專家介入國政的指控。歐巴馬政府準備了一份新聞稿要給國會與美國民眾看，希望藉此說服國會與輿論支持美國與伊朗簽署核武協定，而在描述這份新聞稿時，副國家安全顧問（Deputy National Security Adviser）班・羅茲（Ben Rhodes）對《紐約時報雜誌》（*New York Times Magazine*）說政府當局知道要「（他X的）好好寫篇作文」。

羅茲在訪問中面對的是《紐約時報》記者大衛・山謬爾斯（David Samuels），而報導一出，山謬爾斯本身（對於美伊核武協定跟報導中提到某些人物）的立場中立性也遭到了質疑。[7]但即便如此，羅茲的發言還是沒有什麼忌諱：他明明白白地點名了這篇政策說帖背後有哪些智庫、哪些專家跟哪些記者。

> 我請他解釋為何有專家一個個跳出來聲援這項協議，他坦承：「我們創造了一個回音間。」「他們都是順著我們提供的資料在發言。」羅茲說。
>
> 我問他覺得像這樣子帶風向的作法如果換歐巴馬以外的政府來做，他會不會擔心，他承認會。「我是說如果可行，我也希望看到清醒而理性的公共辯論，然後再由國會根據辯論結果來投票決定事情，」羅茲聳著肩說，「但那根本就不可能發生。」[8]

資深政府官員堅稱國安等大政方針太重要也太複雜，所以不能交由資訊不足的大眾來議定，並不是什麼新鮮或稀奇的事情。祕密外交與由黨工來帶風向等作法，是每個民主政府都很認真在做的事情，美國政府自然也不例外。

只不過羅茲的狀況稍微有一點點特別，主要是他的發言對專家跟公共政策間的關係造成了不小的傷害。基本上羅茲的發言是在大放厥詞說美伊的協定之所以能順利搞定輿論，是因為直接跳過了專家之間的辯論，然後再欺負占國內線與政治線大宗的新媒體與年輕記者不懂。「跟我們對話的記者平均才二十七歲，他們僅有的報導資歷都是跟選舉相關，」羅茲說。「執政跟選舉差太多了，他們根本什麼都不懂。」

羅茲的意思很清楚了。他不僅覺得民眾太笨，所以不可能理解美伊條約在講什麼——羅茲這話其實沒錯，只不過他也沒做些什麼去讓民眾聰明一點——他根本就覺得所有人都太笨，所以不可能理解美伊條約在講什麼，包括國會議員。對羅茲來說，作點弊讓政策辯論順利通過，是有利於國計民生而不得不為之惡。

川普與羅茲的風格不同，但兩人都利用大眾的無知來遂行自身的利益。換句話說，這兩人只是策略不同的一丘之貉：川普動員了選民中最憤世嫉俗跟欠缺知識的一群人來幫助他取得至高的權位，羅茲則一手導演了美伊的武器協定，這包括他丟出了虛構的說法來餵食需求個說法的大眾，完全跳過該與社會大眾進行的對話，然後還私以為自己跟很多人一樣都是用心良苦。

是可忍孰不可忍，川普與羅茲的作法均可謂令人髮指。專家的角色會在今日美國社會中落得如此不堪，太多人罪無可逭，所以本書到目前為止才會一直罵個沒完。專家本身，以及教育工作者、記者、娛樂媒體集團等，都在這件事情上推了一把。不過話說到底，我們最終還是得讓那群人負起責任，他們才是美國淪入這步田地的罪魁禍首：我說的是全體美國公民。

專家與民主：死亡螺旋

專家與政府誰也少不了誰，尤其在民主社會裡。確保百姓福祉所需要的科技與經濟進步，必須以良好的分工為前提，而社會分工就會創造出各行各業。專業精神會成為一股動力，讓專家們願意使盡渾身解數來服務客人，但這也包括專家會尊重自己的專業，也會要求外界尊重其專業，專業會成為一條不容跨越的界線。這才是專家能對其終極客戶——整體社會——提供的頂級服務。

獨裁社會，也同樣會要求專家為其服務，只不過獨裁者的要求由不得你拒絕，而且你提供的服務也必須完全符合他們的心意。獨裁政體會在效率與生產力上輸給民主國家，原因就在於此。美國人老以為納粹德國或類似的政權比民主國家有效率，但那其實是長年的一種迷思。[9]在民主國家裡，專家對大眾的服務具有社會契約的性質。公民會就五花八門的議題把決定權交到民選代表與其專家幕僚手中，而專家在努力工作之餘會要求他們的產出得到公眾基於充足資訊與理性判斷所賦予的信任。

專家與公民間的關係，就跟絕大多數民主制度下的互動關係一樣，都建立在互信的基礎上。一但這樣的基礎崩解，專家與素人就會變成交戰的兩方。一旦事態朝此方向惡化，民主本身就可能陷入死亡漩渦，進而讓暴民政治或由技術官僚把持的菁英統治成為迫在眉睫的危險。這兩種終局都是威權統治的變形，也都是美國現狀所面臨的重大威脅。

這就是何以專家與公民關係的瓦解，就等同於民主制度的失能。美國民眾在常識上的極度欠缺，包括包括政治文盲與生活白癡，都是造成民主效能不彰的癥結所在。民主制度所有的弊病，都是在常識匱乏這片溫床上生根發芽，二〇一六年的總統大選只是最近爆發的冰山一角。一如作家丹尼爾・李比特（Daniel Libit）所描述的，美國的公共政策專家被川普的當選弄得很氣餒，因為這場選舉在他們眼裡，不啻是「美國選民日益無動於衷的又一筆有力明證」。[10]但其實早在川普現象出現之前很久，警訊就已經一再地出現。

如同作家蘇珊・傑可比（Susan Jacoby）在二〇〇八年所言，美國朝無知傾斜之路上最令人膽顫心驚的風景，「並非單純的無知，而是無知與傲慢的組合」。

問題不僅僅在於我們有不知道的事情（國家科學基金會〔National Science Foundation〕說每五個美國成人就有一個以為太陽繞著地球轉）；真正令人擔心的，是有多少美國人志得意滿地覺得自己根本不用管到底是誰在繞著誰轉……摻了反理性與無知的一鍋毒藥，戕害的是從健保到稅制等各式各樣的美國政策辯論。[11]

美國的平民百姓恐怕從來就沒有對頂著傲人學位的專業階級有過太多好感，但以前至少還不會有普遍把專家所學視為洪水猛獸的亂象。把這種亂象稱為「反理性」，算是客氣了，比較貼切的說法應該是開人類文明演進的倒車，是在與已經證實的知識分道揚鑣，是在退化回口耳相傳的民俗傳說與迷思懷抱——好吧口耳相傳這部分倒是進步了，現在我們都是用正負電子的速度在以訛傳訛。

各種常識的節節敗退與無知任性的步步進逼，多少使得公民與公共政策間的脫節陷入惡性循環。民眾對於自己所受到的統治方式所知甚少，關心更看不到。不論是經濟、科學或政治體系的運作模式，他們都不想知道。而愈是不想知道，這些事情就變得更難以理解，愈是難以理解，公民們就愈覺得疏離。到了一個程度，他們就會索性把教育跟公民參與拒於門外，然後把心思用在其他方面的追求上。這麼一來，他們又會在公民的表現上更加失格，於是惡性循環就此成形，以致積重難返，反正不去搞懂那些艱澀的東西，現代社會多的是大眾口味的娛樂產業可以供我們逃避與分心。

有生之年原本難以想像的各種３Ｃ玩意兒與訴求方便的產品，如今都已經躍然眼前，美國人（與許多西方人，這麼說比較客觀公平點）都像是在鬧小孩子脾氣似地抗拒學習，抗拒政治，抗拒去影響會左右自己人生的政策走向。你可以將之想成公民社會的崩壞，而其他的惡果也將如滔滔江水隨之而來。

比方說公民之間若缺了有識之士，那就是將國家與社會的方向盤拱手讓給掌握知識的行政官僚與學界菁英。奧地利經濟學者海耶克（F. A. Hayek）在一九六〇年代寫過一段話，除了常被西方保守派引用之外，更深受美國自由意志主義者鍾愛：「今日民主所面臨最大的危險，來自於現代政府中最不可或缺也最握有大權的那些人，也就是以效率為本，凡事都打著公眾利益大纛的那群專家行政者。」[12]

美國人口若是一道光譜，那其上即便是再偏向智識一方的那群人，也會同意海耶克說的這段話。在很多面向上，非民選的官僚與政策專家都會以超乎比例的力量影響著美國民眾的生活日常。只不過以今天的狀況來看，這種現象比較是出於民眾擺爛，而不是因為出於誰的精心設計使然。民粹主義其實反而是強化了現存的菁英主義，理由是無知變成一種美德，並無益於通訊衛星的發射，無益於替美國公民在海外爭取權益，更無益於提供有效的醫療給百姓，而這些都是再低端的民眾都覺得理所當然而一定要有的福利。面對這樣一群只知道享受而不懂得背後原理的民眾，專家也會變得意興闌珊，進而只跟其他專家對話，至於在素人面前就變成啞巴。

在此同時，美國人對本國政經體系所能提供的東西，在期待上顯得愈來愈不切實際。這種集體的「公主病」，正是美國人老是對專家跟菁英分子氣噗噗的原因，而且現在要被認為是菁英分子並不難。只要你還讀過兩天書，然後又不願意棄明投暗去跟大眾抱團的，那你就是菁英分子，你全家都是菁英分子。聽到專家說助人脫貧跟預防恐攻都沒有想像中簡單時，美國人會把白眼翻到背後去。因為無法理解身邊的各種疑難雜症，所以他們索性選擇不看不聽不了解，然後矇眼把所有不開心都怪到專家、民代、官員的身上，都是他們把事情都決定好了也沒通知一下。

哪些人知情，哪些人決定

關於民主與專家所深陷的死亡螺旋，這裡要介紹另外一名始作俑者：搞不懂或專家與民選官員的差別，或者故意不想弄懂這一點的所有公民。對許多美國人來說，「菁英分子」一詞已經變成一頂大帽子，一起戴著它的是面目模糊而有錢有權的一群高知識分子。這種想法很顯然是在泛傻，因為有錢人並不都有權有勢，有權勢者並不全都家財萬貫，知識分子與政策專家更是鮮少有錢可揮霍還是大權在握（不信你看看我）。

小布希在總統任內搞錯很多事情，但有一樣他是對的，那就是「布希政府」不論做了什麼事情，那都是他的決定。專家可以建議，但也只能建議，最後還是民選領袖說了算。事實上，政策專家與民選官員幾乎從來不會有身分重疊的時候，這一點有其先天的限制：一天只有二十四小時，民意代表就算是在市議會或美國比較小的州議會裡服務，也不可能有時間去精通所有現代政府需要關注的政策議題，那一國之尊的總統就更不用說了。這就是為什麼政策決策者需要把專家聘為幕僚，因為如果官員的工作是把決策做好，那專家的工作就是把決策前的功課幫主子做好。

有的時候，這種幕僚與官員之間的夥伴關係也會出包。專家會搞錯事情，然後會帶著官員走向災難，比方說專家最常被鞭的就是像越戰這種舉國的創傷。反正是馬後炮，所以批評者怎麼說都對，他們會罵得好像當初這些事情是可以避免的，誰叫主政者要問專家而不去問路人。

但當然這種回歸庶民知識與美德的訴求，只是一篇浪漫但說不通的廢文。伊凡・湯瑪斯（Evan Thomas）是一名記者兼美國前總統尼克森（Richard Nixon）的傳記執筆者。他承認像他們學者中「最冰雪聰明的翹楚」如亨利・季辛吉（Henry Kissinger），乃至於「實業家中的巨擘」如國防部長勞勃・麥納瑪拉（Robert S. McNamara），都「絕非完人」，並且他們「身上都背負著越戰的錯誤、背負著五萬八千條美軍英魂，更別說當時還死了數百萬名越南人，也都要算到他們的頭上」。[13]但也如湯瑪斯所點出的，這同一批專家與菁英也「鞏固了國際社會的秩序，使其得以在核戰的邊緣覓得平衡點。他們繁榮了貿易、深化了盟國關係，送出了數十億美金的美援」。

這些作為沒一個能譁眾取寵，但這些決策確實一條條幫到了美國，也幫助了西方盟國撐過了冷戰的寒冬，最後取得了和平收場的理想結果。更重要的是，大家可以想想若把這批專家換成一票不學無術的民粹主義者，他們又會在冷戰期間選擇哪些政策？湯瑪斯挑戰讀者「拿一九六〇年代的政策失誤，去對比一下華府在外交政策上曾採取過的社會輿論共識決」。

一九三〇年代，國會關閉了自由貿易的大門來保護美國國內的產業，他們聽取的建議來自於一群希望美軍規模小而別那麼花錢、而且也不用跟盟國糾纏不清的選民。結果呢？斯姆特——霍利關稅法案（Smoot-Hawley Tariff Act）把關稅拉到極高，最後引發了惡名昭彰的經濟大蕭條，外加國際聯盟（League of Nations）的失敗讓法西斯主義與全球大戰見縫而起。

這說明了很重要的一點：不論當時還是現在，美國人都有種不見棺材不掉淚的心態，非得到事情出了問題，他們才會認真去思考像總經政策或外交事務等課題，其他時候反正太平日子照過，東西沒壞不修。

但不變的問題是美國究竟需不需要這些專家，畢竟專家的建議已經被分散到無以復加，當災難襲來，我們根本不知道該找誰簽收該負的責任。為此，就有一位安德魯．巴瑟維屈（Andrew Bacevich）曾呼籲過我們要把專家階級從現代社會除名，或至少將他們從公共政策領域中放逐：

> 政策知識分子——那些高高在上，給還得辛苦選公職的凡人指點的蛋頭學者——是共和國的一場災難。就像入侵的外來種一樣，這些學者席捲了當代的華府政壇，用他們的存在扼殺了基本的常識，讓簡單的認知現實都成了一種瀕臨滅絕的能力。
>
> 看似人畜無害——他們會打扮得體出席國會聽證，會在平面媒體或電視螢幕前高談闊論，或甚至會在行政體系中身居要職——但他們其實是裹著糖衣的毒藥。他們就像被放生到大湖區裡，如今已成大害的亞洲鯉魚。[14]

這當中極為諷刺之處，就在於巴瑟維屈本身也是個多產的作家，甚至於他也當過高階軍官，也是個經常對政壇凡人下指導棋的退休教授。但我們不能因人廢言，他的矛盾身分不代表他所說不值得當真。事實上他的話還滿有幾分道理的：美國政府的高層若有五六百個熟面孔的政策專家，那他們的背後就可能另有數千個不是很靠得住的專家同僚。

專家在此有不能迴避的責任。工作就是「知情」的幕僚，無權每回出包就躲到民選官員的身後。他們無權叫社會大眾去追殺下決定的官員，卻獨獨應該放過他們。專家搞砸事情，代表大眾採用專家意見的政治領袖就該衡酌專家的責任輕重，然後決定如何善後與補過。

有的時候，專家失誤的解方就是由時間證明有效的「藍帶議定小組」(blue-ribbon panel)＊，小組最後的結論往往是很值得參考的建議；也有的時候，專家犯錯就代表有人得捲舖蓋走路。但在其論及專業的傑作當中，菲利浦．泰特拉克提出了這之外的看法，他認為我們自然不願意讓專家與民眾之間的關係毀於一旦，但這並不表示我們就得束手而無法讓專家多負起一點責任。在眾多可能的方案當中，我們可以要求專家的所作所為更透明一點，或者專家間的競爭應該更強一點，這代表我們應該不分領域地讓專家知道走過必留下痕跡，且不論建言的「勝率」高低，他們都要對社會交代清楚，然後我們要讓期刊、學校等「守門員」發揮作用，讓他們真正讓同儕為錯誤負起責任。當然這些構想有沒有可行性，那是另外一回事情，而泰特拉克也承認這些作法都存在很多的障礙。

＊又稱「藍帶委員會」(blue-ribbon commission)，通常是在爭議發生時由政府所委任的社會公正專家組成，以其高度專業權威對事件進行多少具有獨立性的第三方調查。

但其中最大的天險，還得算是大眾自身的懶惰。這些我們冀望能追蹤專家、給專家打分數的努力，都必須要以民眾關心，也對這些事情有點興趣來做為前提，否則一切都會是少數人在自娛自樂。但很可惜的是按照泰特拉克所言，素人通常都不太有興致去研究專家的表現紀錄：他們有興趣的是那些能說大白話，而且意見與自己相同的專家。泰特拉克說得好，若「（知識的）消費者對貨比三家興趣缺缺，看看各派專家的說法孰優孰劣」，那不論我們如何在「知識產品的提供者之間」去提倡權責應該相符，都掀不起什麼太大的漣漪。這些消費者會「想鞏固感性的偏見，多於想理性地追求真知灼見」，而在這種情況下，素人面對專業會抱持一種「在球場上支持特定球隊的心態，而不是在會議室裡聽取論文發表的心態」。[15]

專家必須為自身的發言負責，同時也必須相互要求同儕負責。不論是學歷氾濫、民眾冷感，還是網路時代的資訊爆炸，種種理由都造成了專家沒有在享受社會地位的同時也秉持良心盡到自責責人的義務。雖然說種種努力最終不見得會有人看見，但專家絕對可以在自我要求與相互要求上更努力一些。

專家若想要更努力自我監督，他們可以盡其在我的事情還滿多的。但在與民眾的關係上，有些問題則不是他們可以控制的。民主社會中，素人必須反省自己如何誤解了專家意見所扮演的角色。在大眾對專家跟官員的眾多誤解裡，下頭是五個值得優先思考的課題：

首先，專家不是操偶師。意見丟出去，他們無法控制主子何時聽，何時又不聽。再怎麼水乳交融的「君臣之義」，民選官員與專家幕僚之間也不可能百分百契合。就算是尼克森與季辛吉，或者是歐巴馬跟班．羅茲，都不可能是專家的抱負由主子去實踐的關係。

任何一位非「薪水小偷」的專家，都曾經在政策的博弈上吃過鱉。多年前我曾是某資深參議員身邊的機要，他對身為幕僚的我推心置腹，但在一九九一年波灣戰爭前的關鍵時刻，我們也曾經基於不同的理念而針鋒相對，最後是他用連珠炮的髒話把我轟出了辦公室。政治人物與專家幕僚間固然需要一定程度的志同道合，但官員或民代有面對選民的壓力與責任，這是專家無論如何都無法感同身受的一面，所以說雙方的衝突也就難免。

第二，就算主子採納了幕僚的建議，專家也無法控制政治人物如何去具體實踐。專家在這裡所面對的，是一種「猴爪」的問題（話說「猴爪」〔The Monkey's Paw〕是二十世紀初一篇知名的故事，內容講述一隻猴爪可以供人許願，而且有求必應，只不過願望實現的方式會非常黑暗：故事中的主人翁許願要兩百鎊，結果他的兒子意外身亡，收到的賠償竟正好是兩百鎊）。專家可以建議政治人物朝什麼方向去做，但這過程中會發生什麼意外，沒有人敢說。某位女性經濟學者建議議員推動減稅，但等表決通過了，也是環保人士的她才發現議會減的是燃料稅。

第三，沒有哪個專家可以將政策一路從概念生成指揮到執行完畢，這是一個令民眾感到既不解、又挫折的現實。政策分析本身是一項純學術性質的工作，而且經常在政府部門或大企業裡的研究室裡進行。負責「知情」的幕僚專家與負責「揮刀」的政治人物，或許可以在目標上取得共識，但出了研究室，他們底下的單位會像在玩「傳話遊戲」時一樣把命令給弄擰，結果做出來一個四不像的東西，惟此時往往木已成舟，難以回天了。

第四，專家控制不了官員會聽進去**多少**建議。專家可以認真給建議，但政治人物常會像「吃自助餐」一樣只挑自己喜歡的聽，尤其是那些在特定選區有票的東西。政治人物會動員專家來宣傳各自偏好的訊息，於是乎有些專家會負責宣傳減稅，有些專家則會呼籲增加（社會安全網或國防等）預算。這兩種立場——減稅與增加預算——或許各自都有站得住腳的邏輯，但兩者很顯然不太能同時成立，畢竟一邊是要減少稅收，一邊是要增加支出。可是政客就愛這味，他們就是愛把味道不搭的菜都夾在一個盤子裡，身邊的幕僚根本攔不住（然後又會有新一批預算赤字的專家被叫來替主子擦屁股）。

糟糕的是民眾也差不多是同一副死樣子。營養學者將蛋從飲食黑名單上除名的時候，其用意並不是要民眾天天吃過油又重鹹的麥當勞早餐，但大家話都只聽完自己愛聽的那一半，就把耳朵給闔上了。等到沒把話聽完造成不好的結果時，他們又會回過頭來罵專家沒把話說清楚，畢竟黑鍋總是要有人扛，民眾就是要有人可罵才爽。

最後，專家只能提供選項，而不能替我們做價值判斷。他們可以描述問題，但卻不能直接洩題，把大家該怎麼想，怎麼做直接公告天下，就算問題的本質有高度共識也一樣。

地球是否正在歷經氣候變遷？大部分的專家認為答案是肯定的，同時專家也覺得他們已經破解了背後的原因。當然科學家以數十或數百年的資料外推出的這個結果究竟精不精確，絕對可受公評，但他們真正無法回答的問題是我們面對氣候變遷該如何**因應**。波士頓、上海或倫敦或許真的會在五十年後沉入海底，但有投票權的人卻活在現在。這些選民有權利用手中的一票賭科學家看走眼，反正債留子孫又怎樣，顧好眼前的工作跟生活品質比較重要。

專家可以把可能發生的狀況告訴選民，但只有選民自己才能把這些問題跟自己的價值觀放上天平，然後決定他們希望成全哪一邊。讓波士頓城滑進波士頓港裡，不是我希望看到的結局，但萬一民眾集體裝傻然後讓這種事情發生，我們並不能說這是專業的失能：這筆帳絕對應該算在公民的冷感頭上。如果波士頓要變成在半世紀後變成威尼斯，也不是不行，但這應該要是出於民眾在深思熟慮後做成的決定，而不應該是民眾選擇不看不聽而擺爛出的慘劇。

選民老覺得太難或太懶而死活不願意去理解重要的問題，也難怪專家會放棄與社會溝通，直接轉身靠自己的地位去政策圈行銷他們覺得好的解決之道。

專家偶爾也會給出差勁的建議，也時不時會犯錯。雖然愈來愈多的美國人有不同的看法，但事實是一個進步的社會跟政府不能少了專家。對專家的意見視而不見或充耳不聞，絕對是一個不切實際的選擇。這不僅僅是因為政策決定的複雜性太高，不靠專家我們做不到，也是因為去學習與自己切身相關的問題是公民責無旁貸的任務，由不得他們推諉卸責。再者，一旦大眾不再區分誰是專家，誰又是官僚，而只是想在結果不如意時把政策圈裡的所有人都當成草人扎針，那最終的結果不會是**政策的優化**，而會是**專業的日益政治化**。政治人物不可能不靠專家，只不過他們選擇的專家會變得見人說人話，見鬼說鬼話。他們在主子面前是一套，但面對怒氣沖沖來興師問罪的民眾，卻又會編出不同的說詞來敷衍了事。

這會是最壞的情形，這會是民主與專業的雙輸，因為不論是民主制度下的政治領袖，或者是他們身旁的專家幕僚，都會變得不想跟無知的選民糾纏不清。一旦事情來到這步田地，專業服務的對象將不再是公眾利益，而會變成是政治派系的附庸來為其測試輿論的水溫。現代美國距離這種最壞的局面，只剩下一步之遙了。

共和國，你知道什麼是共和國嗎？

要讓專家負起應負的責任，在公眾監督下發揮作用，本身已屬不易，更糟糕的是美國很多人根本弄不清楚自己身處的政府體系是什麼玩意。美利堅合眾國是一個**共和國**，而不是一個**民主國**。現在人已經很少聽到共和國一詞了，而這也隱約透露了現代美國人是如何混淆了什麼是「民主」這種通泛的政治哲學，什麼由是民主具體表現在政府形式上而產生的「共和國」。據說在一七八七年，班傑明·富蘭克林曾被問到在費城召開的制憲會議會催生出什麼樣的東西。「一個共和國，」富蘭克林答道，「如果大家懂得珍惜的話。」兩百多年後的今天，共和國面臨更大的挑戰不是有沒有人惜之，而是有沒有人釋之。到底有誰還知道共和國是什麼玩意兒？

這是一個很重要的問題，因為素人常有所不知的是共和形式的政府，其設計並非要讓一大群人聚在一起，然後就複雜的問題做出共同的決定。當然，我們的政府也絕對不是設計來給一小撮技術官僚或專家來統治。而這個問題的答案是，共和國的設計是要當做一個載體來承載「狀況內」的選民——狀況內的意思是具備該有的常識與知識——然後由這些選民來選出另一群人來代表他們決定事情。

古典的美國思想或許扎根於雅典的榮光，但美利堅合眾國是另外一回事情，事實上先賢先烈一點也沒有要把美國設計成雅典市集的意思。而對於建國的前輩們這麼想，現世的美國人應該要心存感激。如作家麥爾坎·葛拉威爾（Malcolm Gladwell）在二〇一〇年所點出的，大型的組織不可能為每個決定都做一次民調，這跟他們夠不夠民主沒有一丁點關聯。

> 車廠會用網路的概念去組織他們數以百計的（零組件）供應商，這是聰明的作法，但車廠不會用網路去設計他們旗下的車輛。要將一套完整的設計理念加以具體組裝完成，顯然不該交到漫無章法、也沒有領導中心的組織體系手上。一張網絡既沒有中心化

> 的領導結構，也沒有一條清晰可見的號令路線，自然也就很難在內部達成共識或設定目標。這張網絡將無法思考其策略，長此以往也難免陷入衝突與錯誤。
>
> 關乎戰術、策略或觀念的方向，要是每個人都有不分軒輊說話的權利，請問我們要如何能做成困難的決定？[16]

共和政府的設計是為了跨越許多困難，上述的決策挑戰就是其中之一。就算每個個體都是有所本地在提出自己的專業看法，我們也不可能把這種種見地融合成一個說得通的共識決，畢竟我們今天不是在猜公牛的體重，也不是在集思廣益評估某支股票的合理價位。共和制做為一種解決之道，就是要讓一個人數較少的群體去統合全體人往往難以化解的需求與紛爭。

但是要判斷出全體民眾真正想要的是什麼，會因為選民不具備方方面面問題的專業而變得難上加難。素人會抱怨被專家統治，他們會要求要在更大程度上參與複雜的國家大政，但問題是，他們在怒氣沖沖地做出上述的要求之時，卻又不願意承擔自己在這過程中該扮演的重要角色：持續增進自己對議題與政治本身的理解，以便選出能確實反映自身看法的民意代表。按照法學教授以利亞·索敏（Ilya Somin）的說法，「無知所選出的政府不會只統治那些投票給他們的人，他們會統治整個社會。當所行使的權力會影響到別人時，我們便多少有道義上的責任要三思而後行。」[17]

我們不適合在這裡沉思美國的代議制民主形式，反正有興趣的人可以自己去看現在還找得到的《聯邦黨人文集》（*The Federalist Papers*）*，東西多到你看不完。但專業之死與知識體系遭到的攻擊，從根本上掏空了美國政府的共和體制。更糟的是對現行體制發動攻擊的，盡是些最沒有能力提出替代方案的人。我們當中最沒把功課做好的人，就是對專家最不屑一顧的那些人。他們極力主張自己應該有發言權的那些事情，也就是他們最沒有好好去了解過的問題。

有一項事實是：人會看倡議的人是誰，而改變對某種立場的看法。為此我們再度歡迎脫口秀主持人吉米．基墨粉墨登場：他在街上隨機攔人，然後問他們青睞希拉蕊或川普所提出的稅改方案，但受訪者有所不知的是吉米偷偷把兩份方案的內容給對調了。根據《國會山莊報》（*The Hill*）事後的報導，受訪者的答案會因為法案封面上的名字而改變：「毫無意外地，希拉蕊的粉絲一個個嚇到了，他們沒想到自己回答支持的竟然是死敵川普的法案。」一名受訪的男性在被告知自己選擇的其實是川普的方案時，他便一不做二不休地改口說：「那我改

*《聯邦黨人文集》出自十八世紀尾聲三名政治家之手，為美國制憲過程中關於憲法與聯邦制的論文合輯，收錄的文章數有八十五篇，為研究美國憲法的重要歷史文本。

支持川普好了。」[18]

吉米・基墨的惡作劇，其實只證明了是民調與選戰專家早就都知道的一件事情：選民有興趣的是候選人與其人格特質，至於他們的政見或政策則是次要。《赫芬頓郵報》（*Huffington Post*）的民調主任艾芮兒・愛德華茲—列維（Ariel Edwards-Levy）是這麼說的：

美國人不分其政治觀點，都對目前當紅的個別議題沒有定見，尤其是那些複雜又存在灰色地帶的議題。一般人普遍也很合理地會跟隨政黨的動員——如果某個他們支持的政治人物偏好某個法案，那他們也會傾向於認為這是個好的法案，反之亦然。[19]

列維跟她的同事做了一個類似但比較正式的街訪，結果也跟吉米・基墨的版本一樣：原本與民主黨在健保、伊朗、黑人平權運動（Affirmative Action；包括給予黑人考大學可以加分）等議題上各執一辭的共和黨人若以為某些政策是由川普所提出，那他們的反對力道就會減弱很多。反之民主黨人若以為這些政策是川普所提，那他們支持的力道就會降低很多。

這些選民或許有點反反覆覆，但至少稅制與健保都是真實存在的議題。話說二〇一五年，公共政策民調（Public Policy Polling）這家自由派的民調組織問了共和與民主兩黨的選民一件事情，那就是他們支不支持美國轟炸一個叫做阿格拉巴（Agrabah）的國家。結果共和黨的受訪者有將近三分之一說他們會支持這樣的空襲行動，反對者僅百分之十三，其餘說不確定。至於民主黨這邊則較不支持軍事行動：僅百分之十九自稱認同民主黨者支持轟炸，堅決反對者有百分之三十六。

說了大半天，阿格拉巴根本是個不存在的國家。想知道阿格拉巴長什麼模樣，你得去租一九九二年的迪士尼動畫片《阿拉丁》（*Aladdin*），因為阿格拉巴正是這電影裡虛構的地方。自由派高呼這證明了共和黨的民眾有多無知、多好戰，而保守派則反嗆說這只顯示了民主黨逢「用兵」必反，根本不分青紅皂白。在專家的眼裡，這份民調只誤打誤撞地凸顯了一項事實：只有百分之四十三的共和黨跟百分之五十五的民主黨民眾對轟炸一個卡通裡的地方有自己的定見。[20]

這些整人的民調，其實多少有點對民眾不太公平。因為尋常百姓每天光養家活口都來不及了，哪有那麼多力氣去提防被脫口秀主持人或民調機構耍（福斯新聞網的名嘴傑西．威特斯〔Jesse Watters〕也幹過類似的突擊街訪）。一般民眾會被搞得暈頭轉向，經常是在媒體假意「平衡報導」之時。表面上媒體把正反面的意見都呈現了出來，但究竟哪一邊才代表專家間的主流意見，媒體卻隻字不提。對此心理學家德瑞克．柯勒（Derek Kohler）是這麼說的：

> 政府的施政有部分受民意牽引，而民意又有部分受專家看法牽引。但民意可

能——也確實經常——偏離專家意見，而且其原因看來不僅是因為民眾拒絕承認專家有什麼了不起，也是因為民眾根本搞不清楚多數專家是怎麼想的。[21]

比方說脫口秀會請來一名科學家說基改作物安全無虞，然後又同時發通告給反基改團體代表在節目上說基改作物很危險。這種假中立的安排，就是要讓節目給人「平衡報導」的觀感，但事實上這樣的作法不但不客觀，反而是適得其反地把真相扭曲到令人捏把冷汗。我說真相被歪曲的理由很簡單，因為你去問十個科學家，有九個會說基改作物可以安全吃下肚，根本不是節目上看起來的五五開。結果節目這麼一鬧，雙方吵得不可開交，最後受夠了的觀眾只好宣布「放棄治療」，重回人云亦云的懷抱，就算只是臉書上的一個哏，他們也願意當真。

當然這不構成公民無知或冷感的正當理由，更不能以此合理化具有高度政黨色彩的看人選邊站。如果民眾對問題的本質沒有認知，而只是看候選人**討不討喜**在投票的話，那我們實在很難苛責官員與其專家幕僚的腦袋一團糨糊而不知所措。民眾一邊要自己選出的民意代表去在戰爭或和平間抉擇，一邊卻又連阿格拉巴、烏克蘭、敘利亞都傻傻分不清楚，請問這樣的共和國要如何運作得下去？

換個方式說，若民眾宣稱自己被誤導了或被矇騙了，專家與官員怎麼會服氣，他們肯定會說：「你們憑什麼這麼說？」

在素人鄙視專業，開口閉口都是自己受夠了所有人跟所有事情的同時，他們可能忘記了一件事情，那就是他們選出來的民代與官員仍得天天在漫天飛舞的議題中決定事情。這些官員可沒辦法像一般人一樣一不爽就把專家、民調罵個狗血淋頭，罵累了就躲回家追劇、上網、玩game。一般人不用對任何事情簽名負責，而官員卻得承擔稅金或甚至於人命的付託，他們要決定的事情大至航權，小到日托。這些事情該如何決定，如何施行，影響所及會是千千萬萬的庶民百姓，不論你是無知或是有識，熱血還是疏離，都不可能自外於這些決定的遺緒。

共和國當中公眾、專家與民選官員之間的信任崩解，可以發生在任何兩個端點之間。其中公眾尤其必須要能信任他們的政治領袖與專家幕僚，但若民眾沒有一定的程度，也沒把自己的立場想清楚，那這兩造的關係就很難維持下去。

一旦信任崩解，公眾的無知就會經由惡意的操弄而變質成政治鬥爭的武器。反智本身就有讓民主短路的效果，民主制度要能在任何文化中穩定運行，其前提都是選民必須做出深思熟慮後的決定。但多數民眾因為本身就已經對知識分子充滿疑竇，所以只要稍加慫恿，就會變成有心人的馬前卒。事實上這些幕後的有心人，有時候根本自己也出身學術圈。

一九四二年，羅斯福總統在廣播上呼籲聽眾去買地圖，這樣大家才聽得懂他講解二戰的進展，地圖因此一時洛陽紙貴。二〇〇六年，也就是事隔近六十五年，一項全美的研究發現近半十八到二十四歲之間的美國人——也就是最有可能上前線作戰的美國年輕人——並不認為自己有必要知道國際新聞上的那些國家在什麼地方。[22]再隔十年，在二〇一六年的總統選舉當中，川普用他準備處理中東恐怖分子的方式獲得了滿堂彩：「我會把他們轟得稀巴爛，我會轟掉油管，我會轟掉煉油廠，我會把每一吋管子都徹底轟掉，任何東西我都不會給他們留下。」

共和國，先不論美國人保不保得住自己的共和國，我想先問問美國人在地圖上找不找得到共和國？

我哪一點比不上你

最後一點，也是最令人頭皮發麻的一點，就是西方民主國家的公民，尤其是美國公民，都已經不再能理解民主的概念。這或許比任何一件事情都對「專家—公民」的關係傷害更大。專家與公民之間並不是一種「民主」的關係。論起聰明才智，可沒有什麼「法律之前，人人平等」，這世上一定有人賢能有人愚鈍。但民主社會裡永遠都會有一股忿忿不平的聲音，這股聲音會忍不住想要求絕對的平等。齊頭式的平等若是不加以節制，就會變成一股由無知匯集而成的高氣壓。

而這很悲哀地，就是現代美國的光景。公民所認知的民主不再是參政權上的平等，也就是一人一票、票票等值，以及法律之前人人平等。如今美國人認為民主是一種齊頭式的絕對平等，亦即太陽底下不但沒有新鮮事，而且關於每件事的每個意見都沒有高低之別。主觀感受重於客觀事實：即便有人**覺得**疫苗會傷人，或有人**相信**美國有一半的預算都用在了外援上，也由不得你反駁，因為誰反駁誰就是反民主，就是菁英心態作祟。

這種問題並不是今天才有，也不是美國才有。著有《納尼亞傳奇》的英國文豪C・S・路易斯（C. S. Lewis）曾經在很久以前就警告過我們，民主所面臨的一項威脅是民眾分不清什麼是參政權的平等，什麼又是齊頭式的平等。那是一九五九年的事了，當時他寫了一篇生動的文章，裡頭登場的包含他筆下最為著名的角色，那是一個既聰明又邪惡的惡魔，名喚「史骷髏」（Screwtape）。

做為地獄裡最為德高望重的一名官員，史骷髏應邀在「誘惑者」大學的畢業典禮上致詞。在演講當中，史骷髏未對個人層面的誘惑有太多著墨，畢竟那對他來說太小兒科了，沒勁兒，他有興趣帶著畢業生掃視的是整個世界的局面。人類的進步固然令其作嘔（這包括法國與美國的革命，還有奴隸制度的廢除），但史骷髏仍從地獄的角度（而非人類的角度）看到了無限的希望，因為他發現民主的概念可以為其所用。他發現這個原本高尚的概念，可以經扭曲而無限墮落。

「記住民主這兩個字，這寶貝可以用來牽著人的鼻子走」，史骷髏得意地給了畢業生建議。他要畢業生放心把這個詞「當咒語唸」。此咒一出，人類不僅會被呼攏而把擺明的謊言當真，更會傻傻地把這個謊言當成某種值得細心珍藏的心情：

> 我所說的這種心情，自然是那種會讓人忍不住說出「我哪一點比不上你」的心情。任何人說著我哪一點比不上你，心裡都知道自己是在嘴硬。真心覺得自己不輸任何人的，就不會把這話說出口。聖伯納不會對玩具狗說我哪一點比不上你，博士不會對蠢蛋說我哪一點比不上你，搶手的名校畢業生不會對失業的流浪漢說我哪一點比不上你。出了一人一票票票等值的政治圈，會訴求平等都是自覺處於弱勢者才會做的事情。這句話所表達的正是這種自覺所伴隨的心癢、心痛與糾結，畢竟是人都很不能接受人尊我卑。自卑又會生出恨意。沒錯，任何人的任何一種優越，都會令人感覺此恨不共戴天，令人出言詆毀，令人想將其消滅而挫骨揚灰。[23]

同樣的警告，也曾出現在西班牙存在主義哲學家賈塞特一九三〇年作品《群眾的反叛》（*Revolt of the Masses*）的字裡行間：「群眾會輾壓所有與眾不同之事物，所有鶴立雞群、出類拔萃、萬中無一之事物。任何人只要夠出眾，只要想法與人不同，就得冒著遭到撲滅的風險。」[24]

「我哪一點不如你，」史骷髏在演講尾聲笑說，「是民主社會的剋星。」

他說的沒錯。憤恨不平的素人會把各種成就的象徵視為眼中釘、肉中刺，任何拔地而起的成就，包括專業，都必須以「民主」、「公平」之名加以剷平，令其腳踏實地。任何事情都會變成你有你的看法，我有我的。平等的大旗一舉起，所有的主張都會一竿子通通被貶為最小公約數。某個無知的醫療人員不願為兒童接種疫苗，結果造成百日咳疫情爆發，你看我們對多元意見多有包容心；某個抱持孤立主義的鄉巴佬無法在地圖上找到其他國家，結果盟國陣線因而崩潰，那是平均主義的勝利。

民主，按照二十一世紀初美國的作法，已經成了一種與恨意與怒火所交織出的玩意兒。玻璃心的自戀大學生跟自尊受損而惱羞的脫口秀粉一整個爭先恐後，每個人都高喊著要受人尊重，卻無一人正視自己極度無知的事實。專家被譃稱為菁英主義者，而菁英正是壓迫「我們人民」的其中一大族群。選舉時許多人言必稱「我們人民」如何如何，但他們的意思根本是「我」如何如何，單數的我。專家的建議，乃至於任何素人眼中菁英者基於深思熟慮後的想法——也就是幾乎所有的非我族類，都不可以相信，這對素人來說是顛撲不破的真理。這樣的民主哪能玩得下去。

專家揭竿而起

在這麼悲觀的氣氛中結束這本書，並不是我的本意，但我真的不確定自己有沒有樂觀的理由。只要人還願意學習，那大部分的無知病因都有藥醫。但遇到傲慢、自戀與憤世嫉俗的合體，這種無知就會變得無敵。可怕的是這件「三位一體」的厚甲，如今正在眾多美國人的身上，他們要防的就是專家所說的任何一句話。

傳統的解決之道已經無效。現在的教育已經不是在清除終生學習的障礙，而是在讓年輕人覺得自己的感覺比什麼都重要。「上大學」對許多學子來說，只是換一個環境「肯定自己」。媒體迫於割喉的競爭，只能卑躬屈膝地讓觀眾予取予求，大家愛看什麼，他們才報什麼，畢竟顧客永遠是對的。網路對人類來說也不知道是福是禍，要知道網路固然是知識的寶庫，但也不少扯後退的假貨在上頭濫竽充數。

面對大眾堅決無知，專家也束手無策。「我們不少同僚都滿懷深深的無力感。」大衛・奧托（David Autor）如是說。大衛是麻省理工學院的勞動經濟學者。「我們自覺可以訓練我們的學生，但學生並不等於整個社會，而我們也拿不出辦法來教育整個社會。」耶魯大學教授丹・卡翰（Dan Kahan）比大衛看得更壞，他在二〇一五年說：「用知識去轟炸民眾，是沒有用的。」他說：「跟民眾解釋任何事情，都是對牛彈琴，但這好像就是我正在做的事情，所以或許真正可笑的是我自己。」[25]

有那麼一線曙光，來自於專家似乎已開始對專業受到的攻訐展開回擊。比方說在英國脫歐的投票結束後，極為不滿的詹姆斯・特勞伯直言是時候了，他說古典西方自由主義的捍衛者該「起身對抗無知的大眾了」。[26] 當然，膽敢採取這種對抗的立場，就有風險會被扣上「菁英主義」的帽子。做為一種指控，一種罪名，「菁英主義」始終在講究人人平等的美國比較風生水起，在原本就有階級的歐洲等地就較不引起人注意。特勞伯也坦承：「我必須說人是都是有盲點的，而領導人的任務就是要帶他們突破盲點。這就叫做『菁英主義』嗎？也許是吧，也許我們已經進入一個誰想怎麼想，我們都不僅要尊重，而且還得鼓掌叫好的年代，也許現在再去信仰理性、專業與歷史教訓，就真的等於是自以為是的菁英主義了吧。」

儘管如此，專業人士還是跨越了專業領域與國界的分隔，異口同聲地說**我們受夠了**。這裡稍稍八卦一下我我首篇〈專業之死〉文章剛問世時的事情。當時在一種始料未及的心情中，我收到了來自科學家、醫師、律師、教師等專業人士來自全美與全球各地的訊息。他們不僅跟我分享了自己的挫折感，也讓我見識到了他們在與病患、客戶與學生互動失敗時所沾染到的憤怒與哀愁。甚至有人說他們只因為終於要求朋友不要再道聽塗說，不要再對自己的專業指指點點，就跟原本的好朋友關係降到冰點。

其中醫生又顯得最為委屈。最近一個比較好笑的例子是在二〇一五年，我們的老朋友吉米．基墨推出了一則酸味十足的公益廣告。他請出了真正的醫師出來髒話連發，內容則是指責難搞的病人不該懼怕疫苗接種。「還記得你那次得小兒麻痺的事情嗎？」其中一名醫師說。「喔，不，你怎麼會記得呢？妳爸媽早就帶你接種了他X的疫苗。」另外一名醫師則說，「蝦米，本人好不容易有一天休假，還得出來叫你們這些白癡說要接種疫苗？」第三名醫師也說得義憤填膺：「來路不明的電郵轉寄，你們也信？」

基墨的廣告瞬間爆紅，得到了各大媒體的報導。在我寫下這些字句的同時，這部影片光在YouTube上就累積了八百多萬的點擊次數，而其引發的反彈，自然也來得又快又猛。包括像Infowars.com等網站與一狗票反疫苗的部落客（需要意外嗎？）都跳出來指著醫師的鼻子罵他們無知，說他們是被腐敗體制利用的工具，另外就是已經不需要少見多怪的那些人身攻擊。不過話又說回來，反疫苗的逆流確實有因此而稍歇，專家與支持者終於願意「以其人之道還治其人之身」，在媒體與網路上發動總攻擊，看來多少震懾住了那些陰謀論的理論家。

專家在媒體上的這些努力，多少可以拯救一些孩子們的生命，但這並不足以扳倒反智者對於知識體系的攻擊，乃至於扭轉美國民主所受到的負面衝擊。話說到底，專家並不能號令要所有公民有世界觀，也不能指定民眾非吃得健康或多運動不可。專家無法用蠻力把正看著實境節目的公民拖離開沙發上，然後把一張地圖推到他們眼前，要他們把各國位置研習一遍。自戀不是病，但病起來要人命，而且還沒藥醫。

這話說起來很悲哀，但我覺得這問題要能釜底抽薪地獲得解決，可能需要發生一個我們尚未能預見的災難。那或許得是一場戰爭，也許得是一次經濟崩潰（提到戰爭，我說的不是天高皇帝遠，而且往往由當地叛軍自發性主導的武力衝突，而是直接影響到美國人生活安穩的軍事行動；講到經濟，我說的是真正的大蕭條，而不是像本世紀初那種看似嚴重，但依舊是某種景氣循環軌跡上的經濟衰退）。我們可能得看到某個無知民粹領袖的崛起，才能真正覺悟，話說這在歐美似乎已經是件在發生中的事情；又或者我們得目睹技術官僚終於失去耐心而徹底奪權，把聊備一格的選舉制度廢除，才能意會到事情的嚴重性。

歐美能培育出充滿活力的知識與科學文化，是因為有民主制度跟世俗的包容在前頭開路。沒有民主與包容，知識與進步就會變成意識形態、宗教與民粹思想的犧牲品。抵擋不住這些誘惑的國家，就得面對各種不同的可怕命運，這包括大規模對群眾的壓迫，包括物質上的貧窮，包括在軍事行動中戰敗的後果。

我對美國的制度還是存有信心，而我也相信美國人仍有能力甩開心中那股自我中心跟封閉，進而肩負起身為公民的責任。一九四一年的美國人辦到了，越戰與水門案後的美國人辦到了，九一一恐攻後的美國人也辦到了。但每一次他們都又會在事後舊疾復發，再度陷入志得意滿。而且每經過一次，美國人都會把名為無知跟無感的洞穴挖得更深。誰知道這洞會不會某天深到不見天日。

我們只能寄望在事情變得不可收拾之前，公民、專家與官員可以克服萬難，對專家與菁英在美國民主中的角色進行深入的辯論。一路看著川普拿下共和黨的總統提名，憂心忡忡的作家安德魯．蘇利文在二〇一六年提出了警語，他語重心長地說「菁英對民主依舊重要」。

> 他們之所以重要，不是因為他們是民主之敵，而是因為有了他們，民主才不至於自己挖洞給自己跳。我們的政治運作可能受到重創，可能懷憂喪志，可能對無力對抗網路的運算法與民粹的動員話術，但民主與菁英責任制的合體在全球都算屈指可數，同時也為美國創造了穩定的力量，所以現在就說放棄未免太早。
>
> 在民主時代喊著我們需要菁英，或許令人震驚，尤其如今的貧富差距如此之大，菁英失手的案例又比比皆是。惟正是因為民主很珍貴，正是因為有那麼多不安定的因素存在，所以我們才需要菁英來扮演安定的力量。[27]

民主，按照路易斯筆下史骷髏的看法，代表的是一種政府體系，是政治上的一人一票而不是人與人之間的齊頭式平等。民主裡票票等值，但這並不等於每宗意見的價值也相等。美國社會愈快建立起具建設性的「場地規則」，讓菁英與民眾得以進行具建設性的互動，那整個社會就愈可以從中受益。

專家必須謹記在心的一件事是他們是在服務民主社會與共和政府，而不是在當民主社會跟共和國之主。但公民如果想當好這個主人的角色，那他們就必須要持續學習，必須要以公民的身分參與國家的運作。素人就是需要專家，這個現實他們必須要心無罣礙地接納。反過來說，專家也必須要體認到自身的意見不論在自己的眼裡再正確，再顯而易見，也不會每每都被民主社會所採用，畢竟民主社會中有各種不同的價值，而這些價值不見得與專家的價值重疊。不過話又說回來，要是民主被曲解成任何沒有根據的發言都必須得到無條件的尊重，那這就變成凡事都能無限上綱。到時天無界、地無法，民主與共和政府也可能隨之幻化。

至少我這個專家是這麼想的啦，你要當我在胡說八道也無妨。

附注

引言

1. Pride Chigwedere et al., "Estimating the Lost Benefits of Antiretroviral Drug Use in South Africa," *Journal of Acquired Immune Deficiency Syndromes* 49 (4), December 1, 2008.
2. Kyle Dropp, Joshua D. Kertzer, and Thomas Zeitzoff, "The Less Americans Know about Ukraine's Location, the More They Want U.S. to Intervene," *Monkey Cage* Blog, *Washington Post* online, April 7, 2014.

第一章

1. José Ortega y Gasset, *The Revolt of the Masses* (New York: W. W. Norton, 1993), 16– 18.
2. Richard Hofstadter, *Anti- Intellectualism in American Life* (New York: Vintage, 1963), 34.
3. Ilya Somin, "Political Ignorance in America," in Mark Bauerlein and Adam Bellow, eds., *The State of the American Mind* (West Conshohocken, PA: Templeton, 2015), 163– 164.
4. Dana Goodyear, "Raw Deal: California Cracks Down on an Underground Gourmet Club," *New Yorker,* April 30, 2012.
5. Olga Khazan, "27% of Surgeons Still Think Obamacare Has Death Panels," *Atlantic* online, December 19, 2013.
6. Kaiser Family Foundation, 2013 Survey of Americans on the US Role in Global Health.
7. Henry Blodget, "Here's What Day Traders Don't Understand," *Business Insider*, March 29, 2010.

第二章

1. See David Dunning, "We Are All Confident Idiots," *Pacific Standard* online, October 27, 2014.
2. Justin Kruger and David Dunning, "Unskilled and Unaware of It: How Difficulties in Recognizing One's Own Incompetence Lead to Inflated Self-Assessments," *Journal of Personality and Social Psychology* 77(6),

December 1999, 1121– 1122.
3. Dunning, "We Are All Confident Idiots."
4. John Allen Paulos, *Innumeracy: Mathematical Illiteracy and Its Consequences* (New York: Hill and Wang, 2001), 9.
5. Michael Crichton, "Panic in the Sheets," *Playboy*, December 1991; archived at MichaelCrichton.com.
6. 統計學裡有一個完整的主題叫做「貝氏分析」（Bayesian analysis），其對應的就是本書在此提出的問題，其中貝氏指的是十八世紀的英國數學家湯瑪斯・貝葉斯（Thomas Bayes）。
7. 社會學者對於這個問題的認知，絲毫不遜於其他領域的專家。見Charles O. Jones, "Doing before Knowing: Concept Development in Political Research," American Journal of Political Science 18(1), February 1974.
8. Maria Konnikova, "How a Gay-Marriage Study Went Wrong," *New Yorker* online, May 22, 2015.
9. Jonathan Kay, "Has Internet-Fueled Conspiracy Mongering Crested?," in Mark Bauerline and Adam Bellow, eds., *The State of the American Mind* (West Conshohocken, PA: Templeton, 2015), 138– 139.
10. 確實，學者羅斯・E・切特（Ross E. Cheit）曾主張在一九八〇與一九九〇年代那些處理失當的案例，到頭來造成了悲劇性的後果，主要是輿論的鐘擺從百分百相信小朋友的說法，盪到了高度懷疑任何虐待傳言的另一個極端。撒旦的元素，依舊讓某種歇斯底里苟延殘喘，惟後來不論是學界或執法部門所進行的研究，都沒有找到證據指向日托中心或其他地方有邪教網絡的存在。見Ross E. Cheit, *The Witch- Hunt Narrative* (New York: Oxford University Press, 2014).
11. Jef Rouner, "Guide to Arguing with a Snopes-Denier," *Houston Press*, April 2, 2014.
12. Ali Mahmoodi et al., "Equality Bias Impairs Collective Decision-Making across Cultures," Proceedings of the National Academy of Sciences, March 24, 2015.
13. Chris Mooney, "The Science of Protecting People's Feelings: Why We Pretend All Opinions Are Equal," *Washington Post* online, March 10, 2015.
14. Karl Taro Greenfield, "Faking Cultural Literacy," *New York Times* online, May 24, 2014.
15. Quoted in Chris Mooney, "Liberals Deny Science, Too," *Washington Post* online, October 28, 2014.

16. 其中一個差別是保守派人士面對與他們想法相左的資料，反應會更為激烈，但學者表示這是因為「會去挑戰保守的議題，原本就是在現今社會上較為激化的議題。」研究的諸作者在俄亥俄州大學的新聞稿上做了此處與內文中的評述，而那份新聞稿的標題是〈自由派與保守派都可能帶有科學偏誤〉，見“Both Liberals, Conservatives Can Have Science Bias,” February 9, 2015.

第二章

1. Daniel W. Drezner, “A Clash between Administrators and Students at Yale Went Viral,” *Washington Post* online, November 9, 2015.
2. 準大學生必考的學術性向測驗（SAT）是由教育測驗服務社（ETS）負責執行，而該服務社所進行的一項研究發現大學入學人數的爆炸性增加，並未連結到學子能力的提升。見Educational Testing Service, America’s Skills Challenge: Millennials and the Future (Princeton, NJ: Educational Testing Service, 2015).
3. Ben Casselman, “Shut Up about Harvard,” FiveThirtyEight.com, March 30, 2016.
4. James Piereson and Naomi Schaefer Riley, “Remedial Finance: The Outsized Cost of Playing Academic Catch-Up,” *Weekly Standard* online, May 9, 2016.
5. Robert Hughes, *Culture of Complaint* (New York: Time Warner, 1993), 68.
6. Valerie Strauss, “I Would Love to Teach, But ...,” *Washington Post* online, December 31, 2013.
7. Emma Brown, “Former Stanford Dean Explains Why Helicopter Parenting Is Ruining a Generation of Children,” *Washington Post* online, October 16, 2015.
8. Megan McArdle, “Sheltered Students Go to College, Avoid Education,” BloombergView.com, August 13, 2015.
9. Jeffrey J. Selingo, “Helicopter Parents Are Not the Only Problem. Colleges Coddle Students, Too,” *Washington Post*, October 21, 2015.
10. Robby Soave, “Yale Students Tell English Profs to Stop Teaching English: Too Many White Male Poets,” Reason.com, June 1, 2016.
11. Jonathan D. Glater, “To: Professor@University.edu Subject: Why It’s All about Me,” *New York Times* online,

February 22, 2006.
12. James V. Schall, *Another Sort of Learning* (San Francisco: Ignatius, 1988), 30– 37.
13. David Dunning, "We Are All Confident Idiots," *Pacific Standard* online, October 27, 2014.
14. 位於佛蒙特州，小不點似的卡索頓州立學院（Castleton State College），如今已搖身一變，成為一所「大學」，而且這還只是光新英格蘭地區就不可勝數的其中一個案例而已。Lisa Rathke, "Switching from a College to a University Could Mean More Money, More Students," Huffington Post, July 12, 2015.
15. Catherine Rampell, "The Rise of the 'Gentleman's A' and the GPA Arms Race," *Washington Post* online, March 28, 2016.
16. Richard Arum, "College Graduates: Satisfied, but Adrift," in Mark Bauerlein and Adam Bellow, eds., *The State of the American Mind* (West Conshohocken, PA: Templeton, 2015), 68.
17. 二〇一六年的資料，是延伸自史都華・羅伊斯塔策（Stuart Rojstaczer）與克里斯・希里（Chris Healy）這兩位教授的原始研究。分別在二〇一〇年與二〇一二年發表過論文，且都是以「成績通膨」為題之後，這兩位教授仍繼續蒐集成績資料。他們所維護的研究資料庫，存放網址是www.gradeinflation.com。
18. 在眾多出自保守派或自由派人士之手的報告與反應中，此處僅選擇兩篇具代表性者，供各位參考，見Katy Waldman, "Yale Students Erupt in Anger over Administrators Caring More about Free Speech Than Safe Spaces," Slate, November 7, 2015; 與Shoshanna Weismann, "How Babies Are Made," Weekly Standard, November 10, 2015.
19. Mará Rose Williams, "Race Protests at Mizzou Could Stunt Freshmen Enrollment," *Kansas City Star* online, January 13, 2016.
20. Conor Friedersdorf, "The New Intolerance of Student Activism," *Atlantic* online, November 9, 2015.
21. Glenn Reynolds, "After Yale, Mizzou, raise the voting age—to 25," *USA Today* online, November 16, 2015.

第四章

1. Adrienne LaFrance, "Raiders of the Lost Internet," *Atlantic* online, October 14, 2015.

2. Nicholas Carr, "Is Google Making Us Stupid?," *Atlantic* online, July/August 2008.
3. Caitlin Dewey, "What Was Fake on the Internet This Week: Why Do We Even Bother, Honestly?," *Washington Post* online, October 30, 2015.
4. Caitlin Dewey, "What Was Fake on the Internet This Week: Why This Is the Final Column," *Washington Post* online, December 18, 2015.
5. Damian Thompson, *Counterknowledge* (New York: W. W. Norton, 2008), 11.
6. Allen West, "Obama's America: Look What Our Troops Are Being FORCED to Do for Islam's Holy Month," allenbwest.com, June 29, 2015.
7. Michael Miller, "Gwyneth Paltrow's No Vagina Expert, Doctors Say," *People* online, January 29, 2015. Dr. Gunter's blog is at drjengunter.wordpress.com.
8. Laura Hooper Beck, "I Went to a Spa for My Uterus and This Is My Story," FastCompany.com, January 27, 2015.
9. Frank Bruni, "California, Camelot and Vaccines," *New York Times* online, July 4, 2015.
10. " 'Stop Googling Your Symptoms,' Teenage Cancer Victim Told before Death," *Daily Telegraph,* June 16, 2015.
11. Matthew Fisher et al., "Searching for Explanations: How the Internet Inflates Estimates of Internal Knowledge," *Journal of Experimental Psychology* 144(3), June 2015, 674– 687.
12. Tom Jacobs, "Searching the Internet Creates an Illusion of Knowledge," *Pacific Standard* online, April 1, 2015.
13. This and subsequent references are from the University College of London CIBER Briefing Paper "The Google Generation: The Information Behaviour of the Researcher of the Future," January 11, 2008.
14. Robert Epstein, "How Google Could Rig the 2016 Election," *Politico*, August 19, 2015.
15. James Surowiecki, *The Wisdom of Crowds* (New York: Anchor, 2005), xii– xiii.
16. Quoted in Tom Simonite, "The Decline of Wikipedia," MIT Technology Review, October 22, 2013.
17. Ibid.
18. Andrea Peterson, "Liberals Are More Likely to Unfriend You over Politics—Online and Off," *Washington Post* online, October 21, 2014.

19. A. O. Scott, "Everybody's a Critic. And That's How It Should Be," *New York Times Sunday Review* online, January 30, 2016.
20. Andrew Sullivan, "Democracies End When They Are Too Democratic," *New York* online, May 1, 2016.
21. 含達特茅斯學院的布蘭登・尼翰（Brendan Nyhan）在內，不少學者都投入了多年時間研究人在被糾正之後，何以反而會變本加厲地「凹」下去，一錯再錯。Joe Keohane, "How Facts Backfire: Researchers Discover a Surprising Threat to Democracy: Our Brains," Boston Globe online, July 11, 2010.
22. David Dunning, "We Are All Confident Idiots," *Pacific Standard* online, October 27, 2014.
23. Megan McArdle, "Your Assessment of the Election Is Way Off," *Forbes* online, April 14, 2016.

第五章

1. Sarah Kaplan, "How, and Why, a Journalist Tricked News Outlets into Thinking Chocolate Makes You Thin," *Washington Post* online, May 28, 2015.
2. Mollie Hemingway, "*Vox*'s Motto Should Be 'Explaining the News Incorrectly, Repeatedly,' " TheFederalist.com, July 17, 2014.
3. Elisabetta Povoledo, "Pope Calls for 'Peace in All the World' in First Easter Message," *New York Times* online, March 31, 2013.
4. Pew Research Center, "The Age of Indifference: A Study of Young Americans and How They View the News," June 28, 1990, 1.
5. Richard Arum, "College Graduates: Satisfied, but Adrift," in Mark Bauerlein and Adam Bellow, eds., *The State of the American Mind* (West Conshohocken, PA: Templeton, 2015), 73.
6. James E. Short, "How Much Media? Report on American Consumers." 2013. Institute for Communication Technology Management, Marshall School of Business, University of Southern California, http://classic.marshall.usc.edu/assets/161/25995.pdf.
7. Jan Zverina, "U.S. Media Consumption to Rise to 15.5 Hours a Day— Per Person— by 2015," UC San Diego

News Center, November 6, 2013.

8. Quoted in Benjamin Mullen, "Buyouts Hit the *Dallas Morning News*," Poynter.org, July 7, 2015.
9. Quoted in Jeremy Peters, "Some Newspapers, Tracking Readers Online, Shift Coverage," *New York Times* online, September 5, 2010.
10. Peters, "Some Newspapers, Tracking Readers Online, Shift Coverage."
11. National Journal Group, *Washington in the Information Age*, 2015, Washington, DC.
12. Steven Metz, "As Celebrity Pundits Rise, U.S. National Security Policy Suffers," *World Politics Review*, August 14, 2015.
13. Mindich in Bauerlein and Bellow, *State of the American Mind*, 101.
14. R. R. Reno, "Trumpageddon!," *First Things* online, February 20, 2016.
15. Eliot Cohen, "The Age of Trump," *American Interest* online, February 26, 2016.
16. Anne Pluta, "Trump Supporters Appear to Be Misinformed, Not Uninformed," FiveThirtyEight.com, January 7, 2016.
17. Justin McCarthy, "Trust in Mass Media Returns to All-Time Low," Gallup.com, September 17, 2014.
18. Paul Farhi, "How Biased Are the Media, Really?," *Washington Post* online, April 27, 2012.
19. Dale Maharidge, "People's Stories: What Happens When No One Wants to Print Their Words Anymore?," *Nation* online, March 2, 2016.
20. Michael Nunez, "Want to Know What Facebook Really Thinks of Journalists? Here's What Happened When It Hired Some," Gizmodo.com, May 3, 2016.
21. Will Saletan, "Unhealthy Fixation," Slate.com, July 15, 2015.
22. John Bohannon, "I Fooled Millions into Thinking Chocolate Helps Weight Loss. Here's How," io9.Gizmodo.com, May 27, 2015.
23. Joshua Foust, "The Birth (and Death) of a Meme: Embedded Reporters Don't Always Get the Story," *Columbia Journalism Review* online, September 10, 2008.

24. Sheila Coronel, Steve Coll, and Derek Kravitz, "*Rolling Stone*'s Investigation: 'A Failure That Was Avoidable,' " *Columbia Journalism Review* online, April 5, 2015.
25. Emily Yoffe, "The College Rape Overcorrection," Slate.com, December 7, 2014.
26. Quoted in Greg Jaffe, "VA Study Finds More Veterans Committing Suicide," *Washington Post* online, February 1, 2013.
27. Brandon Friedman, "Military Suicides Top Combat Deaths— But Only Because the Wars Are Ending," *TIME* online, January 16, 2013.

第六章

1. Helen Thompson, "Teen Schools Professor on 'No Irish Need Apply' Signs," Smithsonian.com, August 5, 2015.
2. Geoffrey Norman, "Do I Dare to Eat an Egg," *The Weekly Standard* online, March 16, 2015.
3. Peter Whoriskey, "The Science of Skipping Breakfast: How Government Nutritionists May Have Gotten It Wrong," *Washington Post* online, August 10, 2015.
4. Seweryn Bialer and Joan Afferica, "Reagan and Russia," *Foreign Affairs*, Winter 1982– 1983, 263.
5. Stephen M. Meyer, "Testimony before the Senate Foreign Relations Committee," in Theodore Karasik, ed., *Russia and Eurasia Armed Forces Review Annual* 15, 1991 (Gulf Breeze, FL: Academic International Press, 1999), 348.
6. Richard Ned Lebow and Thomas Risse Kappen, "Introduction," in Richard Ned Lebow and Thomas Risse Kappen, eds., *International Relations Theory and the End of the Cold War* (New York: Columbia University Press, 1995), 2.
7. 這十國分別是美國、俄羅斯、英國、法國、中華人民共和國、印度、巴基斯坦、北韓、以色列（未對外證實）與南非（已放棄），其中南非的核武軍火庫已隨建立之的種族隔離政權垮台，而一併被卸除。
8. W. Ian Lipkin, "Anti- Vaccination Lunacy Won't Stop," *Wall Street Journal* online, April 3, 2016.
9. See Richard Van Noorden, "Political Science's Problem with Research Ethics," *Nature* online, June 29, 2015;

Brian C. Martinson, Melissa S. Anderson, and Raymond de Vries, "Scientists Behaving Badly," *Nature* 435 (June 9, 2005): 737– 738.

10. Carl Zimmer, "A Sharp Rise in Retractions Prompts Calls for Reform," *New York Times* online, April 16, 2012.
11. Benedict Carey, "Many Psychology Findings Not as Strong as Claimed, Study Says," *New York Times* online, August 27, 2015.
12. Quoted in Rachel Gross, "Psychologists Call Out the Study That Called Out the Field of Psychology," Slate.com, March 3, 2016.
13. Daniel Engber, "Cancer Research Is Broken," Slate.com, April 19, 2016.
14. Garret Epps, "Genuine Christian Scholars Smack Down an Unruly Colleague," *Atlantic* online, August 10, 2012.
15. "Actresses' Role in Farm Issue Stirs Criticism," *Los Angeles Times* online archive, May 3, 1985.
16. Jessica Goldstein, "Is Gwyneth Paltrow Wrong about Everything? This Scientist Thinks So," ThinkProgress.com, April 21, 2016.
17. Alexandra Petri, "Dr. Carson, This Is Not Brain Surgery," *Washington Post* online, November 5, 2015.
18. 這段描述擷取自Paul Offit, "The Vitamin Myth: Why We Think We Need Supplements," Atlantic online, July 19, 2013.
19. Helen Caldicott, *Missile Envy* (New York: Bantam, 1985), 235; Helen Caldicott, *If You Love This Planet* (New York: W. W. Norton, 1992), 156.
20. 這些年來，多篇關於克里斯威爾的文章中流傳著一個說法，那就是他曾經對一件大事的預測準倒令人起雞皮疙瘩。很顯然在一九六三年的三月份，他曾經對電視主持人傑克・帕爾（Jack Paar）說過一九六三年的十一月會發生一件事情導致甘迺迪總統無以參與一九六四年的競選連任。但除非某天突然蹦出一個骨董錄影帶或轉錄的畫面（先不論有沒有這樣的證據存在），否則這說法將永遠只能是都會傳說。
21. Carl Bialik, "Most Pollsters Say Their Reputations Have Worsened," FiveThirtyEight.com, December 28, 2015.
22. Clive Thompson, "Can Game Theory Predict When Iran Will Get the Bomb?" *New York Times Magazine* online, August 12, 2009.

23. Nassim Nicholas Taleb, *The Black Swan* (New York: Random House, 2010), xxiv–xxv.
24. Philip E. Tetlock, *Expert Political Judgment* (Princeton, NJ: Princeton University Press, 2005), 20.
25. Tetlock, *Expert Political Judgment*, 20.
26. James Surowiecki, *The Wisdom of Crowds* (New York: Anchor, 2005), 31.
27. Tetlock, *Expert Political Judgment*, 21.
28. See Tetlock, *Expert Political Judgment*, 101– 103.
29. See, for example, Tina Nguyen, "How Nate Silver Failed to Predict Trump," *Vanity Fair*, February 1, 2016.
30. Noah Rothman, "Why They Think Trump Can Win in Nov?," *Commentary* online, April 27, 2016.
31. Tetlock, *Expert Political Judgment*, 23.

結論

1. See James Traub, "First, They Came for the Experts," *Foreign Policy*, July 7, 2016.
2. Quoted in Michael Deacon, "Michael Gove's Guide to Britain's Greatest Enemy... the Experts," *Telegraph* online, June 10, 2016.
3. Quoted in Stephen Castle, "Having Won, Some 'Brexit' Campaigners Begin Backpedaling," *New York Times* online, June 26, 2016.
4. Quoted in Nick Gass, "Trump: 'The Experts Are Terrible,' " Politico.com, April 4, 2016.
5. David Dunning, "The Psychological Quirk That Explains Why You Love Donald Trump," Politico.com, May 25, 2016.
6. See, for example, Jennifer Kerr, "Educational Divide in GOP White House Race: What's behind It," Associated Press, April 3, 2016; Max Ehrenfreund, "The Outlandish Conspiracy Theories Many of Donald Trump's Supporters Believe," *Washington Post* online, May 5, 2016; Scott Clement, "Donald Trump Is Splitting the White Vote in Ways We've Never Seen Before," *Washington Post* online, May 31, 2016.
7. 以記者傑佛瑞・葛柏格（Jeffrey Goldberg）為例，他就宣稱山謬爾斯是用這篇文章在報私仇。見 Jeffrey

Goldberg, "Ben Rhodes and the 'Retailing' of the Iran Deal," Atlantic online, May 9, 2016.

8. David Samuels, "The Aspiring Novelist Who Became Obama's Foreign- Policy Guru," *New York Times Sunday Magazine* online, May 5, 2016.

9. 原版的《星艦迷航記》(Star Trek，新版一譯《星際爭霸戰》)有一集非常經典。在一九六八年首播的這一集裡有一位(當然是好人的)教授在一整顆行星上複製納粹的經驗。其用心固然良善，但此舉顯然十分荒唐，而結果也確實是一場災難。但即便到了臨死之際，這位教授仍堅稱納粹德國是「地球上有史以來最具效率的國度」，此語一出，戲中擔綱理性之聲的史巴克也附和著說「確實如此」。但實際上，納粹德國的運作根本極為腐敗而欠缺效能。一九三三年之後，德國不少菁英科學家與知識分子就開始出逃。但很多美國人都對納粹等於效率的迷思深信不疑。

10. Daniel Libit, "How the Expert Class Got Trumped and Berned," CNBC.com, May 12, 2016.

11. Susan Jacoby, "The Dumbing of America," *Washington Post* online, February 17, 2008.

12. Friedrich Hayek, *The Constitution of Liberty: The Definitive Edition* (Chicago: University of Chicago Press, 2011), 378.

13. Evan Thomas, "Why We Need a Foreign Policy Elite," *New York Times* online, May 8, 2016.

14. Andrew Bacevich, "Rationalizing Lunacy: The Intellectual as Servant of the State," *Huffington Post*, May 8, 2015.

15. Philip E. Tetlock, *Expert Political Judgment* (Princeton, NJ: Princeton University Press, 2005), 231– 232.

16. Malcolm Gladwell, "Small Change: Why the Revolution Will Not Be Tweeted," *New Yorker*, October 4, 2010.

17. Ilya Somin, "Political Ignorance in America," in Mark Bauerlein and Adam Bellow, eds., *The State of the American Mind* (West Conshohocken, PA: Templeton, 2015), 166.

18. Neetzan Zimmerman, "Kimmel Fools Hillary Supporters into Backing Trump's Tax Plan," *The Hill*, September 30, 2015.

19. Ariel Edwards- Levy, "Republicans Like Obama's Ideas Better When They Think They're Donald Trump's," *Huffpost Politics*, September 1, 2015.

20. Nick Saffran, "Wipe That Grin Off Your Smug Faces, Progressive Pollsters," TheFederalist.com, December 29, 2015.
21. Derek Kohler, "Why People Are Confused about What Experts Really Think," *New York Times* online, February 14, 2016.
22. Jacoby, "Dumbing Of America."
23. C. S. Lewis, *The Screwtape Letters with Screwtape Proposes a Toast* (New York: Image, 1981), 136– 139 (emphases in the original).
24. José Ortega y Gasset, *The Revolt of the Masses* (New York: W. W. Norton, 1993), 18.
25. See Libit, "How the Expert Class Got Trumped and Berned"; and Julie Beck, "Americans Believe in Science, Just Not Its Findings," *Atlantic* online, January 29, 2015.
26. James Traub, "It's Time for the Elites to Rise Up against the Ignorant Masses," *Foreign Policy*, June 28, 2016.
27. Andrew Sullivan, "Democracies End When They Are Too Democratic," NYMag.com, May 1, 2016.

國家圖書館出版品預行編目(CIP)資料

專業之死：為何反知識會成為社會主流，我們又該如何應對由此而生的危機？ / 湯姆・尼可斯(Tom Nichols)著；鄭煥昇譯. -- 二版. -- 臺北市：臉譜出版，城邦文化事業股份有限公司出版：英屬蓋曼群島商家庭傳媒股份有限公司城邦分公司發行, 2024.06

面；　公分. --（臉譜書房 ; FS0094X）

譯自：The Death of Expertise : The Campaign Against Established Knowledge and Why it Matters

ISBN 978-626-315-262-5（平裝）

1.CST: 資訊社會 2.CST: 知識社會學

541.415　　　112000892